# BUDA E O BEBÊ

**Blucher**                    KARNAC

# BUDA E O BEBÊ

Psicoterapia e meditação
no trabalho com crianças e adultos

Maria Pozzi Monzo

Tradução
Beatriz Aratangy Berger

*Authorised translation from the English language edition published by Karnac Books Ltd.*

*Buda e o bebê: psicoterapia e meditação no trabalho com crianças e adultos*
Título original: *The Buddha and the Baby: Psychotherapy and Meditation in Working with Children and Adults*
© 2014 Maria Pozzi Monzo
© 2017 Editora Edgard Blücher Ltda.

**Equipe Karnac Books**

*Editor-assistente para o Brasil* Paulo Cesar Sandler

*Coordenador de traduções* Vasco Moscovici da Cruz

*Revisora gramatical* Beatriz Aratangy Berger

*Conselho consultivo* Nilde Parada Franch, Maria Cristina Gil Auge, Rogério N. Coelho de Souza, Eduardo Boralli Rocha

# Blucher

Rua Pedroso Alvarenga, 1245, 4º andar
04531-934 – São Paulo – SP – Brasil
Tel.: 55 11 3078-5366
contato@blucher.com.br
www.blucher.com.br

Segundo o Novo Acordo Ortográfico, conforme 5. ed. do Vocabulário Ortográfico da Língua Portuguesa, Academia Brasileira de Letras, março de 2009.

É proibida a reprodução total ou parcial por quaisquer meios sem autorização escrita da editora.

Todos os direitos reservados pela Editora Edgard Blücher Ltda.

FICHA CATALOGRÁFICA

Monzo, Maria Pozzi

Buda e o bebê : psicoterapia e meditação no trabalho com crianças e adultos / Maria Pozzi Monzo ; tradução de Beatriz Aratangy Berger – São Paulo : Blucher; Karnac, 2017.

400 p.

ISBN 978-85-212-1198-3

Título original: *The Buddha and the Baby: Psychotherapy and Meditation in Working with Children and Adults*

1. Budismo - Psicanálise 2. Meditação
I. Título II. Berger, Beatriz Aratangy

17-0633            CDD 150.195

Índices para catálogo sistemático:
1. Psicanálise : Budismo

# Sobre a autora e os colaboradores

**Akashadevi** mudou recentemente de nome, antes Claudia McLoughlin, ao aderir à ordem budista Triratna. Ela é psicoterapeuta de criança e adolescente formada na Clínica Tavistock. Após trabalhar na Comunidade de Islington, CAMHS,[1] em Londres, nos últimos dez anos, está prestes a colaborar em trabalhos *freelance*. Ela tem particular interesse em trabalhar com crianças e famílias difíceis e marginalizadas, no desenvolvimento de caminhos que levem à prática da meditação, em seu trabalho consultivo e de supervisão.

**Aye Aye Yee** nasceu e cresceu em Myanmar (anteriormente conhecida como Burma) com pais budistas. Foi criada com valores e práticas budistas. Em seus primeiros anos como budista, ela simplesmente seguiu a prática da família tradicional budista estabelecida pelos pais, ainda sem explorar o verdadeiro *dhamma* e a meditação. Começou a praticar meditação em 2002 e usa esta experiência para integrar *mindfulness* em seu trabalho como psiquiatra infantil.

**Pamela Bartram** cresceu em Glasgow e estudou filosofia indiana na universidade. Formou-se em musicoterapia e trabalhou com crianças para quem as palavras não eram possíveis, utilizando a música improvisada como meio de comunicação. Agora como psicoterapeuta psicanalista, trabalha com crianças e adultos e está especialmente interessada no "momento presente". A psicanálise e o budismo a ajudaram muito na vida. Depois que foi colaboradora deste livro, tornou-se uma praticante da Soto Zen.

**Myra Berg** é psicoterapeuta de criança e adolescente, atualmente trabalha e ensina na Clínica Tavistock. Trata de crianças e pais, tanto no contexto clínico quanto educacional, e aprecia a variedade que isto traz. Seu interesse pelo budismo é antigo e isso proporciona a ela uma grande oportunidade, na tentativa de integrar todas as coisas que aprende, em cada atribuição que encontra. Continua trabalhando com total integração/interligação em sua jornada pela vida.

**Nicolas Carroll** é terapeuta de casal e psicossexual, tem consultório particular em Londres, é formado em EMDR[2] e psicoterapia sensório-motora para trauma. Tem estudado e praticado o budismo há mais de quarenta anos e foi muito útil no desenvolvimento da comunidade ALBA no mosteiro budista Amaravati, Hertfordshire, Reino Unido. Interessado pela interface entre ensinamentos e prática da psicoterapia e do budismo, tem organizado e auxiliado conferências para psicoterapeutas, sobre o tema de *anatta* (o ensino budista do "não-*self*" ou "estado de ausência de mente") e o uso do *self* no encontro terapêutico. Dá palestras, lidera *workshops* e retiros e auxilia um grupo de pesquisa sobre meditação. É casado, tem dois filhos adultos.

**Deirdre Dowling** é psicoterapeuta de criança e adolescente. Ela agora é tutora coorganizadora no treinamento de psicoterapia psicanalítica para criança e adolescente na British Psychotherapy Foundation,[3] após ter trabalhado por muitos anos como mentora da psicoterapia infantil do Cassel Hospital. Criou também o Lantern Family Center em Bookham, Surrey, com um colega, um serviço terapêutico independente para pais e filhos, que também fornece treinamento para profissionais. Anteriormente, trabalhou como assistente social, gerente e instrutora nos cuidados da criança. Tem particular interesse em psicoterapia para pais e filhos, trabalha com famílias com necessidades complexas, ensina e dá consultoria para outros profissionais que estejam interessados em aplicar ideias psicanalíticas em seu trabalho com famílias.

**Ricky Emanuel** é consultor da infância e adolescência e psicoterapeuta de adulto formado pela Clínica Tavistock. Trabalha como chefe do serviço de psicoterapia do Royal Free Hospital. Ensina na Clínica Tavistock, Birmingham Trust for Psychoanalytic Psychotherapy, e em Florença no Centro Studi Martha Harris. Publicou diversos artigos em revistas indexadas, além de um livro sobre ansiedade. Tem interesse especial em trauma, luto, neuropsicanálise e na aplicação de *mindfulness* para terapia.

**Dorette Engi**, qualificada como psicoterapeuta de criança e adolescente em 2006, trabalhou como professora da Alexander Technique nos últimos vinte anos. Ela também pratica meditação e estuda os ensinamentos budista. Passou dois anos em um retiro budista, onde trabalhou como psicoterapeuta. Como instrutora de meditação, um de seus interesses é explorar as conexões entre o budismo e a psicoterapia.

**Claudia Goulder** é ex-jornalista e agora é *trainee* de psicoterapia infantil da Clínica Tavistock. Pratica regularmente ioga e meditação, baseadas nos princípios budistas e enraizadas em sua

# 8 SOBRE A AUTORA E OS COLABORADORES

tradição, o que a ajuda a sair de seu corpo e mente (temporariamente, pelo menos).

**Caroline Helm** dedicou-se à graduação na Open University enquanto ficou em casa com seus dois filhos, antes de se formar como psicoterapeuta infantil. Trabalhou nas comunidades, incluindo a Brixton Child Guidance Clinic and the Child and Family Consultation Service[4] em Richmond. Passou os últimos dez anos de sua vida profissional como psicoterapeuta em consultoria infantil, na unidade regional de queimaduras em Chelsea e Westminster Hospital, em Londres. Agora está aposentada.

**Monica Lanyado** foi a organizadora do curso de treinamento para psicoterapia da criança e adolescente no Scottish Institute of Human Relations, Edimburgo. É supervisora de treinamento na British Psychotherapy Foundation e editora associada de série, com Ann Horne, da Independent Psychoanalytic Approaches with Children and Adolescents Series. Suas publicações incluem *The Presence of the Therapist: Treating Childhook Trauma* (2004) e é coeditora, com Ann Horne, em *The Handbook of Child and Adolescent Psychotherapy: Psychoanalityc Approaches* (1999, 2009), *A Question of Technique* (2006), *Through Assessment to Consultation* (2009) e *Winnicott's Children* (2012). Aposentou-se da prática clínica, mas continua supervisionando colegas e estagiários, em suas atividades de ensino e produção escrita.

**Sara Leon** é psicoterapeuta de criança e adolescente, trabalha para a East London NHS Trust. Tem especial interesse em trauma precoce, especialmente em crianças com dificuldades de aprendizagem e em crianças que tenham sido adotadas. Tem interesse também no impacto que o trauma causa nos pais e também nos irmãos. Está se formando para ser psicoterapeuta psicanalítica de casal, no Centro Tavistock para Relacionamentos de Casal. Pratica meditação diariamente e frequenta regularmente um grupo de meditação budista. Sempre que possível, faz retiros silenciosos, de uma semana, que se tornaram uma parte importante de sua vida.

**Steven Mendoza** licenciou-se em psicologia e fez mestrado em filosofia sobre aprendizagem humana. Trabalhou como consultor em pesquisa qualitativa de mercado com crianças e como assistente social e do bem-estar da saúde mental. Formou-se como psicoterapeuta psicanalítico e desde então continua no ensino e prática em período integral. O tanto que ele ouve no consultório, ouve na audiência biauricular de metapsicologia e Budadharma. Um não contradiz o outro.

**Stephen Malloch** ajuda as pessoas a descobrirem o que é importante para elas, por meio de seu trabalho como facilitador de *workshop*, executivo, *coach* e conselheiro em Mosman, Sydney (veja www.heartmind.com.au). Tem praticado e ensinado meditação e *mindfulness* por mais de vinte anos. Formado originalmente como músico, fez mestrado sobre a teoria e análise da música na University of London e é PhD em música e psicoacústica da University of Edinburgh, tendo trabalhado na University of Edinburgh e na University of Western Sydney com pesquisa em psicologia. Hoje, além de seu outro trabalho já mencionado, é pesquisador no Westmead Psychotherapy Program da University of Sydney. Sua teoria da *musicalidade comunicativa*, baseada em pesquisas sobre a comunicação cuidador-criança, agora é usada por uma grande variedade de autores e pesquisadores nas mais diversas áreas como psicologia do desenvolvimento, psicoterapia e musicoterapia.

**Graham Music**, PhD, é consultor de psicoterapia da criança e adolescente nas Clínicas Tavistock e Portman e psicoterapeuta de adulto em consultório particular. Anteriormente, foi sócio diretor

10    SOBRE A AUTORA E OS COLABORADORES

clínico, trabalhou também na equipe de promoção, adoção e cuidados aos vínculos de parentesco. Por mais de doze anos, gerenciou uma gama de serviços relativos aos maus tratos e negligência com crianças e organizou serviços de terapia da comunidade, principalmente nas escolas. Recentemente, trabalhou na Clínica Portman em casos forenses. Organiza treinamentos para terapeutas no CAMHS, orienta a ligação do vínculo do cérebro e o desenvolvimento infantil e ensina e supervisiona a formação em psicoterapia infantil na Tavistock e outros treinamentos na Inglaterra e no exterior. As publicações incluem *Nurturing Natures: Attachment and Children's Emotional, Socio-Cultural and Brain Development* (2010) e *Affect and Emotion*, e ele tem especial interesse em explorar a interface entre os resultados do desenvolvimento e o trabalho clínico.

**Rosalind Powrie** é psiquiatra infantil e da família e chefe da equipe de saúde mental infantil e perinatal no Women and Children's Hospital, Women and Children Health Network, em Adelaide, Austrália Meridional. Tem sido coexecutora e pesquisadora da terapia cognitiva baseada em *mindfulness* para grávidas, já há alguns anos, e interessa-se pela integração da psicologia secular budista com as ideias relativas à saúde mental acadêmica e trabalho psicoterapêutico.

**Maria Pozzi Monzo** é psicoterapeuta de crianças, adolescentes e adultos, no National Health Service e em consultório particular. É professora visitante na Tavistock Clinic, o BAP, ensina e dá palestras na Itália e Suíça. Possui doutorado profissional na pesquisa psicanalítica, no processo de mudança, em resumo, trabalha com famílias e crianças até cinco anos. Suas publicações incluem os livros *Psychic Hooks and Bolts* (2003) e *Innovations in Parent-Infant Psychotherapy* (2007), bem como artigos e capítulos de livros sobre diversos temas. Foi vencedora do prêmio do Frances Tustin Memorial Prize em 1990.

**Jackie Van Roosmalen** formou-se como terapeuta do drama e do movimento, antes de completar sua formação em psicoterapia analítica em SAP. Trabalha com criança, adolescente e suas famílias no NHS,[5] desde 1997. A principal área de interesse de Jackie é a psicoterapia para pais-filhos e adolescentes. No presente momento, a experiência espiritual e a consciência são componentes integrantes de sua prática de psicoterapia.

## Notas

1. Child & Adolescent Mental Health Service – CAMHS.

2. *Eye Movement Desensitization and Reprocessing* – EMDR.

3. Fundação Britânica de Psicoterapia.

4. Orientação à Criança e Serviço de Consultoria à Criança e à Família Brixton.

5. Sistema Nacional de Saúde.

# Prefácio

Este é um livro notável por diversos motivos. Maria Pozzi Monzo convidou diversos colegas, principalmente psicoterapeutas de crianças, a revelarem, nas entrevistas com ela, suas experiências a respeito de um elemento importante em suas vidas, ou seja, as práticas de meditação e contemplação. Enquanto psicoterapeutas, esses profissionais tiveram suas próprias experiências de psicanálise como parte essencial em suas formações. Muitos têm procurado e continuam em análise por motivos próprios de autoinvestigação, autoconhecimento e desenvolvimento pessoal. Contudo, estranhamente, aqueles que falaram com tanta liberdade e tão eloquentemente com Maria Pozzi Monzo têm buscado outros caminhos, às vezes descrevendo-os como uma dimensão espiritual, mas nem sempre. Todos uniram suas várias práticas meditativas com um senso maior de *self*, que podem, então, ser postos a serviço dos clientes ou pacientes que tratam em seus trabalhos. São bem convincentes todas as declarações de que tais práticas geram uma sensação de calma, que por si, e em si mesma, contribui para estabelecer um ambiente facilitador que então oferecem aos seus pacientes. Igualmente convincentes são as razões, tão comoventes e matizadas, dos encontros dos profissionais com as crianças gravemente perturbadas.

14  PREFÁCIO

Enquanto o budismo e a busca da iluminação são intrínsecos à prática de alguns colaboradores, este não é o caminho seguido por todos. Embora a adoção de uma posição budista tenha seus precursores na comunidade psicanalítica, nem todos estavam tão preparados para revelar suas crenças, como os que falam aqui. A eminente psicanalista Nina Coltart escreveu um capítulo sério e informativo, em seu livro *The Baby and the Bathwater* (Karnac, 1996). O capítulo intitulado "Buddhism and Psychoanalysis Revisited" expõe sua própria posição, profundamente convencida do budismo e suas práticas, e este é acoplado a uma forma igualmente original de vinculação de suas crenças com sua postura psicanalítica. Como ela diz, "é minha opinião que a prática da psicanálise, trabalhando com a prática do budismo, não só é harmoniosa, como também mutuamente esclarecedora e potencializadora. Ali não me parece existir qualquer área de desacordo ou confronto absolutamente radical entre os dois".

E, para aqueles que vêm a este livro com um novo olhar e sem experiência particular das práticas meditativas, que são tão vividamente reveladas e exploradas aqui, há muito o que aprender. Estamos em dívida com Maria Pozzi Monzo pela paciente dedicação e sutil sensibilidade com que encaminhou a tarefa de entrevistar seus colegas. Ela e eles nos mostraram o cuidado que é necessário ter no preparo total que há ao envolverem-se no encontro terapêutico psicanalítico com os pacientes que tratam. Ficamos impressionados com tal preparação e consistentes esforços para poderem oferecer-se ao trabalho, fortalecidos pelos elementos de suas práticas meditativas. Somos gratos a eles também pela generosidade em compartilhar muitas vezes profundos e comoventes *insights* com o leitor.

*Mary Twyman*
*British Psychoanalytical Society,*
*British Psychoanalytic Association*

# Conteúdo

Prólogo: Reflexões sobre o budismo e a criança

na psicoterapia psicanalítica     17

Introdução     39

1. Nasce um bebê     41

2. Permita-nos chegar: trazendo à vida     51

3. Buda no céu     75

4. Felizes descobertas no jardim mágico     91

5. A presença do terapeuta     103

6. A lua permite que o sol a ilumine     121

7. Voltando para casa     135

8. O fator curativo     153

9. Silêncio facilitador     171

16 CONTEÚDO

| | |
|---|---|
| 10. Nada determinado | 185 |
| 11. Caminhando com Buda | 211 |
| 12. O presunçoso Buda | 227 |
| 13. O que funciona para quem? | 241 |
| 14. *Mindfulness* e meditação no consultório | 253 |
| 15. Vagal *superstars* | 275 |
| 16. Jung e Buda | 295 |
| 17. Sopa de macarrão birmanês com Buda | 307 |
| 18. Da almofada ao divã | 319 |
| 19. A criança no adulto: psicoterapia baseada no budismo | 359 |
| Epílogo | 385 |
| Índice remissivo | 393 |

# Prólogo: Reflexões sobre o budismo e a criança na psicoterapia psicanalítica

*A vida é boa professora e boa amiga.*
*As coisas estão sempre em transição, se pudermos simplesmente perceber isto.*

—Pema Chödrön

## Introdução

Matthieu Ricard observa que "em um estudo sobre crianças que recuperaram seus traumas após uma catástrofe, descobriram que houve uma diferença significativa no tempo de recuperação das crianças em Bangladesh, que eram de comunidades budistas. As crianças que tinham crescido com os valores budistas se recuperaram muito mais rápido da calamidade e tiveram muito menos

18 PRÓLOGO

trauma, do que as crianças de outros *backgrounds* culturais. Parece que isso se deve à forma com que foram educadas, com a ideia de cultivar a ternura" (Dalai Lama em uma conversa com Daniel Goleman, 2003a, p. 218).

Este estudo enfatiza a relevância do ambiente externo e dos valores sociais na educação dos filhos e na resolução do trauma. Está também de acordo com recentes descobertas neuropsicológicas sobre o desenvolvimento e funcionamento do cérebro, que é afetado pelo ambiente, pelo tipo de vinculação precose e por repetidas experiências traumáticas.

O pensamento de Dalai Lama – conforme relatado por Goleman – é muito importante para os temas deste livro. Ele escreve: "Em alguns casos, mesmo que se possa experimentar emoções poderosas e destrutivas, se depois vier um profundo sentimento de pesar, acompanhado de uma percepção de que aquilo foi inadequado e destrutivo, então é possível cultivar uma nova determinação para mudar. Esta é uma forma de aprender com a experiência desta emoção" (Goleman, 2003b, p. 169).

Isso significa que a plena consciência dos aspectos destrutivos de algumas ações, quando acompanhada por uma postura reparadora, pode modificar seu poder original e efeito negativo. Esperemos poder aprender com a experiência de negatividade e destrutividade e integrá-la dentro de nós. A negatividade intensa assim como as emoções arrebatadoras são experimentadas por praticamente todos os seres humanos – adultos, crianças e bebês. O que importa é a transformação e reparação que podem ocorrer depois disso, o que envolve consciência da emoção, desejo de mudança, e aprender com a experiência. Dalai Lama, citado anteriormente, expressa algo quase que em consonância com as conclusões teóricas e clínicas de Bion sobre continente e contido, *rêverie* e transformação (Bion, 1962), que abordarei melhor neste livro.

A psicanálise tem uma tradição bastante jovem – não tem um século de idade – embora esteja incorporada em séculos de culturas e filosofias ocidentais. O budismo remonta a cinco séculos antes do cristianismo: de fato uma tradição antiga! Ambos, psicanálise e budismo, interessam-se pela compreensão da natureza e funcionamento da mente humana, pelos estados mentais e as emoções. Ambos têm se preocupado com o aprendizado social e emocional. Ambos se preocupam com o alívio do sofrimento. A aprendizagem emocional começa muito cedo: os bebês ocidentais são estudados em suas interações emocionais e respostas sociais com suas mães e, dependendo da qualidade deste relacionamento, o bebê será capaz de desenvolver-se e crescer de forma saudável. As crianças de países budistas são ensinadas – desde muito cedo – a respeitar a vida, a serem gentis e compassivas, como Dalai Lama relata (Goleman, 2003b).

Diferentes técnicas são utilizadas em psicanálise e no budismo, para proporcionar experiências transformadoras. Na psicanálise, as associações livres, no contexto da relação analítica, oferecem um caminho para a compreensão da mente inconsciente do paciente e, eventualmente, um conhecimento profundo sobre os conflitos e angústias. A prática da meditação budista é o principal caminho que faz com que o inconsciente se torne consciente, sob a orientação do mestre – chamado de formas diferentes em diferentes tradições budistas: Roshi, Ajhan, Sayagyi etc. –, levando à consciência e, finalmente, à aceitação das emoções e obstáculos que teriam causado sofrimento, doenças mentais e infelicidade.

20 PRÓLOGO

## Os aspectos meditativos da psicoterapia psicanalítica e as aplicações terapêuticas da prática do budismo

Uma pergunta frequente é se a meditação budista é uma outra forma de psicoterapia e se a psicoterapia é uma outra forma de religião. Aqui está uma breve descrição do que consiste a meditação. A meditação requer que se sente em um lugar calmo, com os olhos fechados ou semicerrados e que se perceba as sensações físicas e o estado da mente no momento presente: um estado relaxante e suave, que em algum momento dará origem a desconfortos físicos; onde a calma e a tranquilidade da quietude possa precipitar angústias, turbulências emocionais e inquietação (Welwood, 1983). A prática da meditação, conforme descrita por Welwood, psicólogo clínico e budista praticante, é observar, nomear, manter a consciência, sem fazer nada. Esses estados de angústia, turbulência ou inquietação, com a prática, determinação e perseverança, irão finalmente se tornar breves e menos intensos, levando – durante a meditação – a uma experiência de sentir um espaço mental maior. Coltart, psicanalista britânica e praticante budista, sintetizou as ideias e o pensamento budista de um modo bastante claro e comparou-os com a psicanálise em suas semelhanças e diferenças incompatíveis. Coltart explica, de maneira quase científica, o que acontece durante a meditação. Ela escreve que "durante a meditação, há uma redução do limiar da consciência, e no firme olhar interior acompanhado de um foco consciente na respiração, a energia retirada do nosso centro habitual de consciência, o ego ou eu, ativa o conteúdo inconsciente, e o caminho fica preparado para o *samadhi*, ou profunda concentração" (Coltart, 1996, p. 92).

Existem diferentes pontos de vista, entre os budistas e os psicoterapeutas, sobre a meditação budista ser uma outra forma de psicoterapia e a psicoterapia, uma outra forma de religião. A psicoterapia, como um todo, visa a transtornos mentais e sintomas dos distúrbios emocionais, escreve Goleman (Goleman, 2003). O budismo visa ao sofrimento humano que afeta todos nós: todos nós temos emoções destrutivas, porque é inerente à nossa natureza humana. Ambos, psicoterapia e budismo, têm se preocupado com a transformação da infelicidade e emoções negativas ou destrutivas em estados de espírito saudáveis.

A meditação transcende o que é puramente terapêutico, escreve o psiquiatra americano Paul Fleischman: é "mais terapêutico quando o foco não é o efeito terapêutico e sim quando é praticado com um fim em si mesmo, a expressão de um aspecto da natureza humana. (...) Assim, a meditação expressa alguma coisa do processo integrado da pessoa, ao invés de ser simplesmente um meio que atua em outras esferas da vida" (1986, p. 17). O método psicanalítico é "psicológico-empírico" escreve o psicanalista Eric Fromm (1960, p. 69), que o diferencia do método zen, que consiste de um "ataque frontal ao modo de percepção alienado por meio do 'sentar-se', o *koan* e a autoridade do mestre".

Os autores anteriores declaram claramente que a prática da meditação budista não é uma outra forma de psicoterapia, embora seja terapêutico em si mesmo.

No entanto, Thich Nhat Hanh (1991, p. 46), um monge vietnamita zen budista, diz que o budismo também é uma forma de psicoterapia e os budistas que não estão doentes o praticam para não adoecer; enquanto aqueles que estão doentes praticam para se recuperar. Ele acredita que o budismo pode curar feridas profundas porque estuda o funcionamento da mente e tem também profundo conhecimento da mente inconsciente. A mente inconsciente é um nível mais profundo da consciência que é chamado de consciência repositório (*alaya-vijnana*, em sânscrito). É a partir da prática da meditação, com suas diferentes técnicas, que o inconsciente

## 22 PRÓLOGO

emerge para a consciência. No budismo, essas sementes inconscientes não são analisadas nem ligadas à vida, à experiência e à situação da pessoa. São apenas observadas de uma terceira posição, não identificadas, mas aceitas plenamente em um nível emocional, até que vão embora naturalmente. Esta é uma diferença importante com a psicanálise, em que a mente inconsciente torna-se manifesta por meio de associações livres e sonhos, que são analisados e ligados pelo analista a outras manifestações mentais, angústias, medos e conflitos do paciente, assim como trazidos de volta na relação transferencial.

Epstein, psicanalista e budista praticante – citado em Molino (1998, p. 124) – esclarece este ponto eloquentemente ao escrever: "A meditação budista não é uma variação oriental da psicanálise; enquanto seu método tem algumas semelhanças profundas, há uma mudança inexorável afastando-se do conteúdo inconsciente enquanto se desenvolvem suficientes habilidades da atenção". Considerando que a busca por associações livres leva à identificação do conflito inconsciente e das constelações intrapsíquicas como o Édipo, a busca por *mindfulness* revela material inconsciente, mas o "analisa" apenas ao ponto do "*insight*" sobre a natureza transitória de pensamentos e sentimentos e as identificações que formam o conceito de *self* podem ser alcançadas.

Os mestres budistas não incentivam a análise daquilo que aparece durante a meditação, nem fazem ligações com as experiências passadas e com a infância. Eles incentivam que as emoções não sejam identificadas, os dramas e as agitações mentais, e sim que as observe de uma terceira posição e as veja passando.

Coltart pratica o budismo sem sentir qualquer conflito ao combinar, durante tantos anos, sua prática com a carreira de psicanalista. Ela escreveu: "Claro que há diferenças, é importante saber

MARIA POZZI MONZO 23

quais são, e deve se ter claramente essas diferenças em mente. Mas existem muitos outros caminhos extensos e sutis nos quais eles se intercambiam e se fortalecem mutuamente" (Coltart, 1987, p. 91). Em uma entrevista com Anthony Molino, ela disse claramente que trabalhar com o inconsciente é específico da psicanálise (Molino, 1997, p. 168). Coltart também é muito clara quanto à dinâmica da psicoterapia ser não religiosa; não visar à autotranscendência e sim ao estabelecimento de uma identidade de ego forte e isso não deve ser confundido com uma forma de religião. No entanto, ela escreve que a disciplina da prática da meditação intensificou sua própria contribuição à sessão analítica, "que algumas vezes é quase indistinguível da meditação" (Coltart, 1987, p. 95). Em outra entrevista com Molino, ela falou sobre "atenção flutuante",[1] numa frase budista, em que "há um tipo de pureza nisso. Não é um conceito retinido. É que a pessoa simplesmente se torna melhor, como qualquer bom analista sabe, concentrando-se mais diretamente, mais puramente sobre o que está acontecendo na sessão. Existe uma concentração mais plena com a pessoa que ali está, no aqui e agora, e naquilo que é a experiência deles com a pessoa: ao ponto em que muitas sessões se tornam semelhantes às meditações". (Molino, 1998, pp. 176-177).

O psicanalista Eigen concorda com este ponto de vista, conforme escreve: "Para mim, há um momento em que a psicanálise é uma forma de oração. Existe, também, uma dimensão meditativa no trabalho psicanalítico" (1998, p. 11).

Voltando à questão sobre a meditação ser uma forma de terapia, existe uma outra forma de meditação, *Kundalini* ioga, que também é baseada na concentração e respiração e tem sido extremamente terapêutica. Shannahoff-Khalsa, cientista e ioga terapeuta, tem usado e escrito extensivamente sobre técnicas específicas da meditação na ioga, que fazem sucesso no tratamento de transtornos

24 PRÓLOGO

psiquiátricos complexos, mesmo nos casos em que as terapias psiquiátricas intensivas e tradicionais falharam (Shannahoff-Khalsa, 2010). Os pacientes tratados por ele já tinham feito todos os tratamentos psiquiátricos tradicionais e estavam interessados em explorar e se comprometer com estas outras formas de terapia, ou seja, *Kundalini* ioga, que foi decisiva para eles.

Powrie, psiquiatra e psicoterapeuta infantil, australiana, usou as ideias budistas, tais como *mindfulness*, consciência da respiração e prática de meditação, em seu trabalho com grupos de mães gestantes, deprimidas, angustiadas e traumatizadas (2010, 2012; apresentações feitas na World Association of Infant Mental Health em Leipzig e em Cape Town). Todas elas corriam risco de desenvolverem uma ligação insegura com seus bebês recém-nascidos. Provou-se ser benéfico por reduzir depressão, ansiedade, bem como as taxas de reincidência. Isso tem sido sistematicamente estudado em pesquisa e mostrado o valor da combinação de psicoterapias e budismo (Capítulo 2 deste livro).

A meditação Vipassana, que tem como objetos de observação e consciência a respiração e as sensações do corpo, leva à libertação da mente e à realização da verdade final. É uma das antigas técnicas de meditação budista, da Índia, e tem sido ensinada há vinte e cinco anos nas prisões indianas. Tem se revelado muito bem-sucedida na redução da taxa de reincidência dos infratores mais insensíveis e na transformação de suas mentes, pensamentos e sentimentos, fornecendo-lhes conscientização e *insight* para suas ações e crimes. Após tal experiência positiva, o treinamento Vipassana tem sido levado a muitos outros países, não apenas orientais, incluindo Israel, Nova Zelândia, Reino Unido e Estados Unidos (Vipassana Research Institute, 1997). As experiências descritas anteriormente mostram que a prática do budismo e suas técnicas de meditação podem ter efeitos terapêuticos e reparadores para pessoas com sérios transtornos mentais e com delinquentes graves com antecedentes criminais.

Concluindo, podem haver aspectos meditativos na instância da terapia e resultados terapêuticos na prática do budismo. Ambas as práticas curam o sofrimento aumentando a consciência das experiências inconscientes, mas de formas diferentes. A psicoterapia baseia-se na análise do inconsciente e na relação de transferência. O budismo baseia-se na obtenção de *insight* sobre a verdadeira natureza das coisas, pela prática da meditação profunda.

## Apego, sofrimento e como sair disso

Um dos princípios do budismo é sobre a realidade do sofrimento humano, que afeta todos nós. O sofrimento e sua causa constituem a primeira e segunda das Quatro Verdades Nobres. São quatro princípios simples, mas fundamentais, que embasam a tradição budista e têm sido ensinados desde suas origens. O sofrimento no sentido budista não é o sofrimento neurótico do qual Freud quis libertar as pessoas, aumentando a autoconsciência pela psicanálise ou psicoterapia. Freud dedicou-se às ansiedades, inibições e aos sintomas neuróticos, aos quais hoje em dia, poderíamos adicionar o sofrimento *borderline* e psicótico, que podem ser contidos e reduzidos com psicoterapias adequadas. A infelicidade humana comum, a que Freud se refere, seria considerada pelos budistas como sofrimento.

Sofrimento, de acordo com o budismo, é qualquer processo mental que perturbe o equilíbrio da mente e cause desassossego. O budismo refere-se aos Cinco Obstáculos como "formações mentais prejudiciais". Esses obstáculos são: ódio e má vontade, desejo

26 PRÓLOGO

sensual, dúvida e confusão, torpor, agitação, ansiedade e seus derivativos. Eles afligem e obscurecem a mente ao olhar para a realidade como ela é. São muito parecidos com o que temos de lidar com o que os pacientes trazem e precisam trabalhar em suas terapias.

Muitas escolas budistas dizem que a causa primária do sofrimento humano (Segunda Verdade Nobre) é a tendência para se apegar e se agarrar a noções equivocadas, e manter-se atrelado a condições tais como a manutenção de objetos externos, posses, pessoas e assim por diante, bem como aos estados de mente e as emoções. Nós nos apegamos a situações como se elas fossem durar para sempre. Por exemplo, sempre que estamos felizes queremos que aquela felicidade continue para sempre e quando ela acaba, sofremos. Igualmente, se estamos sofrendo, parece que aquilo nunca vai acabar. Muitas vezes atribuímos à ideia de que nossa identidade, nossos humores e a realidade nunca mudará, apesar das evidências de que tudo está sempre fluindo constantemente. O conceito budista de *anatta* ou não-*self* está ligado com essa realidade de constante mudança (*anicca*). O budismo fala sobre a condição de nascer, crescer, envelhecer e morrer como situações básicas, que, se aceitas profunda e verdadeiramente, passarão a ser a fonte de grande contentamento e serão experimentadas somente como sofrimento transitório.

Este ponto de partida do sofrimento (Primeira Verdade Nobre), que é considerado o núcleo da nossa condição humana, tem sempre levado à deturpação do budismo como filosofia de vida, niilista e negativa. No entanto, a Terceira Verdade Nobre no budismo diz que é possível que o sofrimento cesse, enquanto a Quarta Verdade Nobre aponta para o caminho que leva ao fim do sofrimento. Esse caminho é identificado como o "Caminho do Meio", porque evita os extremos; um extremo sendo a busca pela felicidade por meio dos prazeres sexuais: um objetivo muito comum na vida das pessoas. O outro extremo é a busca pela felicidade por meio da renúncia e do ascetismo. O próprio Buda experimentou os dois extremos em sua vida; começou a vida como um príncipe em uma rica família indiana, com um estilo de vida que o havia protegido de aspectos feios e desagradáveis da vida humana. No entanto, quando ele saiu, acidentalmente, das dependências do palácio e encontrou um homem doente e moribundo, ele percebeu que não tinha conhecido a realidade da vida e do sofrimento humano. Conheceu também um monge e tal visão o inspirou a procurar um caminho possível para superar o sofrimento. Deixou sua vida de palácio, sua esposa, filho recém-nascido e assumiu total ascetismo e renúncia a si próprio, a ponto de quase morrer por inanição. Mas ele não encontrou a verdade que estava procurando. Finalmente percebeu que a verdade residia no Caminho do Meio. Assim, ele poderia ver e seria iluminado para a realidade da vida, da morte e das coisas como elas realmente são. O Caminho do Meio consiste do Nobre Caminho Óctuplo, que – quando compreendido e praticado – leva à cessação do sofrimento. São oito as categorias que formam o Nobre Caminho: compreensão correta, *samma ditthi*; pensamento correto, *samma sankappa*; fala correta, *samma vaca*; ação correta, *samma kammanta*; meio de vida correto, *samma ajiva*; esforço correto, *samma vajama*; atenção correta, *samma sati*; concentração correta, *samma samadhi*.

Praticando este caminho, é possível diminuir ou acabar com o sofrimento e perceber um nível de consciência mais espiritualizado e mais amplo, em que se pode ir além das elaborações mentais e das emoções. Isto é chamado, às vezes, de mente pura ou mente luminosa, e refere-se a um estado de consciência pura (não a alguma "coisa" brilhando em algum lugar). "É um caminho que conduz à realização da Derradeira Realidade, à completa liberdade, felicidade e paz por meio da moral, perfeição espiritual e intelectual"

28 PRÓLOGO

(Rahula, 1959, p. 50). Isso pode soar religioso e idealista, de alguma forma, mas esse caminho enfatiza a moralidade e a ética e não tem nada a ver com culto ou orações. Concordo com o ponto de vista de Coltart (1996, p. 130) de que é o "espírito" que conta e não o que parece "extremo e piedoso" como os passos no Nobre Caminho Óctuplo são tradicionalmente dispostos. O budismo está longe de ser uma filosofia de vida negativa, na medida em que propõe a possibilidade de uma transformação radical. Vivendo neste lugar, a pessoa está mais profundamente em contato com a vida, com os outros e com o seu ambiente, ao invés de envolvida em suas próprias preocupações. No entanto, também existem obstáculos, os Cinco Obstáculos, que dificultam seguir o Caminho; são muito semelhantes aos que os pacientes trazem para a terapia.

A psicoterapia oferece ferramentas para modificar as condições de infelicidade, conflitos, angústias e desconforto mental no paciente, conforme emergem no aqui e agora de cada sessão. Muita atenção do paciente – e do terapeuta também – pode levar a um momento de "O" ou "realidade última", conforme Bion (1970, p. 26), o que parece ser algo impalpável e aquém dos pensamentos. Algo que só pode "ser", ou seja, experimentado e apreendido por meio de um "ato de fé" e como uma compreensão intuitiva da "evolução da verdade da outra pessoa" e não apenas por meio do pensar, como disse Coltart (Molino, 1998, p. 177). Esta condição não pode ser compreendida a partir do intelecto. Requer que o terapeuta se torne o paciente temporariamente, isto é, esteja em sintonia com ele para que possa "conhecer" o paciente em uma posição aquém do pensamento e antes que o terapeuta volte a ser ele próprio. A isso se diz estar em identificação projetiva com o paciente. A verdadeira compreensão e compaixão pelo paciente podem brotar de tal identificação. Coltart descreve isso como a capacidade do terapeuta de sair temporariamente de cena (idem).

Encontramos ressonâncias desta condição de união, na tradição mística cristã. A alma alcança, por meio do amor, uma condição de união com Deus, que é baseada na pura contemplação, mas não ainda por meio do pensamento (Hautmann, 2002).

## O pensamento emocional como uma experiência corpomente

O pensamento psicodinâmico, que inspira muitos colaboradores deste livro, concentra-se nas ideias e práticas clínicas de Bion. Bion nasceu em Mathura, Índia, em 1897 e lá viveu até os oito anos de idade. A cultura indiana, que inclui espiritualidade e misticismo, talvez tenha contribuído para formar a trama de seu pensamento. Existem alguns aspectos de seu pensamento que parecem estar intimamente ligados com o budismo. Embora Bion não seja conhecido como um analista místico, ele tem muitas ideias que se aproximam do misticismo e Coltart achou que ele era um analista que "entendia de fé e experiência mística" (Molino, 1997, p. 175); Grotstein escreve que Bion "era versado em matéria religiosa e espiritual" (Grotstein, 2009, p. 312).

Quando Bion escreveu sobre a mente e o pensamento, ele não se referiu simplesmente aos conceitos cognitivo e intelectual, e sim a algo parecido com a noção oriental de pensamento, o que inclui em sua definição de mente e pensamento, a noção de coração e emoções. O pensar, para Bion, envolve um "pensamento emocional", que é o resultado de um processo relacional complexo e evolucionário, enraizado na interação entre duas pessoas; no pensamento de Bion, geralmente mãe e bebê são referidos como continente e contido (Bion, 1962). O pensamento se desenvolve como um processo em que mente e corpo de duas pessoas são envolvidos em sua totalidade ao interagirem. Quando a criança que teve boas

30 PRÓLOGO

experiências com o cuidado satisfatório materno, repetidas vezes, consegue tolerar a ausência temporária de sua mãe, a criança pode ter o pensamento de uma mãe satisfatória mesmo em sua ausência. Ao propor um modelo de pensamento como "pensamento emocional" e não como uma função intelectual separada do emocional, Bion superou a tradição filosófica cartesiana, dualista, ocidental e a abordagem à existência, que afirma que somos porque pensamos, em latim, *Cogito ergo sum*. O mestre zen D. T. Suzuki fala de *Khufu*, que descreve como o processo "de colocar uma pergunta no abdômen e esperar por uma resposta que vem de lá" (1959, p. 104). Isto é, "não pensar só com a cabeça, mas a situação em que o corpo todo é envolvido e adaptado para a resolução de um problema". A este respeito, existe uma similaridade entre os conceitos de pensamento de Bion e do budismo, embora o processo de pensamento se desenvolva de formas diferentes. No primeiro caso, a presença de outra pessoa para estar em relação é essencial, enquanto o último não requer e nem enfatiza tal presença.

## Mindfulness, *atenção flutuante e associações livres*

Parece que o que os budistas chamam de "*mindfulness*" é semelhante àquilo que o analista chamaria de "atenção flutuante". A prática de *mindfulness*, a partir da meditação, é a percepção do pensamento flutuante, sentimentos, sensações e intuições, chegando e cessando sem pará-los ou julgá-los. Observar o que se passa nas sensações e refletir nas emoções, é uma condição contemplativa, observadora e meditativa. Por exemplo, quando percebemos uma cor, um som, uma imagem ou qualquer objeto tangível, ficamos conscientes daquele objeto naquele momento. Vemos a cor, ouvimos o som, da forma como "é", e não por suas qualidades, utilidades ou funções. O respeitável Kusalcitto, citado por Goleman, escreve que: "aquilo que vem na consciência é percebido apenas como 'uma forma e um nome' onde a mente se mantém neutra, não importa o que se manifeste nela. Reconhece-se simplesmente o que quer que seja que vem à tona como um processo natural, que vem e vai, ficando por algum tempo e depois indo embora – não fica para sempre. Então pode-se desfrutar de um estado de paz e tranquilidade" (Goleman, 2003, pp. 170-171).

Freud incentivou o paciente a deixar sua mente vagar livremente e relatar suas associações livres, e o psicanalista ouvir o paciente com "atenção flutuante imparcial" (Freud, 1912, pp. 111-112) durante a qual a faculdade crítica é suspensa, permitindo a "atenção imparcial para tudo que há para observar. Deve-se escutar simplesmente e não se preocupar em manter alguma coisa em mente". A psicanalista Sarah Weber escreve: "O objetivo de Freud talvez tenha tido algo em comum com essas meditações *mindfulness*: o aperfeiçoamento da consciência momento a momento, mudando as percepções de forma neutra e imparcial". A neutralidade, ela continua, "significa ver as coisas como elas são, plenamente consciente das percepções, de uma criação de equanimidade e aceitação profunda, incluindo dores física e emocional e até mesmo o mal" (Weber, 2003, pp. 173-174).

O terapeuta, também, acolhe totalmente o paciente em todos os seus aspectos referentes à mente e corpo e o psicanalista Joseph Bobrow (2003, p. 214) une as duas tradições, conforme escreve: "uma atitude de profunda aceitação, inclusive com toda a nossa experiência interna, uma abordagem sem julgamento, é a marca registrada da atenção flutuante livre e do *mindfulness* budista. Além disso, Freud, ao encorajar o paciente às associações livres, incentivava o *mindfulness* e a capacidade para observar os processos internos.

## 32 PRÓLOGO

## Rêverie, *contenção, transformação*

A prática da meditação, conforme descrita anteriormente, leva a um alargamento da consciência por meio da observação da respiração, sensações corpóreas e atividades mentais – como sentimentos, pensamentos, lembranças etc. Durante essa prática, que é um projeto ao longo da vida, ou, como dizem os budistas, um projeto para muitas vidas, uma contínua transformação das sensações corpóreas, emoções e atividades mentais ocorre e isso limita e eventualmente traz o fim da infelicidade que trazem ao *self* e aos outros. Dependendo do nível de prática da meditação, as emoções podem ser observadas após terem surgido e sido expressas, e as consequências que deram início, podem ser vistas e avaliadas. Se alguém toma consciência delas assim que surgem, e permite que venham e vão, então não precisa desprender uma cadeia subsequente de pensamentos ou ações, elas simplesmente vêm e vão. "A palavra tibetana para meditação significa na verdade 'familiarização'. Torna-se familiar pela prática de ver os pensamentos vindo e indo" (Ricard, 2003, p. 84). Matthieu Ricard em seu diálogo com Dalai Lama diz: "então, quando se tem bastante experiência, o estado final acontece. Até mesmo antes que uma emoção possa surgir, a pessoa ficará pronta, de tal forma que ela não chegará com o mesmo poder de força e domínio. Este passo é ligado à transformação obtida, em que as emoções destrutivas não surgem com a mesma força" (idem). Isso não quer dizer que reprimimos nossas emoções, longe disso, quer dizer conhecê-las ou antecipar com um diálogo interno reflexivo, que nos ajuda a compreender sua verdadeira natureza, sua natureza frágil.

A mãe que vai dar à luz um bebê, e o bebê que vai nascer, têm uma experiência de dor e sofrimento, juntamente com a alegria da mãe em trazer seu filho ao mundo. O sofrimento é um componente daquilo que é o evento mais comum e natural da vida que todos experimentamos. O ambiente geralmente traz alívio para a experiência do nascimento, quase sempre referido como o primeiro trauma. O bebê é ajudado na transição da vida intrauterina ao nascimento. A mãe, também, é ajudada em sua experiência de dar a vida. Em outras palavras, a transformação e a reparação ocorrem para ambos. Em circunstâncias normais, a serenidade é reestabelecida. No entanto, novas e inevitáveis tensões e necessidades logo se apresentam no bebê – mesmo quando tudo vai bem entre mãe e filho – fome, frio, desconfortos corporais e emocionais, tão intimamente ligados entre si, agitam o bebê. A mãe, quando bem amparada pelo ambiente, parceiro, família e amigos, atende às necessidades do bebê, satisfazendo-as e as acalmando, trazendo alegria ao bebê. Assim, ela pode modificar as tensões e necessidades de seu bebê, ajudando a transformá-las e restaurar uma condição de serenidade e felicidade em seu bebê e em si mesma. Um novo ciclo de sofrimento usual, contenção e transformação para uma condição feliz e livre de necessidade, ocorreu. A mãe desempenha a *rêverie* com o seu bebê. Algo semelhante acontece no processo psicoterapêutico. A natureza da configuração facilita o surgimento de dificuldades do paciente, para as quais veio pedir ajuda. O terapeuta se oferece ao processo, isto é, como uma pessoa inteira, de corpo e alma, que está atenta, pensa, sente e percebe as comunicações conscientes e inconscientes do paciente. O terapeuta executa uma função de *rêverie* e transformação, similar àquela da mãe.

Uma boa definição de *rêverie* é dada pelo psicanalista Joseph Bobrow (2003, p. 211), em um capítulo em que ele explora as complementaridades entre budismo e psicanálise. "*Rêverie* é um processo de ressonância. A mãe, usando todos os sentidos, sabe as condições do filho a partir do mais íntimo do seu ser. Suas respostas intuitivas aparecem e não são separadas deste saber. Ocorre um campo emocional, vivo e vibrante." Este campo de "interconectividade

34 PRÓLOGO

emocional estimula o crescimento de conexões neuronais no cérebro, essencial para a vida afetiva e para o pensamento criativo. Corpo e mente funcionam perfeitamente juntos". Grotstein, em seu comentário no capítulo anterior, diz o seguinte: "A mãe, no estado de *rêverie*, que é equivalente à meditação, é capaz de usar seu 'trabalho de sonho alfa' (função alfa) para entender seu filho" (2003, p. 225). Bion sugere que – continua Grotstein – "para que a mãe e o analista consigam a *rêverie*, eles precisam abandonar memória, desejo, compreensão, preconcepções e todas as outras formas de ligações sensóriais aos objetos". Grotstein investiga como, de acordo com Bion, a mãe usa a função alfa com a criança. "A mãe tanto (a) sintoniza meditativamente, iguala-se, simetriza, e 'torna-se' a criança angustiada (transformação em 'O'), como (b) traduz (transforma, reflete sobre) esta experiência, como que para transmitir o significado disso, e assim tendo um ato eficaz no cuidado com o seu bebê" (idem, p. 226). Dessa forma, pode-se dizer que Bion deixa implícito que a mãe em *rêverie* deve empregar o funcionamento de ambos os hemisférios cerebrais, enquanto cuida do bebê. A mãe e o terapeuta em estado de *rêverie* estão realmente separados, do bebê e do paciente, respectivamente, e continuam pensando. Entretanto, há um momento na sessão, Grotstein diz claramente, que o terapeuta fica temporariamente absorto pelas histórias contadas pelo paciente, pelas projeções e a atmosfera do aqui e agora. Este momento de "tornar-se" o outro, de estar em união ou em uníssono com o paciente e antes que o pensar seja retomado, fica semelhante a um momento místico e o processo que leva a isso é parecido com o processo da meditação. Há uma ligação entre *rêverie*, identificação projetiva e união mística naquele momento em especial, no encontro terapêutico.

No budismo, grande parte do trabalho de transformação é feita individualmente, no contexto de uma prática de treinamento, em adição ao trabalho realizado na comunidade espiritual, chamada *Sangha*. Isso normalmente inclui um mestre ou professor, que faz a função semelhante à da mãe com o seu bebê, ou do terapeuta com o paciente. Eles ajudam e orientam o indivíduo no caminho do desenvolvimento, na jornada espiritual, emocional e existencial. No entanto, uma diferença com a psicanálise é que no budismo a transferência não é levada em consideração e nem analisada ou considerada.

As quatro atitudes chamadas *Brama-vihara* promovem o processo de *rêverie*, contenção e transformação dos estados negativos ou prejudiciais da mente. Essas atitudes ou disposições pessoais, que se tornam objeto de meditação e práticas diárias, são: bondade e amor (*metta*) ou amor incondicional como o amor de mãe pelo seu filho único; compaixão (*karuna*) para os aspectos ainda mais perturbadores e aversivos de si mesmo, dos outros e da vida; alegria compassiva (*mudita*) pelo sucesso e felicidade dos outros; retidão (*upekkha*) na disposição para consigo mesmo, aos outros e às vicissitudes da vida. Estas são qualidades que também fazem parte das ferramentas do terapeuta e ampliam a capacidade de acolhimento do paciente otimizando o trabalho clínico.

Nos diálogos que seguem neste livro, será dada ênfase especial ao trabalho dos psicoterapeutas de crianças e adolescentes, que são expostos a estados muito primitivos do ser com seus pacientes, ou seja, os primeiros estágios do desenvolvimento da totalidade mente-corpo. Corpo e mente estão intimamente interligados no bebê e na interioridade da relação com a mãe. Por atender às necessidades físicas de seu bebê, a mãe também nutre as emoções em seu bebê e na relação entre eles, da mesma forma com que faz o terapeuta com o paciente, na prática da psicoterapia. O budismo percebe "aspectos inflexíveis" da pessoa e as sensações, emoções primitivas e

36 PRÓLOGO

pensamentos apresentados durante a prática da meditação. A esse respeito também, há uma estreita ligação entre as duas práticas.

## Referências

Bion, W. R. (1962). A theory of thinking. In *Second Thoughts* (pp. 110-119). London: Maresfield Reprints.

Bion W. R. (1970). *Attention and Interpretation*. London: Tavistock.

Bobrow, J. (2003). Moments of truth – thruths of moment. In J. D. Safran (Ed.), *Psychoanalysis and Buddhism* (pp. 119-249). Boston: Wisdom.

Chödrön, P. (1997). *When Things Fall Apart*. London: Element.

Coltart, N. (1987). The practice of Buddhism and psychoanalisis. *The Middle Way*, 62(2), 91-96.

Coltart, N. (1996). *The Baby and the Bathwater*. London: Karnac.

Eigen, M. (1998). *The Psychoanalytic Mystic*. London, New York: Free Association Books.

Epstein, M. (1998). Beyond the oceanic feeling: psychoanalytic study of Buddhist meditsation. In A. Molino (Ed.), *The Couch and the Tree* (pp. 119-130). London: Constable.

Fleischman, P. R. (1986). *The therapeutic action of Vipassana: why I sit*. N. 329/330: 1-45. Sri Lanka: The Wheel Publication.

Freud, S. (1912). *Recommendations to physicians practising psychoanalysis*. (S. E., 12, pp. 109-120). London: Hogarth.

Fromm, E. (1960). Psychoanalysis and Zen Buddhism. In A. Molino (Ed.), *The Couch and the Tree* (pp. 65-71). London: Constable, 1998.

Goleman, D. (2003a). Our potential for change. In D. Goleman (narrador), *Destructive Emotions and How Can We Overcome Them: A Dialogue with the Dalai Lama* (pp. 205-234). London: Bloomsbury.

Goleman, D. (2003b). Cultivating emotional balance. In D. Goleman (narrador), *Destructive Emotions and How Can We Overcome Them: A Dialogue with the Dalai Lama* (pp. 157-176). London: Bloomsbury.

Grotstein, J. S. (2003). East is East and West is West and ne'er the twain shall meet (or shall they?). In J. D. Safran (Ed.), *Psychoanalysis and Buddhism* (pp. 221-229). Boston: Wisdom.

Grotstein, J. S. (2009). The clinical instrumentos of Dr Bion's treatment bag. In *But at the Same Time and on Another Level* (pp. 327-338). London: Karnac.

Hautman, G. (2002). Sviluppi bioniani ed alcune forme religiose dela Mente. In: *Funzione analítica e mente primitiva* (pp. 343-350). Pisa: Edizione ETS.

Molino, A. (1997). Nina Coltart. In: *Freely Associated* (pp. 165-211). London, New York: Free Association Books.

Molino A. (1998). Slouching towards Buddhism: a conversation with Nina Coltart. In *The Couch and the Tree* (pp. 170-179). London: Constable.

Powrie, R. (2010, 2012). Palestra ministrada na World Association of Infant Mental Health em Leipzig e Cape Town.

Rahula, W. (1959). The Fourth Noble Truth. In *What the Buddha Taught* (pp. 45-50). London, Bedford: The Gordon Fraser Gallery.

Ricard, M. (2003). A Buddhilt psychology. In D. Goleman (narrador), *Destructive Emotions and How Can We Overcome*

38 PRÓLOGO

*Them: A Dialogue with the Dalai Lama* (pp. 72-86). London: Bloomsbury.

Shannahoff-Khalsa, D. S. (2010). *Kundalini Yoga Meditation for Complex Psychiatric Disorders.* New York, London: W. W. Norton.

Suzuki, D. T. (1959). Zen and swordsmanship. In *Zen and Japanese Culture* (pp. 87-136). New York: Pantheon.

Thich Nhat Hanh (1991). Seminando nell'inconscio. *Paramita,* 37(1), 45-52.

Vipassana Research Institute (1997). *Doing Time, Doing Vipassana.* www.prison.dhamma.org. DVD disponível no e-mail: bookstore@pariyatti.org

Weber, S. L. (2003). An analyst's surrender. In J. Safran (Ed.), *Psychoanalysis and Buddhism* (pp. 169-197). Boston: Wisdom.

Welwood, J. (1983). On psychotherapy and meditation. In *Awakening the Heart* (pp. 43-54). Boston, MA, London: New Science Library.

## Nota

1. O termo em inglês "bare attention", utilizado pelo budismo segundo o autor, equivale àquilo que, em psicanálise, Freud denominou "atenção flutuante", como postura básica para psicanalistas trabalhando em sessões.

# Introdução

A semente de *Buda e o Bebê* começou a tomar forma quando, no fim dos anos 1980 terminei minha formação como psicoterapeuta de criança e adolescente, descobri a meditação na tradição do budismo *Theravada* e percebi muitas semelhanças, complementariedades e também diferenças entre a psicoterapia psicanalítica e o budismo. O livro de Antony Molino, *The Couch and the Tree,* me inspirou na escolha de ambos o formato e o título deste livro, o qual, então, teve início.

Nas entrevistas com os colaboradores, notei uma linha comum de pensamento sobre as questões, tais como apego, não-*self*, estado de ausência de mente, e assim por diante, uma linha que acompanha as ideias das pessoas e as práticas clínicas. No entanto, cada entrevista revelará vértices específicos e aspectos únicos, o que tornam esses diálogos muito profundos, interessantes e iluminados.

40  INTRODUÇÃO

Minha gratidão vai para esses colegas viajantes, por terem doado seu tempo e coração, compartilhando seus caminhos profissional, pessoal e espiritual em nossa conversa. budismo e psicoterapia, quando harmoniosamente combinados, parecem inspirar a postura profissional de algumas pessoas, como se fossem realmente um casal parental mentor, oferecendo o cenário para a existência.

Sinto-me privilegiada, enriquecida e mais experiente por ter posto em prática o sonho que era a compilação deste livro.

A questão da confidencialidade tem sido explorada profundamente com os entrevistados, que estão felizes com as vinhetas clínicas, disfarçadas e não identificáveis, bem como com poucos detalhes pessoais aqui revelados.

# 1. Nasce um bebê

*Diálogo com Claudia Goulder*

*Viva agora as perguntas. Aos poucos, sem o notar, talvez dê por si um dia, num futuro distante, a viver dentro das respostas.*

—*Rainer Maria Rilke, 1903*

**MP:** Claudia, estou muito satisfeita que esta primeira entrevista para a série de diálogos intitulada Buda e o Bebê aconteça com um bebê de cinco dias de vida, em seus braços: ela é sua primeira filha, tranquilamente embalada em seu colo, tal como Buda, que foi a primeira criança de sua família. Fico muito agradecida por você ter aceitado conversar comigo sem aviso prévio e logo após o nascimento de Imogen. Este é o primeiro diálogo para esse projeto do livro recém-nascido. Li o artigo que você escreveu e gentilmente me enviou sobre "Cultivando o observador interno: uma meditação sobre as relações entre a ioga e o pensamento psicanalítico", e fiquei muito interessada no conceito de contratransferência corporal, e como você o aplica em seu trabalho com crianças. Você é claramente muito atenta ao que o corpo expressa, por ter praticado ioga durante doze anos.

**CG:** Sim, tenho ensinado ioga de forma amadora para crianças da escola primária e para adolescentes, em uma unidade especial. Faço exercícios de respiração com eles. Sabe, cada vez mais uso isso, e durante minha gravidez houve forte contratransferência corporal; notei que meu corpo falava primeiro com os pacientes infantis. Foram muitos os pacientes que perceberam minha gravidez antes dela ficar visível.

**MP:** Talvez até antes de você saber?

**CG:** Eu soube bem no início, cerca de uma semana. Tem um gosto metálico que fica na boca, e um bom número de mulheres grávidas sentem isso, e não é algo que os médicos ocidentais conseguem explicar. Meus pacientes perceberam e, aí que está, não se sabe se eles perceberam por eu saber e agir de forma diferente, mas senti que foi uma coisa corporal também. Eles são muito perspicazes, mais perspicazes que os adultos, e devem ter notado a plenitude na minha expressão, não sei bem.

**MP:** Misteriosamente interessante! Uma vez ouvi a discussão sobre um paciente *borderline* em um seminário com John Steiner, que disse que tais pacientes normalmente sabem, até antes, se sua terapeuta está grávida. Aquele paciente em particular estava agindo como se a terapeuta estivesse grávida, e para ela não fazia sentido, porque ainda não sabia que estava! É a hipersensibilidade que pacientes psicóticos têm e os animais também têm como as crianças; de alguma forma eles farejam!

**CG:** É uma coisa muito misteriosa!

**MP:** Estou pensando como eles encontram a reencarnação do novo Dalai Lama, mostrando alguns de seus objetos para as crianças pequenas, que deem algumas pistas, talvez a reencarnação do falecido Dalai Lama. É estranho e fascinante ver como o próximo Lama relaciona-se a esses objetos ou mesmo a lugares físicos, como se conhecesse ou já tivesse estado lá, não é?

**CG:** Não sei como entender essa ideia de reencarnação, porque na minha família há alguns exemplos de pessoas que morreram antes de um novo bebê ter nascido, e aconteceu assim com o meu bebê, que nasceu poucas horas antes de uma tia-avó morrer.

**MP:** Vida e morte são tão misteriosamente interconectadas!

**CG:** Estou pensando em um sonho que tive na semana passada, após ter voltado para casa com o bebê, acordei sentindo "Eu sou o bebê" e meus hormônios me disseram, é claro, que eu tinha que amamentar, mas também pensei, "onde está o meu alimento?". Há algo como sentir-se como o bebê e sentir o bebê, assim como se sentir mãe; e eu sinto, é muito difícil de explicar, mas às vezes me movo como um bebê; então me lembro que preciso alimentar o bebê.

**MP:** Talvez você esteja em contato com você mesma quando era bebê, como se estivesse em um estado fusional com o seu bebê? Existe uma identificação tão grande com o bebê, na descrição de Winnicott sobre a "preocupação materna", que a pessoa se torna o bebê temporariamente, não é?

**CG:** É exatamente o que parece. Mesmo na gravidez, meu marido dizia que não tinha visto aquele rosto antes; estava completamente diferente, mostrava medo e impotência, mas também, e eu acho que realmente foi isso, mesmo que eu estivesse para ser mãe,

44 NASCE UM BEBÊ

eu era uma criança. É como uma bolha, mas algo aconteceu, uma parte regredida, mas aconteceu alguma coisa, não sei como entender isso; definitivamente, me senti muito identificada com partes do bebê.

**MP:** Vemos isso na psicoterapia de pais e filho: quando os pais têm um bebê, eles revivem sua infância e é ali que os problemas mal resolvidos daqueles velhos tempos surgem no presente. É aí que percebo uma ligação com a meditação, que traz questões muito primitivas, como também questões corporais. Traz à tona o inconsciente mais primitivo, que é feito de sensações corporais e também de elementos protomentais.

**CG:** Quando as coisas surgem na meditação e na ioga, é preciso observar em um estado de atenção, mas não tentar fazer nada com aquilo, e isso é muito diferente do que se faz com o inconsciente enquanto psicoterapeuta, quando se vê isso expresso pela criança no jogo, desenhos, movimentos etc. Verbalizamos o inconsciente que emerge nas atividades lúdicas infantis, ou nos sonhos, quando nos contam seus sonhos, não é?

**MP:** Sim, agora olhe para seu bebê, sugando alegremente seu peito e também absorvendo sua paz de espírito neste momento! Buda e o bebê parecem se conectar: Buda como um sábio, velho sábio com grande sabedoria, mas talvez também olhando como olha um bebê, com simplicidade e naturalidade, conectado com os instintos e os aspectos primitivos da vida. Da mesma forma a expressão de felicidade de algumas imagens de Buda é com frequência comparada àquela do bebê em seus melhores momentos. Ele é feliz como um Buda – muitas vezes ouvimos as pessoas falando sobre bebês com a barriga cheia e redonda, satisfeito depois de uma boa alimentação!

**CG:** Isso, o aleitamento materno faz uma conexão perfeita, dá sustentação para a vida do bebê.

**MP:** Bem, eu gostaria de perguntar sobre essas duas escolhas na vida, ser psicoterapeuta infantil e budista, e também que você fizesse um *link* disso com sua família de origem.

**CG:** Encontrei o budismo praticando ioga na mesma época em que iniciei minha psicoterapia pessoal, antes de começar minha formação. Não vim de uma família de budistas ou de psicoterapeutas, mas de uma família em que havia muita coisa para se fazer e não tive tempo para simplesmente ser. Quando saí de casa, eu não sabia como era ser eu mesma de verdade, ou viver sem ter alguma coisa para fazer. Estou pensando no D. H. Lawrence, que escreveu bastante sobre pessoas que vivem em seu corpo e pessoas que vivem em sua cabeça e ele sugere que as pessoas são mais felizes ou viviam verdadeiramente quando guiadas por seu instinto animal. Aquela ideia fez sentido para mim. Dessa forma comecei a fazer ioga, fui a um centro de ioga e fiz *Tai Chi* e meditação, um pouco de tudo. Gostei muito, e aquilo me ajudou a estar com pessoas que ficavam sentadas em silêncio e eu não me sentia culpada por isso. Acho que foi um ano mais tarde, comecei a fazer minha psicoterapia pessoal e me senti culpada, pensando o que eu obtinha com isso, não estaria perdendo tempo? Mas minha psicoterapeuta sancionou aquilo. Eu vinha do jornalismo, e tinha muito trabalho com prazos e era bem parecido com meu estilo de vida familiar. Minha mãe adotava crianças e também tinha minhas outras três irmãs, sempre havia muita gente em casa: foi uma infância muito feliz e amorosa, mas estávamos sempre fazendo coisas. Com a psicoterapia aprendi que conseguimos muitas coisas diferentes. Faz dez anos que diminuí o ritmo, e com a ioga é novamente como que um tempo permitido, que me tira de tudo aquilo; algo que se passa quando se pisa no tapete da ioga; de repente, você está num lugar onde você simplesmente é.

**MP:** É como pisar na almofada, a almofada da meditação, imagino.

**GC:** Eu hesitei em dizer que sou budista, porque descobri a filosofia budista a partir da prática da ioga e com professores que são profundamente enraizados no budismo, que jogaram sementes nas aulas em que estive e eu as tenho juntado, mas sem qualquer estudo formal.

**MP:** Você tem um objeto de meditação na sua prática?

**CG:** Na verdade não, somente a respiração. Não sei se o que eu disse explica como cheguei lá: terapia, ioga, meditação, nasceram mais ou menos ao mesmo tempo.

**MP:** Como os múltiplos nascimentos de hoje: o recente nascimento de seu bebê, esta conversa e o nascimento deste livro. Mas... ouça... o bebê quer ser ouvido: ela está respirando e falávamos agora mesmo sobre respiração.

**CG:** O bebê nos obriga a viver o presente: não tem nada na minha agenda agora; o bebê está no presente, não tem qualquer ideia de ontem ou de amanhã.

**MP:** É muito budista: somente o agora existe, sem passado, sem presente, está tudo na mente, mas apenas o agora existe e é agora.

**CG:** Buda e o bebê novamente, suponho que o Buda – dentre todos os seres – seria capaz de estar no presente. Ele provavelmente completou o círculo. O bebê começa no presente e então gradualmente se torna, como todos nós, preocupado com o tempo, passado e presente.

**MP:** Sim, esta é outra relação interessante entre o Buda e o bebê! Mas, o que você me diz da prática da ioga e da meditação, como você acha que estão influenciando e afetando sua prática como psicoterapeuta infantil e vice-versa?

**CG:** Penso que esteja na atitude. A respiração é muito importante e eu obviamente preciso manter a atenção na minha contratransferência: alguns pacientes fazem com que sua respiração fique acelerada ou mais curta, ou fazem com que a dor de cabeça apareça, um tipo de reação e transferência física. Minha prática de ioga, orientada pelo budismo, é baseada na escuta do observador interno, que me ajuda a pensar nos pacientes nas sessões e metabolizar o que se passou, e ir para a próxima sessão com a mente mais clara.

**MP:** Nina Coltart fala sobre "atenção flutuante" e como a meditação a ajudou a ficar focalizada no aqui e agora da sessão e do momento (Coltart, 1996).

**CG:** Sim, é quase como a prática que leva à prática; é a mesma coisa que fazer a respiração da meditação, isto é, entrar em sintonia com a respiração e praticar isso várias vezes. O mesmo com a psicoterapia: é uma prática e fazemos repetidamente.

**MP:** Você ainda usa alguma técnica sua de ioga e meditação com seus pacientes?

**CG:** Não exatamente, mas eu gostaria de, em algum momento, integrar as duas de alguma forma.

**MP:** A psiquiatra Ros Powrie da Austrália (Capítulo 2 deste livro) tem orientado grupos para mães com depressão pós-parto que usem a técnica *mindfulness* e tem alcançado resultados surpreendentes na redução de distúrbios mentais maternos pós-parto. Ela fala sobre isso mais adiante neste livro. Também na Índia,

48   NASCE UM BEBÊ

tentaram ensinar a meditação Vipassana na prisão (*Doing Time, Doing Vipassana*, 1997) e alcançaram mudanças inimagináveis em prisioneiros insensíveis, que foram capazes de assumir a responsabilidade por suas ações, chorar pelos seus crimes e danos causados e repará-los verdadeiramente. Em termos Kleinianos, eles saíram de um estado mental paranoico e de perseguição para um estado mais depressivo e reparador (Klein, 1926-1961).

Agora uma outra pergunta, como você concilia as ideias de desenvolvimento do ego, o não-ego budista, e apego e desapego?

**CG:** Suponho que eu concilie estas ideias-chave budistas com os conceitos da psicanálise interpretando-os de forma não literal. Para mim, embora o budismo rejeite a noção de um *self* permanente, não tenho certeza se rejeita a noção de um *self* empírico, composto por sentimentos em constante mudança. Temos os nossos pensamentos e os observamos, e até mesmo deixamos que eles passem, sem nos limitarmos por eles. Compreendo a ideia de "não-*self*" como um ideal, um estado do ser que é livre do peso ou do fardo de ser uma coisa definida inteiramente pelos pensamentos e ações do outro. Vejo também todos os indivíduos como sendo mais do que um *self* ou um ego, e sim uma pequena parte de uma esfera maior, em que todos estamos enraizados e por meio do qual todos nos conectamos. Assim, mesmo considerando que temos eus individuais, somos também embarcações em constante mutação dentro de um contexto mais amplo e poderoso. Não acho isso conflitante ou em desacordo com os conceitos psicanalíticos de ego; na verdade acho que ajuda a pensar nos indivíduos como todos conectados em outro nível, por uma força maior do que o ego individual ou a mente.

**MP:** Isso é interessante e está ligado com a ideia budista de interconectividade. Você acha que isso se relaciona com o seu trabalho como psicoterapeuta infantil?

**CG:** Como psicoterapeutas, chegamos inteiros no nosso trabalho e com o cenário de como estamos naquele dia, chegamos sozinhos, sem memória ou desejo! (Bion, 1967). Se nosso sofrimento está muito perto da superfície, então não conseguimos ajudar muito os pacientes. Por isso nossas análises e treinamentos nos ajudam a manter um bom equilíbrio do sofrimento. Nas últimas semanas, voltei a trabalhar, depois de um ano, por conta da maternagem (esta é a versão revisada do nosso diálogo que começou há um ano), e tenho estado em contato com minha vulnerabilidade por ter voltado, mas foi muito útil pois não senti muito porosa. A relação mãe-bebê está em primeiro plano em minha mente: e comparo isso com a relação terapeuta-paciente. O importante é receber as projeções da criança sem ser demasiado puxada ou empurrada: apenas permitir sentir até certo ponto, e então é necessário estarmos protegidos, ou não seremos mais úteis, e sim inundados por projeções. Pensando no vínculo, a dificuldade nessa questão é que as duas ideias parecem bem contrastantes, não é? Fazemos o vínculo, por exemplo, com o meu professor repetindo um mantra ou algum pensamento interessante: o inconsciente faz o vínculo. Se dizemos: "Fique calma, não se apegue", não quer dizer que você pode fazer isso. O desejo de fazer isso não leva necessariamente ao sucesso.

**MP:** Queremos que nossos pacientes infantis se apeguem a nós enquanto terapeutas e que desenvolvam esse apego, que – se aquela criança sofre de algum apego disfuncional, em especial – esperamos que possa modificar-se para algo mais saudável.

**CG:** Eu luto com essa ideia do budismo não dizer: "Não se apegue", diz "deixe ir", mas isso também não é fácil. É importante que os pacientes entrem na vida e no relacionamento com o terapeuta, mas depois é preciso dar um passo atrás, estar separado. É assim que conceituo essa ideia no meu trabalho com as crianças:

ajudando-as com o apego e depois desapegando deixando que se soltem da terapeuta.

**MP:** Bom, talvez este seja um bom momento para desapegarmos dessa conversa e encerrarmos, muito obrigada, Claudia, por compartilhar comigo e com o leitor alguns momentos íntimos de sua vida como mãe e terapeuta.

## Referências

Bion, W. R. (1967). Notes on memory and desire. *Psycho-Analytic Forum, 2*, 272-273; 279-280.

Coltart, N. (1996). *The Baby and the Bathwater*. London: Karnac.

Goulder, C. (2012). *Cultivating the observer within: A meditation on the links between yoga and psychoanalytic thinking.* Artigo não publicado.

Klein, M. (1926-1961). *The Writings of Melanie Klein*, Vol. 1-4. London: Hogarth, Institute of Psycho-Analysis.

Rilke, R. M. (1993). *Letters to a Young Poet*. Letter n. 4. London: W. W. Norton, 2004.

Vipassana Research Institute (1997). *Doing Time, Doing Vipassana*. www.prison.dhamma.org. DVD disponível no e-mail: bookstore@pariyatti.org

# 2. Permita-nos chegar: trazendo à vida

*Diálogo com Rosalind Powrie*

> *Você pode ser normal sem estar vivo.*
> —*D. W. Winnicott*

**MP:** É um verdadeiro privilégio você ter concordado em conversar comigo sobre o budismo e a psicoterapia, no topo da Table Mountain, na Cidade do Cabo, entre a Austrália e a Inglaterra, que está neste momento rodeada pela neblina, e ainda assim é um local extraordinário para nos reunirmos. Estamos ambas aqui para o congresso bianual World Association of Infant Mental Health, onde participamos de um *workshop* sobre nosso trabalho terapêutico com mães e bebês, um trabalho que conta também com uma postura meditativa budista. Parece-me o lugar certo e a hora certa para falarmos sobre isso.

**RP:** Sim, e a névoa vai aclarar. Afinal de contas, ela é impermanente!

52 PERMITA-NOS CHEGAR: TRAZENDO À VIDA

**MP:** Esse é um bom começo para a nossa conversa, na verdade, eu gostaria de começar perguntando a você sobre essas duas opções em sua vida: uma, ser psiquiatra de criança e adolescente, que trata de mulheres grávidas com depressão ou riscos de problemas de saúde mental, e a outra, é a de praticar meditação e se interessar pelo budismo. Como você, em sua vida, chegou ao budismo? E você vem de uma família religiosa, por acaso, budista?

**RP:** Não, minha família não tem religião nenhuma; meu pai era ateu declarado, mas acredito que talvez tenha sido uma reação por ser o mais velho de cinco irmãos e ter sido criado na igreja Adventista do Sétimo Dia. Dessa forma, eu me lembro, na minha infância, de ter recebido muitas mensagens de meus avós paternos sobre Deus e suas crenças em particular, que mesmo como criança eu pensava serem um pouco rudes e indelicadas. Bem, indelicadas não, mas eu achava que havia muito mais castigo do que bondade no ensino, entende? Recebi muitos livros de histórias infantis sobre moralidade e sobre o que era um bom comportamento. Não tinha muito mais coisas neles, então nunca levei muito a sério. Mas, por outro lado, meus avós maternos eram pessoas muito, muito gentis, apenas pelo seu jeito de ser e se comportar, eu os amava profundamente. Então, isso me marcou muito, mais do que suas crenças. Me lembro quando criança, que meu pai nos dizia: "Vocês não precisam acreditar em nada, vocês decidem quando crescerem, aquilo que quiserem acreditar". Assim, ele não dizia: "Não acreditem em nada", e sim, "Vocês decidem". Achei que isso foi incrivelmente libertador.

**MP:** E a sua mãe?

**RP:** Minha mãe foi criada como anglicana, acho, e fomos à igreja algumas vezes quando crianças na escola dominical, mas aquilo era muito entediante para mim e não aprendi nada. Daí meu pai morreu quando eu era muito jovem, onze anos, e aquela época foi muito difícil na minha vida durante toda a adolescência, então, quando cheguei aos meus vinte anos e entrei na universidade, eu estava procurando algo que me ajudasse a atravessar momentos difíceis e me desse sustentação. Acredito que procurava algo que desse um sentido com o que estava acontecendo comigo, meus maus humores, minha sensação de isolamento, meus picos de terríveis ansiedades sobre nada dar certo, minha luta com o que estava fazendo, se estava feliz com o que fazia, eu estava bastante dividida às vezes.

**MP:** Isso estava ligado à perda de seu pai?

**RP:** Provavelmente ligado a isso e à luta de crescer sem um pai, em uma família grande, com minha mãe lutando muito também.

**MP:** Você tem irmão, irmã?

**RP:** Tenho dois irmãos mais velhos e um irmão e uma irmã mais novos, somos em cinco na família, sou a do meio: na gangorra sou o suporte.

**MP:** Daí a escolha da sua profissão!

**RP:** Bem, minha personalidade e posição na família, dentre os irmãos, de alguma forma eu me via assim, com necessidade de equilibrar as coisas e ser ouvinte, eu acho, porque eu ouvia mais do que falava. E também, eu era a filha mais velha, minha mãe, em seu luto, contava comigo e aquilo me influenciou. Então aos meus vinte anos, fiquei interessada na meditação transcendental. Falando nisso, meus irmãos neste estágio da adolescência – eram três e quatro anos mais velhos do que eu – se envolveram com um jovem guru indiano, que tinha muitos seguidores. Foi durante aquela época que os jovens ocidentais se interessaram pelas religiões orientais. Enfim, meus irmãos não conseguiram me convencer de

54   PERMITA-NOS CHEGAR: TRAZENDO À VIDA

seguir o guru deles, eu senti que eles estavam me empurrando e eu resistindo, então não aceitei o convite que eles me fizeram, e foi muito difícil porque eles eram muito dedicados. Foi muito assustador para mim naquela época – acho que eu tinha dezesseis anos – pensar que meus irmãos estavam intensamente envolvidos naquilo. Era muito estranho para mim. Mas quando eu tinha uns vinte ou vinte e um, fiz meditação com um professor de meditação transcendental em Adelaide e, quando se está meditando por algum tempo, o mestre vê em você um dom e você recebe o seu mantra, e quando sai de lá, a prática continua pelo resto da vida.

**MP:** É esta meditação que você ainda pratica, você usa o seu mantra?

**RP:** Não, na verdade me esqueci do mantra, mas quando eu tinha vinte ou trinta anos, eu usava esse mantra nos momentos de extrema angústia. Era como uma rede de proteção que me socorria às vezes, mas eu não praticava regularmente.

**MP:** Então seu interesse vem desde cedo, na sua adolescência com os irmãos também interessados nesse tipo de espiritualidade.

**RP:** Sim, acho que sim, nunca tinha pensado nisso dessa forma, mas acho que houve influência. E também eu era muito interessada no existencialismo – adolescente típica – e comecei a ler os existencialistas franceses, fiquei apaixonada por Simone de Beauvoir e Jean-Paul Sartre e sempre me perguntando: qual é o sentido a vida? Como foi que me envolvi com o budismo? Sempre fui muito interessada no corpo e quando fiquei muito doente, com uma doença neurológica, há uns doze anos – em que a respiração fica totalmente afetada, nos casos mais graves – comecei a fazer ioga mais intensamente e também a ir ao templo budista, que era um templo budista tibetano que tinha na minha cidade, fiz alguns retiros e comecei a ler muito sobre budismo tibetano. Falando nisso, meus irmãos também tinham se interessado pelo budismo, no início da vida adulta, e eu tinha lido uma parte do *Tibetan Book of the Dead* (1927) e outros desse tipo, por isso estava na minha memória. Mas como uma forma de tentar me recuperar e pensar por que fiquei tão doente e o que estava acontecendo na minha vida, passei a ler mais. Foi só com minha doença que comecei a levar mais a sério; dessa forma, comecei a ir a retiros com um determinado professor há cinco anos, e ao mesmo tempo comecei a aprender sobre incorporar o aprendizado do esvaziamento da mente em contextos de saúde mental.

**MP:** Certo, por favor, me fale mais sobre essa iniciativa, ouvi você falando em nossos *workshops* no Congresso WAIMH.[1]

**RP:** Fiz terapia cognitiva com base em *mindfulness* (MBCT)[2] como participante, e depois outros treinamentos para poder ensinar nessas classes.

**MP:** Quanto tempo levou esse treinamento?

**RP:** Levou oito semanas, duas horas por semana. Foi uma integração interessante de uma intervenção tradicional em saúde mental: terapia cognitiva com *mindfulness*. Fiz treinamento em terapia comportamental dialética, que também é uma integração entre ideias espirituais orientais com técnicas comportamentais. Foi criado por Marsha Linehan (1993) e parte deste treinamento ensina algo chamado "aceitação radical do sofrimento", no que está acontecendo no aqui e agora.

**MP:** Bem diferente do rigor religioso que seus avós experimentaram, pelo que parece.

**RP:** DBT é uma terapia para transtorno de personalidade *borderline* e ensina a tolerância à dor por meio da prática consciente,

56 PERMITA-NOS CHEGAR: TRAZENDO À VIDA

trabalho corporal, aceitação do que é, e algumas técnicas comportamentais para se autoacalmar. A Terapia de Aceitação e Compromisso (ACT) é outra terapia que incorpora *mindfulness*. Essas terapias são conhecidas como "terceira onda" das terapias da saúde mental.

**MP:** Esta diferenciação é interessante e nova para mim.

**RP:** Então, essas três terapias: DBT (Linehan, 1993), MBCT (Segal et al., 2012) e ACT (Hayes et al., 2003), todas têm foco semelhante na ideia de estar presente no aqui e agora, usando técnicas *mindfulness* para reduzir os sintomas psicológicos do sofrimento e angústia.

**MP:** Quando você ensina *mindfulness*, o que você quer dizer exatamente por *mindfulness*?

**RP:** Bem, é um dos fundamentos ensinados na filosofia e psicologia budistas; é uma forma de treinamento mental, em que por meio da meditação e das práticas de *mindfuness*, como por exemplo, andar e comer com atenção, aprendemos a ser mais plenamente conscientes e prestar mais atenção ao presente, sem julgamento e de forma generosa com nossas experiências, sejam elas quais forem.

**MP:** É ter um elevado estado de atenção, não é?

**RP:** É uma forma de treinamento para se ter atenção em determinados objetos, é estar presente e focado em uma coisa de cada vez, com gentileza e compaixão para com a nossa experiência, e a partir de treinamento podemos desenvolver maior consciência daquilo que acontece em nossos pensamentos, sentimentos e corpo.

**MP:** Ter atenção plena *versus* menos atenção, suponho.

**RP:** Sim, estar ciente de onde estamos, com quem estamos, e o que está acontecendo; essa é a definição de Thich Nhat Hanh (monge budista e escritor vietnamita), da qual eu gosto, porque *midfulness* tem um componente relacional, não apenas intrapessoal; não é apenas olhar para nós mesmos e estarmos ciente do que está acontecendo em nós. Tem também um componente de estarmos cientes de nossos relacionamentos com outras pessoas, com o ambiente, e com o resto do mundo.

**MP:** Isso é muito importante, porque uma das críticas do budismo é que é muito individualista, muito voltado para dentro.

**RP:** Talvez esta ideia de ser muito individualista venha do arquétipo dos retiros e de monges e freiras na caverna meditando durante anos e anos e anos, para entenderem a natureza da realidade. Mas na maioria dos casos, os monges não ficaram nas cavernas, eles saíram e viveram no mundo de maneira diferente. Até a monja inglesa, Tenzin Palmo, que ficou muitos anos numa caverna no Himalaia, teve um livro escrito sobre sua experiência, agora fundou um convento. Ela também é bastante focada na desigualdade de gênero no ensinamento budista (McKenzie, 2008). A interpretação do *Dharma* tem sido muito influenciada, ao longo dos anos, pelos sistemas culturais e os ensinamentos originais que algumas vezes ficam obscurecidos, por camadas de outras interpretações. Quero dizer que, tradicionalmente, foram homens que transmitiram o conhecimento e o ensino. As mulheres nos mosteiros budistas não tiveram o mesmo acesso ao ensino nem ao poder.

**MP:** Sim, sobre essa questão houve sérias dificuldades em alguns mosteiros *Theravada* na Inglaterra e muitas freiras foram afastadas devido a essa desigualdade. Mas, vamos voltar ao seu trabalho: Achei sua aplicação de *mindfulness* em sua prática como psiquiatra muito interessante e fascinante. Pode falar disso mais um pouco?

**RP:** Há tantas conexões entre algumas ideias e conceitos na filosofia budista e o que sabemos sobre o estar com o outro e a experiência intersubjetiva e os conceitos psicanalíticos. Existem tantas semelhanças, vamos dizer assim, entre a forma com que prestamos atenção na terapia, a "atenção flutuante" a que Nina Coltart se refere (Coltart, 1992), e experiências meditativas. Os grupos que estou orientando com meus colegas são para grávidas que sofrem de angústia, depressão, sofrimento psicológico em geral. São selecionadas na primeira visita, aquelas com fatores de risco para depressão ou que estejam com sintomas. São convidadas a participar de classes após uma entrevista e discussão sobre os objetivos das reuniões, possíveis benefícios, como também possíveis riscos.

**MP:** Como funcionam essas primeiras aulas?

**RP:** As aulas duram duas horas; as pessoas são recebidas, ganham uma apostila de cada aula ensinando o que vamos fazer, e CDs de meditações, com meditações dirigidas, o que também ensinamos nas aulas. Esclarecemos que não é terapia em grupo, mas ao mesmo tempo precisamos aplicar princípios da terapia em grupo, sobre a dinâmica de grupo, e se certificar que as coisas não fiquem fora de controle, e que alguma pessoa possa assumir o controle. Tudo isso é discutido na entrevista inicial e no começo do curso. Mas realmente o essencial é ensinar a meditação, experimentar e aprender sobre as relações entre pensamentos, sentimentos e sensações corporais como na terapia cognitiva comportamental.

**MP:** Quer dizer que eles se tornam conscientes de seus pensamentos e sensações como acontece durante a meditação?

**RP:** Isso, e como eles se vinculam, como determinado pensamento pode levar a uma reação imediata na barriga, uma sensação no corpo ou uma emoção, e desta forma, as mulheres ficam conhecendo o que são seus próprios estados mentais; o que eles continuamente parecem rodar ou girar no mesmo lugar.

**MP:** Por exemplo, a mãe pode ficar com medo e ansiosa pelo temor de fazer algum mal ao seu bebê?

**RP:** Sim, e isso pode então estar associado com outros tipos de ansiedades por exemplo, se elas estarão prontas em tempo para a chegada do bebê ou se os companheiros irão apoiá-las; isso pode ir ainda mais longe trazendo antigas ansiedades, os "fantasmas da infância precoce" (Fraiberg, Adelson (segundo manual APA) & Shapiro, 1975). Não fazemos interpretações; apenas as ajudamos a terem consciência de seus próprios fenômenos mentais que aparecem durante as meditações. E se as mulheres escolhem fazer afirmações que trazem uma compreensão interna, um *"insight"*, tudo bem, as aceitamos e as parabenizamos por terem feito essas ligações; parabenizamos as pessoas simplesmente por estarem conscientes do que está acontecendo, não pelas mudanças. Essas mulheres têm enorme interesse em livrarem-se de sentimentos desagradáveis e resolvê-los antes do bebê nascer, mas precisamos dizer que não é disso que a aula vai tratar. E esse é um grande desafio para qualquer um, principalmente para uma mulher que está prestes a ter um bebê!

**MP:** E também sabemos que as mudanças ocorrem uma vez que aceitamos completamente a realidade da nossa ansiedade, estresse etc., que passa e as mudanças podem ocorrer, ao invés de ficarmos lutando contra a realidade.

**RP:** Sim, e lutamos para saber como as coisas deveriam ser ou como elas são, e este é assunto de muitas discussões no grupo, essa ideia de parar de lutar com a gente mesmo, parar de julgar e da proliferação de pensamentos que vêm dessas lutas.

**MP:** Isso, mente de macaco, como os budistas chamam a mente que não consegue parar por um segundo!

60 PERMITA-NOS CHEGAR: TRAZENDO À VIDA

**RP:** Sim, nós nos detemos em relacionar os elementos que ensinam a autocompaixão, porque as mulheres são as primeiras a se criticarem, julgarem e sentirem-se oprimidas com culpa. Nesta sociedade, as pessoas se empenham para serem melhores e estão constantemente condicionadas a se autoavaliarem, em contraste com outras pessoas; nesta cultura com base no individual, somos mais propensos a ter raiva de nós mesmos do que em uma sociedade oriental, baseada na comunidade.

**MP:** Você me contou que a taxa de sucesso é alta na redução da ansiedade e depressão com esses grupos; pode falar mais sobre isso?

**RP:** Até agora, na pequena avaliação que fizemos, é isso mesmo, mas não comparamos os resultados com mulheres que participam dessas aulas, com outras breves intervenções (em curso) conhecidas por reduzirem a ansiedade e a depressão. Fizemos até agora avaliações com mais de seis semanas pós-natal e temos feito avaliações qualitativas. As mulheres também relataram resultados positivos alguns meses depois que tiveram bebê. Foi o que disseram de suas mudanças subjetivas. Mas existem muitos outros estudos e outras populações adultas, mostrando que a terapia cognitiva com base em *mindfulness*, como outras terapias e ensinamentos, promovem saúde mental. Têm mantido as pessoas bem, mesmo pessoas com sérias doenças mentais: diz respeito à postura diante da doença e melhor senso de equilíbrio na vida; talvez por aprenderem sobre a equanimidade.

**MP:** É uma ajuda para não ficar identificado com a doença? Quero dizer: sou eu e tenho esta condição, mas isso não me representa como um todo?

**RP:** Sim, eu não sou, por exemplo, uma pessoa depressiva na minha totalidade. Isso é uma coisa contra a qual eu luto de vez em quando, da mesma forma que sofrer de alguma doença física: asma, diabetes, dor nas costas etc., mas não é a experiência toda.

**MP:** Podemos vincular essa postura ao conceito ou experiência de não-*self*, quero dizer, se eu não me identificar com minha doença, e há algo mais do que eu tendo uma doença ou estando resfriada agora, por exemplo?

**RP:** Posso apenas dar uma explicação de como eu entendo isso, e não uma explicação acadêmica, já que eu me empenho muito com essa ideia de não-*self*. Acho que isso está relacionado com a ideia budista de que eu construo meu mundo, nós construímos nossas experiências, o que é tudo, de certa forma, ilusório, um pouco impactante e devastador para a mente: uma vez entendido que na verdade o que eu vejo, ouço e sinto é ilusório em algum sentido, então essa é a ideia de *self*, essa é a ideia de mim.

**MP:** Ilusório?

**RP:** É efêmero, muda, não é estático, não é sólido, não é o que parece.

**MP:** Vem e vai, neste sentido é uma ilusão, talvez?

**RP:** Isso, e esse é elemento principal da dependência: a ideia é, se você olha e observa sua experiência por um tempo suficiente, na prática da meditação, descobre que todas as experiências estão em estados dinâmicos e de mudança. Então, nada é o mesmo de momento a momento, e este é um conceito muito difícil para o cérebro humano apreender, porque vivemos como se as coisas fossem as mesmas, queremos que elas sejam as mesmas e que não mudem.

**MP:** Isso dá uma sensação de segurança e, por outro lado, nos sentimos perdidos!

62 PERMITA-NOS CHEGAR: TRAZENDO À VIDA

**RP:** Precisamos viver em um mundo em que nós, de certo modo, por um momento, podemos nos apoiar no fato de que as coisas são sólidas e trabalhar nisso, mas por outro lado, é ilusório.

**MP:** De volta aos bebês e mamães, você os ajuda a ter um início de vida melhor. Você falou sobre trazer à vida em sua apresentação aqui no Congresso WAIMH, o que você quer dizer, exatamente?

**RP:** Existem duas partes para isso: trazer à vida como um pai traz uma criança para a vida, ter aquele ser, e estar em relação, mas há também o significado paralelo da meditação, que em sua derivação da antiga língua páli (a língua com que foram escritos os textos budistas originais) significa: trazer à vida ou cultivar. Que é trazer consciência ao ser. Trazer à vida é sobre tornar-se consciente. A prática budista e *mindfulness* nos ajudam a ir além do mundo estável: esta é uma rocha, isso é você e eu. Existem diversos níveis de experiência da realidade que precisamos trabalhar na psicoterapia, do mundo concreto e realidade externa ao mundo representacional e em seguida, a capacidade de refletir sobre eles: uma posição refletiva em direção à experiência. O desenvolvimento de *mindfulness* pode nos levar a dar mais um passo. Vamos do mundo representacional e do *self* refletivo para o *self* pleno que pode estar consciente de estar consciente, metaconsciente. E é daí que nasce a ideia de não-*self*, quem está consciente de estar consciente?

**MP:** Sim, quem? Isso é consciência?

**RP:** É não-eu.

**MP:** Você já teve a experiência do não-*self* estando consciente do não-*self*?

**RP:** Raros lampejos algumas vezes durante retiros para meditação; é como um *flash*, uma amplidão e quietude momentâneas que eu meio que senti, mas foi muito fugaz. É a sensação de não ser o meu corpo, meus limites físicos; desintegrando e fazendo parte de algo mais. As pessoas têm descrito isso como um sentido de desintegração, de tornar-se aquela parede, por exemplo, ou aquela árvore.

**MP:** Um tipo de união com o outro?

**RP:** Algo similar. Tenho interesse nesta área porque ela fornece um sentido de contenção e segurança.

**MP:** Em nossa luta existencial, não é?

**RP:** É, é isso e é mais do que algo reificar algo, está além das crenças; é saber o que se está experimentando. O "eu" é real neste sentido, não é uma crença cognitiva ou intelectual ou algo que se adore.

**MP:** Pensando no não-*self*, como você concilia a ideia e prática de abandonar o ego, o *self* e a experiência de estar em estado de ausência de mente ou *suniata*?

**RP:** Isto não estaria ligado com quem é aquele que está pensando, quem é aquele que está percebendo? Pode me falar um pouco mais sobre *suniata*?

**MP:** Bem, até onde entendo, o estado de ausência de mente, o vazio, no sentido budista não é: nada, vácuo, buraco negro; está mais ligado ao infinito, talvez.

**RP:** Acho que isso faz voltar à ideia de que nada é estável e que podemos apenas ver as coisas ou percebê-las como impressões. O que consideramos estável e o que nomeamos como um objeto, uma árvore, e uma cadeira, está influenciado por causas e condições e isso está sempre em mutação. Penso que a ideia de vazio remete à

64 PERMITA-NOS CHEGAR: TRAZENDO À VIDA

ideia de que vemos as coisas como queremos vê-las, não como elas são. Mas eu realmente não entendo disso muito bem!

**MP:** Como isso se relaciona ao seu trabalho, e como a ajuda em sua vida, em particular, em seu trabalho com mães e bebês?

**RP:** Bom, me ajuda saber que o trabalho é um processo; me fornece uma estrutura para que eu saiba que posso confiar mais nos meus sentidos e confiar na minha experiência, ao invés de ter ideias, olhar e observar processos e interações mais de perto, ao invés de ter algumas ideias preconcebidas de onde eu deveria ir com essa pessoa que conheço ou onde elas estão naquele momento. Procuro atender a isso da melhor forma que posso; o que acontece a cada momento está na estrutura e não em algo que estou tentando alcançar ou elas estão se esforçando para alcançar. Nos encontramos no momento. É algo parecido com o que Daniel Stern falou em seu livro sobre psicoterapia, *The Present Moment in Psychotherapy and Everyday Life* (2004). Ele fala sobre a experiência momentânea e isso está muito ligado às ideias e filosofia budistas, eu penso. Se podemos acompanhar esse processo, podemos ajudar os outros a observarem suas experiências de padrão de pensamento e de sentimentos. Isso pode ajudar a desidentificar seus pensamentos, sentimentos e ideias e talvez acompanhar o processo ao invés do conteúdo. Isso possibilita flexibilidade psicológica e capacidade para assumir múltiplas perspectivas, ao invés de uma perspectiva rígida e se identificar com ela. Isso irá liberá--las da repressão de uma ideia ou atitude estável, ou de uma reação rígida às ideias de outra pessoa, assim como para seus próprios pensamentos e sentimentos. Permite mais escolha e flexibilidade e assim elas conseguem aceitar mais facilmente os desafios e as lutas da vida.

**MP:** Você está dizendo que parece favorecer uma postura de observação, uma vez que a pessoa desidentifica e assim pode observar porque existe um espaço entre o observador e o observado.

**RP:** Existe um espaço e é aí que a mudança ocorre e é um espaço intersubjetivo. Somos muito mais complexos e multifacetados; não existe um mim, por exemplo, existem muitos mins. Precisamos entender que não temos que ser um mim, existem muitos e isso pode mudar de tempos em tempos. Não precisamos nos limitar a uma visão fixa de como as coisas deveriam ser.

**MP:** E isso tem a ajuda da realização do estado de ausência de mente, não é?

**RP:** Isso, penso que sim, mas digo novamente, conceitos tão profundos estão fora do meu alcance!

**MP:** Aqui estamos rodeadas de névoa nesta Table Mountain, e isso poderia ser uma metáfora.

**RP:** Bem, uma metáfora da capacidade da nossa limitação visual enquanto humanos. Vemos somente o que nossa estrutura, nosso corpo humano e nossa mente nos permitem ver, e esse é o fator limitante: não vemos as coisas como elas são, a menos que passemos pelo processo de aprendizado rigoroso, por causa da forma como estamos fisicamente estruturados e como o nosso cérebro funciona e tudo o mais. Eles (os budistas) pensavam isso há milhares de anos e agora a neurociência está começando a confirmar.

**MP:** Essa névoa que nos envolve neste momento é quase sinônimo da nossa jornada por meio da névoa causada pelos delírios e um raio de sol aparecendo agora em meio às nuvens, é como uma pequena luz à nossa conversa!

**RP:** É, a neblina que experimentamos é um pouco como delírios e anseios. A meditação ajuda as pessoas a verem que há mais coisas acontecendo em suas mentes do que elas pensam, e prestar mais atenção a isso.

**MP:** Na psicoterapia e psicologia, o apego é essencial para promover uma ligação saudável à figura materna para que um ego saudável se desenvolva na criança; ainda que o budismo fale em desapego. Você pode me contar seus pensamentos a respeito deste ponto?

**RP:** Acho que há níveis e tipos diferentes de experiências de apego e desapego. Penso que é preciso experimentar o apego para então seguir além e conhecer o que é o desapego; desapego no sentido budista não é não sentir; não é se desligar dos sentimentos.

**MP:** Você considera desligamento e desapego a mesma coisa?

**RP:** Ah, eu os vejo como o mesmo, mas talvez não esteja certo, talvez sejam termos usados de forma permutável, mas talvez desligamento se confunda com frieza psicológica. Desapego, acho, está mais ligado à ideia de que se experimentam coisas como fluidas e em constante mutação, e, portanto, não há nada para se apegar, porque não é possível se apegar a algo que está sempre mudando.

**MP:** Eu me apeguei demais a você com essa entrevista no Mount Table e esperei uma situação ideal de calor, sol, uma paisagem espetacular que poderíamos ter tido daqui, mas ao invés disso o vento está frio, a névoa cinzenta move-se rapidamente e temos chuviscos e uma multidão barulhenta ao nosso redor: longe da imagem ideal à qual eu tinha me apegado.

**RP:** E você talvez tenha se apegado a esta entrevista sendo clara e simples, enquanto tudo está nublado e confuso!

**MP:** Pelo contrário, sua abordagem teórica é muito interessante, clara e inspiradora.

**RP:** Mas, talvez eu precise conhecer um pouco da abordagem oposta para poder fazer um paralelo, porque fico presa a ideias e teorias e isso obscurece o que eles estão realmente tentando transmitir: a experiência. Esta é a parte mais assustadora, acho. Então, penso que o desapego é diferente do que conversamos sobre a teoria do apego. Esse é apenas um outro nível e eles não devem ser confundidos. Voltando à sua pergunta sobre como conciliar ideias com experiência no grupo de mães, bem, penso que estamos tentando fornecer um lugar seguro para elas investigarem, desafiando experiências e ideias, tentando não ser uma figura apegada e sim alguém que possa aceitar o que é dado, seja confusão, frustração ou alguma outra coisa, nós fazemos o melhor possível, como professores no grupo, para transmitir um sentido de aceitação delas em qualquer forma que se apresentem a nós.

**MP:** Estou tentando ligar isso com a ideia de desapego: você as ajuda a não se apegarem, por exemplo, às suas ansiedades, medos e fantasias?

**RP:** Exatamente isso, procuro fazer com que vejam que se elas realmente olharem através da prática de *mindfulness* e forem capazes de observar e descrever, de alguma forma distantes, como uma terceira pessoa, distantes daquilo que olham, então elas podem ficar menos identificadas, o que é um caminho em direção ao desapego.

**MP:** Ros, você fez um *link* muito claro.

**RP:** É, nós as ajudamos a tornarem-se desapegadas dos seus estados da mente, medos, angústias do que pode acontecer durante o parto etc., e fazemos isso oferecendo um contorno, penso, um tipo de estrutura para que elas observem o fenômeno e para realmente ensiná-las que os fenômenos mentais, sentimentos, sensações

68 PERMITA-NOS CHEGAR: TRAZENDO À VIDA

corporais não são estáticos; eles vêm e vão, sobem e descem, mas estão ligados e influenciam uns aos outros.

**MP:** Você tem alguma história ou experiência para nos contar sobre a ajuda a essas mães, para que entrem em contato com o bebê que está dentro delas, ou que elas tivessem contado a você algo de suas descobertas sobre alguma coisa para fazer com o bebê na barriga?

**RP:** Geralmente a descoberta vem por meio de uma das práticas da meditação, ao examinar o corpo ou meditar sobre a respiração, o som, ou o que seja. Elas descobrem coisas que podem não ter notado: "Ah, meu bebê está dormindo, ah, meu bebê é ativo, ou estou cheia de alegria e felicidade por estar com o meu bebê agora". Penso que pelo fato de pedirmos a elas na prática da meditação para focar – quando chegamos na barriga – no bebê e imaginar seu bebê e como elas podem nutri-los em cada respiração. Assim que as convidamos para observar e pensar no bebê, elas começam, então, a expandir o relacionamento que estão formando com o seu futuro bebê e muitas delas expressam sentimentos de felicidade, gratidão e cuidado, e algumas vezes medo da responsabilidade de colocar uma vida neste mundo. Elas têm momentos de sentimentos muito comoventes pelos bebês: algumas delas de repente reconhecem a importância dessa fase que estão passando e que todas as pequenas preocupações e todas as outras coisas que passam pela mente, que elas focam, são irrelevantes se comparadas com o fato de trazer um bebê ao mundo.

**MP:** Isso é adorável, Ros, está claro para mim que você as ajuda a se desligarem de suas preocupações, angústias, pensamentos negativos e ligarem-se ao real crescimento do bebê dentro delas, não é?

**RP:** É isso que algumas mães nos dizem, e acho que é com certeza uma outra meta das aulas de *mindfulness*: não apenas reduzir o sofrimento e prevenir depressão, se conseguimos fazer isso, mas também pedir que elas comecem a experienciar seus bebês, pensar neles, refletir sobre sua vida.

**MP:** Fazer o vínculo com o bebê, talvez?

**RP:** Sim, vincular, se apegar: tentamos ajudá-las a se relacionar já com o bebê e pensar nesse relacionamento que já começou no ventre, e que continuará, e o que elas esperam, seus sonhos, desejos para o bebê e como elas podem começar a pôr em prática o aqui e agora.

**MP:** Soube de uma mãe muito doente, que não queria estar grávida, até o momento em que começaram as contrações. Parece o oposto do que você está fazendo no seu grupo de *mindfulness*.

**RP:** Sim. Utilizando-se instrumentos de pesquisa, como por exemplo, o Adult Attachment Interview (George, Kaplan, & Main, 1966), pode-se prever que o apego de uma criancinha contando um ano de idade significa que as representações entretidas por uma determinada mãe a respeito deste mesmo revestem-se de enorme importância para que se instale, subsequentemente, um relaciona-mento de "verdadeiro" apego. Assim, uma das minhas ideias, e isso pode ser muito ambicioso, é começar a fazer as mudanças já na gravidez. Digo, se a mãe é esquiva ou preocupada, podemos come-çar ajudando-a a se soltar um pouco e a desenvolver uma relação mais segura com seu bebê no ventre, dessa forma, espera-se que continue assim no pós-natal para um apego mais seguro.

**MP:** Sim, é muito interessante e estimulante porque, como você sabe, acontece também no nível psicológico: as mães cujos estresses ou depressões são reduzidos durante a gravidez, produzem menos cortisol, hormônio que age contra o estresse e mantém a homeostase hormonal *no útero*.

**RP:** É isso mesmo. O trabalho de Vivette Glover em Londres (Glover et al., 2002) e muitas outras pessoas pesquisaram o impacto do estresse, não apenas com grávidas, mas também no desenvolvimento do cérebro e fisiologia do bebê, e não parece nada bom se o estresse for alto na gravidez.

**MP:** A intervenção terapêutica *mindfulness* tem um efeito sobre a saúde mental da mãe e na formação do bebê no ventre, desde os primeiros estágios da formação da mente do bebê.

**RP:** Sim, isso seria uma esperança: reduzir o impacto do estresse no desenvolvimento do cérebro do bebê, e deve ter um efeito no desenvolvimento cognitivo-emocional da criança assim como encoraja um relacionamento de apego.

**MP:** O título para esta entrevista, "Permita-nos chegar trazendo à vida", me pareceu sintetizar muito bem essa conversa: a mãe chega a um estado de consciência que traz o bebê físico e o emocional à vida.

**RP:** Sim, permitindo a chegada do bebê e que a mulher se torne mãe.

**MP:** Você se lembra das mães sendo capazes de transformar sentimentos negativos pelo bebê, não pensando no bebê no ventre e depois podendo falar sobre o bebê, mudando sua visão?

**RP:** As mães dizem: "Já não tenho medo do que pode acontecer"; "Estou muito mais satisfeita por deixar as coisas serem como são e lidar com elas na hora certa", ou algo do gênero. As angústias são muitas, se o bebê será normal, se elas vão aguentar a gravidez; de fato, tem uma história linda sobre uma mulher que fez meditação durante o trabalho de parto. Ela estava muito preocupada, com medo de ter ataque de pânico e depressão pós-natal, mas ela costumava fazer algumas afirmações que damos às mulheres em pequenos cartões durante as sessões. Ela colocou todos eles perto dela na sala de parto e usou o que aprendeu nas aulas, para ficar bem na hora do parto.

**MP:** Pode me dar um exemplo dessas frases dos cartões?

**RP:** Hum, acho que tinha cartão que dizia seja gentil a você mesma; viva um momento de cada vez; use a respiração para prestar atenção, e assim por diante. As pessoas fazem coisas de diferentes maneiras. Algumas mulheres tiveram experiências muito transformadoras. Uma mulher foi capaz de não ser tomada pelos pensamentos intrusivos, apenas vê-los como pensamentos; muitas mulheres que tiveram depressão pós e pré-natal começaram a ter pensamentos maus com o bebê; de que perdiam o controle; elas têm esses pensamentos horríveis, de jogar o bebê contra a parede, pensamentos assassinos, e aprendem a não se assombrar com essas coisas, a se desprender desses pensamentos, parar de lutar com o sofrimento e esses pensamentos geralmente desaparecem ou perdem a força.

**MP:** O que essa mulher disse depois que perdeu a negatividade?

**RP:** Ela disse: "Isso mudou minha vida"! E a outra mulher disse – você sabe que há muitas mulheres que têm bebês chorões, chamados bebês colicativos –, uma outra mulher disse algo como: "No meio da noite, quando me levantei pela décima vez e meu bebê estava chorando, eu estava me sentindo inútil e impotente, então me lembrei que aquele era um momento difícil e que iria passar"!

**MP:** De fato, é impermanente!

**RP:** Impermanente e vai mudar. "O que preciso fazer é ser gentil e compassiva comigo mesma, tomar uma xícara de chá, deixar

72 PERMITA-NOS CHEGAR: TRAZENDO À VIDA

passar, e não pensar que aquilo vai durar para sempre ou que alguma coisa horrível vai acontecer".

**MP:** É muito comovente e emocionante pensar na importância e no alívio que esta intervenção traz. Este é um momento de iluminação e clareza a respeito da real essência do nosso trabalho. Veja, o céu acima de nós também está clareando. A transformação da angústia, medo, depressão, fantasias para essas mulheres, com seus bebês no ventre, é muito bonita e também a forma como elas utilizam as ideias budista que as ensinam em um nível emocional.

**RP:** Existem muitos tipos de metáforas que usamos para as mulheres pensarem a respeito de seus pensamentos, por exemplo, temos o pensamento-fluxo: podemos saltar no fluxo e deixar que ele limpe tudo; ou, estamos esperando o trem, então entramos em um vagão e vamos para um lugar que não queremos ir; ou podemos esperar e não pular no trem e não irmos onde não quisermos ir, que é onde nossos pensamentos nos levam.

**MP:** É como dominar os pensamentos negativos e temíveis, um genuíno trabalho, não é, Ros?

**RP:** Bem, qualquer pensamento que apreendemos, pode ser um pensamento agradável também, porque desejamos ter somente experiências agradáveis. Então, salientamos que prender-se demais aos pensamentos, sensações ou experiências também traz sofrimento. Prender-se demais ou se identificar demais com as experiências, tanto boas como más, causa sofrimento. Usamos também a metáfora do filme, ou seja, a vida é como um filme, podemos nos sentar na plateia, assistir ao filme e sentir o que o personagem sente, lembrando que aquilo é só um filme, mas algumas pessoas pensam que estão de fato no filme e dramatizam e tudo o mais. Existem muitas maneiras que fazem com que a consciência torne-se envolvida nas experiências, o que leva a mais sofrimento.

**MP:** É aí que provavelmente o estado de ausência de mente e a amplidão são criadas, ao não se identificar com o filme ou torna-se os personagens, e ficar como observador, sabendo que aquilo vai passar.

**RP:** E abrir espaço e refletir; e é aí que espero que o *mindfulness* aumente também a capacidade para refletir, porque isso nos abre a mente para olhar e observar. Não existe espaço quando se acompanha coisas, como o coelho branco em *Alice no País das Maravilhas*, de Lewis Carroll. Sabe que conversar com você me ajuda a refletir sobre aquilo que estamos fazendo, que estamos tentando ajudar essas mulheres; não é possível avaliar isso, a menos que se tome uma distância e se converse com outra pessoa. Muito obrigada por ter me pedido para fazer isso.

**MP:** Eu também agradeço, sinto que tivemos momentos de verdadeira criatividade e conexão em nosso diálogo: foi muito emocionante ouvir você falar de sua aplicação da prática budista em seu trabalho, que geralmente é feita apenas tangencialmente, como veremos nos diálogos com outros colaboradores para este livro. O céu aqui em cima está limpando, como as nossas mentes!

## Referências

Carroll, L. (1965). *Alice in Wonderland*. London: Usborne.

Coltart, N. (1992). *Slouching Towards Bethlehem*. New York: Guilford.

Fraiberg, S., Adelson, E., & Shapiro, V. (1975). Ghost in the nursery. *Journal of the American Academy of Child Psychiatry, 14*, 387-421.

George, C., Kaplan, N., & Main, M. (1996). *Adult Attachment Interview protocol* (3rd. ed.). Manuscrito não publicado, University of California em Berkeley.

Glover, V. (2002). In O'Connor, T. G., Heron, J., Golding, J., Beveridge, M., & Glover, V. (2002). Maternal antenatal anxiety and behavioural problems in early childhood. *Britsh Journal of Psychiatry, 180,* 502-508.

Hayes, S. C., Strosahl, K. D., & Wilson, K. D. (2003). *Acceptance and Commitment Therapy: An Experiential Approach to Behaviour Change.* New York: Guilford.

Linehan, M. M. (1993). *Skills Training Manual for Treating Borderline Personality Disorder.* New York: Guilford.

McKenzie, V. (2008). *Cave in the Snow.* New York: Bloomsbury.

Segal, Z. V., Williams, M. G. & Teasdale, J. D. (2012). *Mindfulness-Based Cognitive Therapy for Depression* (2nd. ed.). New York: Guilford.

Stern, D. (2004). *The Present Moment in Psychotheraty and Everyday Life.* New York, London: W. W. Norton.

*The Tibetan Book of the Dead* (1927). Oxford: Oxford University Press.

## Notas

1. World Association for Infant Mental Health.

2. *Mindfulness-based Cognitive Therapy.*

# 3. Buda no céu

*Diálogo com Stephen Malloch*

*O poder sem amor é inconsequente e abusivo, e o amor sem poder é sentimental e anêmico.*

—*Martin Luther King Jr.*

**MP:** Bem, isto é realmente extraordinário para mim: conversar atravessando oceanos e continentes, via Skype! Sim, Stephen, posso vê-lo em sua casa em Sydney, enquanto estou na sala que você usou quando esteve conosco em Londres, alguns anos atrás, na ocasião do lançamento do seu livro. Bem, eu gostaria de me concentrar em um aspecto do seu trabalho relacionado à sua pesquisa sobre musicalidade na comunicação mãe/pai-bebê e perguntar como você integra seu *self* budista em tal pesquisa. Para começar, pode me contar qual foi a primeira vez que você se interessou pelo budismo e em pesquisar a musicalidade nas interações mãe-bebê?

76  BUDA NO CÉU

**SM:** Encontrei o budismo quando morava em Cambridge e estudava teoria e análise da música para o mestrado na University of London. Eu vivia em Cambridge com minha primeira esposa e ela começou a frequentar um grupo chamado Amigos da Ordem budista Ocidental; ela participou algumas vezes e eu fui junto, e me lembro da primeira caminhada meditando que fiz. Em Cambridge, o santuário ficava abaixo do nível da rua, no porão da casa, e eu me lembro de dizer à pessoa que liderava a meditação: "Sinto como se estivesse andando em volta da minha própria psique".

**MP:** Que interessante, e que impacto imediato!

**SM:** Sim, ainda me lembro daquilo e já faz cerca de vinte e três anos. Então, caminhar meditando, em especial, me causou um impacto profundo. Sim, foi interessante porque foi como se eu caminhasse em volta da minha própria psique, como já disse. Lembro-me de uma outra vez, andando na rua principal de Cambridge e de repente parei e percebi que o som do tráfego era nada, comparado ao som dos pensamentos dentro da minha cabeça. E eu pensava, meu Deus, lá fora está tão barulhento e tem tanto ruído na minha cabeça! Essas são as duas lembranças mais antigas de quando comecei minha jornada na meditação. Os Amigos da Ordem budista Ocidental ensinam meditação muito bem: são muito estruturados em seus ensinamentos; eles ensinam basicamente respiração consciente e amor gentil e assim, continuei nesta tradição por cerca de dois anos, o tempo que morei em Cambridge. Depois disso mudei-me para Edimburgo, que foi onde, subsequentemente, fiz meu doutorado. Foi em Edimburgo que comecei a explorar a tradição tibetana, participei de algumas reuniões da tradição Nova *Kadampa*. Não me adaptei muito lá e nem com os Amigos da Ordem Ocidental, e então me deparei com alguns livros de Thich Nhat Hanh e em um deles tinha um cartão informando que um grupo se encontraria em Glasgow. Fui até Glasgow, conheci Ian, a pessoa que orientava aquele grupo e eles me mostraram um vídeo de Thich Nhat Hanh; assim que o vi, fiquei com os olhos cheios d'água e sempre fiquei muito tocado com esse homem, apenas por sua presença e existência. Não me lembro do que o vídeo tratava, mas me lembro que senti que ali tinha algo bem especial e precioso a respeito de Thich Nhat Hanh.

**MP:** Fui ouvir Thich Nhat Hanh pela primeira vez quando ele veio à Londres em maio passado. Veio com sua *Sangha*[1] com trinta ou mais freiras e monges, que estavam todos no palco do Royal Albert Hall: cantaram e então ele falou sem parar por duas horas (a tradução aparecia em uma pequena tela, que usam nos teatros) e foi incrível. Ele falou de todo o budismo, começando pela condição humana de vida, sofrimento, e sua visão sobre a vida, existência, morte e tudo mais. Foi uma forma muito organizada, simples e muito profunda de apresentar sua mente iluminada para nós, pessoas comuns na audiência. De fato, uma experiência extraordinária! Mas eu nunca estive em Plum Village: lembro-me de você ter ido lá quando veio a Londres da última vez.

**SM:** Sim, estive em Plum Village duas vezes e fiquei lá durante três semanas na primeira vez que fui. Ter visto Thich Nhat Hanh naquele vídeo me fez mudar para aquela tradição e conheci uma mulher que teve grande colaboração na minha formação no budismo; seu nome é Ani Lodro. Ela era uma freira budista tibetana quando a conheci e ainda mora em Edimburgo. Ela morava em Samye Ling [um mosteiro budista tibetano na Escócia], onde conduzem retiros fechados que duram três anos, três meses e três dias, e ela fez dois desses retiros consecutivamente, e era muito comprometida com sua prática. Quando a conheci, ela estava começando a deixar a tradição tibetana e descobrindo Thich Nhat Hanh. Havia esse pequeno grupo em Glasgow com essa incrível freira tibetana, e nos tornamos muito amigos, compartilhamos passeios de carro e tivemos longas conversas. Nas três semanas que fiquei em Plum

78   BUDA NO CÉU

Village – ela e eu fomos para lá juntos – ela me deu um suporte muito forte daquela vez, e foi sempre uma extraordinária apoiadora, uma mulher maravilhosa.

**MP:** Como é importante ter pessoas como esta na nossa vida!

**SM:** Depois que me separei da minha primeira esposa, voltei para Edimburgo e fui visitá-la; fiquei falando sobre a separação e dos meus sentimentos a respeito disso. Quando eu estava saindo ela disse, "Stephen, tenho um gancho atrás da minha porta", e eu disse: "Não entendo, por que está dizendo que tem um gancho atrás da porta?" Ela disse: "Talvez você queira deixar seu chicote lá!" – querendo dizer que eu estava me maltratando e me culpando duramente pelo fim do meu casamento. Foi um lindo modo de colocar isso e essa metáfora me atingiu.

**MP:** E você deixou?

**SM:** Bem, não sei se deixei naquele momento, mas entrei em um processo de deixar isso no passado, sim; provavelmente deixei pedaços espalhados pelo mundo todo.

**MP:** Como sempre acontece.

**SM:** E assim, durante o tempo que fiquei em Edimburgo comecei a conduzir as meditações e ocupei outros papéis de liderança na *sangha* e tudo isso foi altamente informativo para o meu envolvimento inicial da meditação, bem como na exploração da minha própria psique. Provavelmente nos últimos quatro ou cinco anos, a tradição de Thich Nhat Hanh tenha tido uma atuação menor na minha vida e realmente o budismo tinha tido uma atuação menor para mim.

**MP:** Seria por que você está mais estável na vida, com a sua segunda esposa?

**SM:** Acho que meu interesse em terapia realmente teve uma participação nisso; mas penso que agora tenho uma visão mais ampla do que significa uma vida espiritual e o que significa uma vida terapêutica. E também fiquei mais interessado nos ensinamentos de Ram Dass, que vive no Havaí. Então, suponho que meu ponto de vista sobre a espiritualidade, ao ficar mais velho, tem se ampliado.

**MP:** Ah, Ram Dass vive no Havaí agora; ele está em cadeira de rodas, não é?

**SM:** Sim, não pode se afastar, não pode mais voar e não sei bem porque ele escolheu o Havaí, mas lá ele tem um bom grupo de apoio e ensina via internet.

**MP:** É ele, no momento, sua maior influência?

**SM:** Ele e Thich Nhat Hanh juntos; um complementa o outro: Thich Nhat Hanh, eu sinto, tem mais os aspectos de clareza e precisão, suponho; enquanto em Ram Dass sinto que é mais coração, além de ampliar mais em alguns aspectos.

**MP:** Entendo, e você estava dizendo que seu interesse em psicoterapia está se sobrepondo ao seu interesse no budismo agora?

**SM:** Eles estão muito próximos um do outro e se complementam e posso entender como se eles me apoiassem mutuamente.

**MP:** E você também mudou para ser consultor, não é isso?

**SM:** Sim, tenho sido há cinco anos; que, além da minha própria jornada terapêutica, ambos têm sido altamente informativos para a minha visão de vida e de mim mesmo. O budismo e a psicoterapia são para mim uma dupla forma de compreensão da psique,

80  BUDA NO CÉU

uma dupla forma de compreender minha própria psique; então, suponho que a psicoterapia aborda o psiquismo enfocando minha história pessoal, a maneira como me comporto no mundo, como me relaciono com as pessoas, como resolvo meus próprios conflitos, como integro minha personalidade, e assim por diante. Já a espiritualidade encontra o meu ser vindo de outra direção, colocando a ênfase na natureza holística da vida e do universo, e existe uma forma de ser, que vai além do ego individual. A meditação é uma forma de fazer contato com esse aspecto do ser humano não-individual. Assim, é como vejo os dois se complementando: a psicoterapia, como eu a entendo, aborda a maneira como lido com minha própria história pessoal; e a espiritualidade, em particular o budismo e a meditação, demonstra e me dá acesso à uma parte de mim que não trata da minha história individual, mas é sobre a interconexão com todo mundo e com tudo, e com a minha parte que não é apenas Stephen.

**MP:** Aborda a natureza humana em geral, você diria?

**SM:** Sim, a natureza humana e a Verdade com V maiúsculo: o *Dharma*. Dessa forma, sinto que espiritualidade e psicoterapia são como dois pilares na minha vida, mas entram por portas diferentes.

**MP:** Isso de certa forma está ligado com as duas ideias aparentemente conflitantes de ego e não-ego.

**SM:** Hum, e o paradoxo disso, que pode ser visto como um conflito ou pode ser experienciado como duas verdades incompatíveis, suponho, apontando para algo maior do que qualquer uma delas; e penetrando nesse paradoxo e na sua riqueza. O trauma psicológico e a história impactando a vida presente de uma das minhas clientes em quem penso, vejo também como algo maior do que isso: minha cliente é mais do que sua história psicológica;

ela é alguém com alma, que tem uma dimensão espiritual também, e eu vejo isso como parte da minha própria força, da forma como trabalho com meus clientes. Então, mesmo que eu nunca fale sobre isso com os meus clientes, ainda assim apreendo aquele outro jeito de olhar quando estou sentado com eles. Então, eu nunca vejo a pessoa inevitavelmente presa pela sua própria história psicológica, sempre há uma parte que vai além disso.

**MP:** O que você quer dizer com uma parte que vai além disso? Você quer dizer que ela representa o sofrimento humano em geral?

**SM:** Existe uma parte dela que também é livre, que no budismo se chamaria natureza Buda; em outras tradições espirituais, podem chamar de alma, você pode pensar em uma alma acolhendo essa encarnação em particular – quaisquer que sejam as palavras que você queira usar. Existe um aspecto nela que não é limitado pela sua própria história pessoal.

**MP:** Como isso se relaciona com as mães e os bebês e sua pesquisa sobre mães e bebês?

**SM:** Que boa pergunta! Em termos da minha prática terapêutica, minha pesquisa com mães e bebês me alimenta em termos de uma sintonia com a mutualidade do terapeuta e do cliente. Quando comecei a estudar as mães e os bebês fiquei, e ainda fico, impressionado pelo comportamento da mãe que diz para o bebê e o bebê diz para a mãe: "Estou te vendo, eu reconheço você e a partir do meu comportamento estou demonstrando que vejo você e que sou afetada por você, mesmo sem ter palavras para te dizer isso". É por meio da dança mútua que está ocorrendo, por meio da sintonia do afeto que está ocorrendo, que essa mensagem está sendo ouvida em alto e bom som quando a comunicação está indo bem. Existem dois seres que estão

82　BUDA NO CÉU

testemunhando um ao outro e estão sendo tocados pela presença um do outro. Então, suponho que esta realização é central na maneira como tenho pesquisado a comunicação mãe-bebê; isso também, imagino, tornou-me muito sensível a esse reconhecimento mútuo que também acontece na terapia. Pode ser pelas palavras, mas é também como a postura do corpo atravessa as narrativas gestuais, como eu as denomino, durante a relação terapêutica e como isso informa a ambos que estão sendo testemunhados por alguém que é sensível a eles.

**MP:** Narrativa corporal, você está falando disso agora?

**SM:** Sim, a narrativa corporal e também a forma com que a voz se move: a altura do som no movimento da voz, o volume da voz, todas as narrativas gestuais da voz juntamente com a narrativa corporal. Essa é certamente uma forma que a pesquisa mãe-bebê tem influenciado minhas interações terapêuticas.

**MP:** Acabei de ter uma inspiração: você tem falado bastante sobre a comunicação por meio do corpo, da voz etc., gostaria de saber como a meditação contribui para refinar sua compreensão da comunicação do corpo, porque como sabemos, a meditação tem muito a ver com o corpo: ela focaliza várias partes do corpo e a respiração. Não é uma prática intelectual ou cognitiva, como algumas pessoas erroneamente acreditam. A meditação diz respeito a tornar-se consciente dos estados do corpo, da respiração, dos pensamentos, e assim por diante.

**SM:** Sim, isso tem me dado muito mais capacidade para focar, e a meditação com certeza tem me dado uma mente mais quieta, assim consigo prestar muita atenção nos meus clientes, em um estado de maior atenção. Consigo deixar de lado meu próprio diálogo interno e estar mais ligado no que o cliente está dizendo. Mais recentemente tenho dado ênfase em como dividir minha atenção entre a narrativa gestual do cliente e o conteúdo verbal trazido por ele, e estou descobrindo que é preciso um certo grau de prática, porque, eu sei, às vezes, fico muito ligado nos movimentos das mãos e no sobe e desce da voz, e em como a cabeça está se movendo, e então percebo que não tenho ideia daquilo que foi dito! Estou melhorando na divisão da minha atenção entre essas duas coisas, e também de lembrar de ambos enquanto estão ocorrendo.

**MP:** Isso inclui a atenção da comunicação gestual e vocal da mãe e do bebê?

**SM:** Sim, aquilo então tornou-se o foco da minha pesquisa, o olhar para as narrativas gestuais de voz e corpo entre mãe e bebê. A sensibilidade em torno das interações do corpo e o ritmo entre mim e o cliente, enquanto trabalhamos juntos, tem sido influenciada, como eu disse, por essa pesquisa da sintonia fina entre mães e bebês.

**MP:** Lembro-me de um vídeo fascinante que você mostrou na Tavistock, quando veio de Londres, de um bebê prematuro no peito de seu pai: o bebê produzia sons inaudíveis e o pai respondia àqueles sons com extraordinária sensibilidade.

**SM:** Agora fiquei interessado em saber como isso se desenrola entre o terapeuta adulto e o cliente adulto.

**MP:** Minha outra pergunta é sobre o apego que tem significado diferente no budismo e na psicoterapia: você tem muita experiência em presenciar o apego entre mães e bebês que se manifestam por meio do *holding* gestual e vocal que você descreve com tanta eloquência.

**SM:** Sua pergunta é sobre a necessidade de um apego saudável em oposição ao desapego no budismo. Suponho que a maneira com que os vejo ligados é novamente um paradoxo: nesta encarnação precisamos de apegos saudáveis: é a forma como o nosso ego se desenvolve, é a forma como funcionamos bem no mundo com outras pessoas e isso começa com um apego seguro com as nossas mães. Enquanto o budismo fala de algo bem diferente: o budismo fala sobre esse desejo de apego do ego ou dessa encarnação se apegar a coisas e maneiras de ser, assim como a percepção de que tudo é transitório. É o *holding* dos dois de tal forma que possamos ver que é importante ter apegos e que também é importante, ao mesmo tempo, ver que esse apego é efêmero e transitório. Diz respeito também, como adulto, ter coragem para amar sabendo que o objeto para o qual o amor é direcionado, a pessoa, poderá nos deixar ou morrer. Há risco em tudo isso. Se não compreendermos esse risco, nunca poderemos amar.

**MP:** Você colocou com clareza. Como você relacionaria isso com a mãe e o bebê ou o pai e o bebê?

**SM:** Se o budismo foi mal interpretado pela mãe, então ela diria: "Bem, não quero ficar muito apegada ao meu bebê; não quero me envolver com o meu bebê por causa do desapego, por causa da impermanência. Sempre saberei que é inútil um apego muito forte porque vai passar". Isso seria um emprego incorreto e grosseiro do ensinamento do desapego no budismo. Trata-se de reconhecer a forte necessidade do apego saudável e o paradoxo do desapego. O apego é muito importante na relação pais-filho, e isso pode ser unido com o reconhecimento da realidade da natureza impermanente de tudo e como a prática do desapego pode ajudar a trazer a realização da natureza impermanente de tudo.

**MP:** Enquanto você falava veio um pensamento na minha mente, e essa é a beleza desses diálogos: é um processo criativo recíproco. Estava pensando que uma forma de desapego na relação pais-bebê poderia estar na condição ideal para separação: os pais têm um apego e um vínculo com o bebê, mas têm também que admitir que a separação existe e isso significa deixar ir, por exemplo, o desejo de possuir o bebê; eles têm que deixar seguir e aceitar que ali tem um bebê, agindo e se comportando de uma forma diferente daquela esperada por eles ou como eles gostariam que aquele bebê se comportasse. Então a ideia e a realização do desapego também vêm do relacionamento íntimo, estreito e muito precoce entre os pais e o bebê.

**SM:** Acho esta uma ideia adorável, porque é o amor com espaço.

**MP:** Exatamente e isso é feito para o bebê por ele ter direito e não porque, digamos, os pais querem dormir à noite toda e ficam irritados se o bebê acorda dez vezes na noite e precisa de muitas coisas. Os pais que se cansam de ter que acordar, alimentar e cuidar do bebê, podem atuar segundo seus próprios interesses e não pensar no bem-estar do bebê. No verdadeiro amor, o bebê é atendido por que tem direito a isso. Então, é o verdadeiro amor pelo bebê, a forma como o bebê é, a forma com que o bebê precisa ser amado.

**SM:** Sim, e reconhecendo, como você diz, que a outra pessoa nunca será o objeto perfeito do amor, porque terão suas próprias ideias.

**MP:** Então vemos o não apego à fantasia de um bebê, se pensarmos no relacionamento pais-criança. Pode-se ter fantasia de um bebê perfeito e é no não apego à fantasia que estou pensando.

**SM:** Sim, e também é o desapego ao pensamento de que esse bebê é meu.

**MP:** Sim, porque o bebê não é meu.

**SM:** E ainda é o meu bebê. Então, aí está o paradoxo novamente.

**MP:** Dessa forma, de quem é o bebê? Quem é o dono do bebê?

**SM:** Talvez esta seja uma pergunta que nunca será respondida.

**MP:** O bebê não é o dono de si mesmo; ou talvez o universo seja seu dono.

**SM:** Talvez seja um pouco como Cristo disse: "Eu sou"; da mesma forma o bebê apenas "é".

**MP:** O bebê não precisa ter um dono; talvez a vida seja dona do bebê.

**SM:** Ainda existe a responsabilidade, mas, sim, é a vida que tem o bebê, e a morte. Mas eu gosto da ideia original do desapego em termos de permitir a separação.

**MP:** Agora, mudando para outra pergunta: a ideia de vazio, como isso se insere na sua pesquisa com pais e bebês? Estado de ausência de mente e plenitude, porque a relação pais-bebê é uma relação franca, honesta, não é?

**SM:** Estou me lembrando de Thich Nhat Hanh, quando ele escreve que quando falamos de estado de ausência de mente precisamos nos perguntar: ausência de quê? Ele quer dizer ausência de um *self* separado e já falamos nisso em algum momento. A mãe e bebê são um, literalmente são um em termos de que o bebê cresce dentro da mãe, e o bebê, desde que começa seu crescimento, também é uma entidade separada, uma pessoa separada. Então, ensinar sobre o vazio seria dizer, sim, a mãe e o bebê são um, ambos estão vazios de uma entidade separada. Como você e eu estamos aqui, conversando um com o outro, e há uma separação aparente entre você e eu, mas o ensinamento sobre estado de ausência de mente mostra que nós não somos seres separados – ambos estamos vazios de um *self* separado. Mas, também estamos separados; nós dois temos nossas próprias vontades e desagrados. Então, da mesma forma, as mães e bebês, como você mesmo já disse com propriedade, a mãe é responsável pela criança ainda que a criança também seja um ser separado. Mãe e bebê estão vazios de *selves* separados, são interdependentes um do outro, ainda que seja importante também ver que eles são seres separados; então estamos voltando ao paradoxo.

**MP:** A última pergunta, quando você conduz seus grupos e ensina meditação, você por exemplo, comunica algo dirigido ao *self* do bebê ou da criança?

**SM:** Uma resposta curta: "não".

**MP:** Bem, você terá uma resposta longa para a última pergunta, isto é, se você já teve alguma experiência mística ou extraordinária, algo intangível, por exemplo?

**SM:** Bem, estou pensando um pouco; na meditação certamente já experimentei uma grande quietude e havia uma imensa vastidão ali para mim; uma vastidão que não é normal no meu dia a dia de trabalho. Imagino que aquela experiência de amplitude me notifica que esse sentido está por trás das experiências do meu dia a dia, e eu estou na maioria das vezes sem contato com isso; então aquela consciência de estado de ausência de mente, no qual entro em contato ocasionalmente na meditação e o amor que há nisso, me faz lembrar que eu esqueço quando vivo meu dia a dia na vida e meu trabalho e esqueço que o amor, a consciência da amplitude

88    BUDA NO CÉU

está logo ali atrás de tudo. Pensando na sua pergunta, outra vez, algumas vezes tenho a impressão de ter uma resposta para algo. Quando criança, eu podia olhar para o céu e – se tivessem algumas nuvens era melhor – eu fazia perguntas e as respostas que eu recebia de volta foram muito úteis algumas vezes. Acho que o que estou fazendo é, estou me abrindo para algo maior do que eu, e por consequência me abrindo a uma sabedoria que é maior do que minha psicologia de todo dia.

**MP:** Este é um lindo modo de ser, e você ainda faz isso?

**SM:** Faço, sim, faço. Costumava fazer isso quando criança e tenho feito de vez em quando, dependendo das circunstâncias da vida e me lembrei disso mais recentemente, quando olhei para o céu e lá estavam algumas nuvens, e eu estava preocupado com alguma coisa; fiquei também consciente de uma enorme quantidade de alegria. Isso me fez lembrar a alegria de estar vivo e a alegria pela existência e alegria que está por trás de tudo.

**MP:** Que bonito. Alguém, que recentemente entrevistei para este livro, me enviou algo sobre Thich Nhat Hanh: falava da alegria de estar vivo e é exatamente isso o que você estava dizendo agora, Stephen. A vida é a melhor coisa que temos e qualquer momento da nossa vida é bom. Estar aberto para o universo e ver o que ele oferece, como esse diálogo com você vai dar resultado e como esse livro tomará forma, tudo dependerá do universo se inserir no trabalho desse livro.

**SM:** E talvez voltaremos para o estado de ausência de mente novamente: trata-se de deixar de lado os resultados e de confiar, apenas Confiar com C maiúsculo.

**MP:** Resultado, sim, esta é uma das palavras mais valorizadas e favoritas, da mídia e no mundo psicológico: tudo tem que ter um resultado, medido e demonstrado como sendo de valor; e se se tratar de valor econômico, no final, esqueça o valor da espiritualidade!

**SM:** O que acabei de dizer a você, para olhar para o céu e abrir--se para o universo, eu falei sobre isso para poucas pessoas e estou muito feliz por ter falado para você.

**MP:** E você está feliz por ter essas preciosas lembranças da infância e também das mais recentes fazendo parte deste livro?

**SM:** Sim, vou ficar muito feliz por elas constarem neste livro, porque tudo isso é muito íntimo e estou muito satisfeito em poder compartilhar com você. É um privilégio ter compartilhado isso com você.

**MP:** E eu também me sinto privilegiada por esta verdadeira conexão emocional; é uma comunicação de alma para alma e isso é lindo, porque muitas vezes eu penso em falar e agradecer ao universo por tudo o que ele fornece, por tudo que ele nos conduz. São coisas que estão além de mim, do pequeno eu individual.

**SM:** Enquanto você estava falando, eu pensava que falar sobre o universo poderia soar muito distante para mim, mas na verdade, é extraordinariamente pessoal e íntimo. Então, sou eu olhando para o céu sentindo alegria de estar vivo e também buscando alguma reafirmação ou algumas respostas para perguntas que tenho. É impessoal, mas também altamente pessoal; é uma interessante justaposição.

**MP:** Sim, é um outro paradoxo e com este pensamento adorável, talvez devamos deixar este diálogo, Stephen.

**SM:** Sim, parece um bom momento para concluir.

90   BUDA NO CÉU

**MP:** E obrigada por esta conversa pelo Skype, o que nos intimidou no começo!

**SM:** Nós também podemos ser pessoas *high-tech* algumas vezes! Foi muito divertido, muito obrigado a você também.

## Referência

King, Martin Luther, Jr. (1967). *Where Do We Go From Here?* Relatório anual entregue na Eleventh Convention of the Southern Christian Leadership Conference, 16 de agosto, Atlanta, GA.

## Nota

1. Aproximadamente associação, assembleia ou comunidade.

# 4. Felizes descobertas no jardim mágico

*Diálogo com Deirdre Dowling*

*Quando tocamos uma coisa com profunda consciência, tocamos em tudo. O mesmo ocorre com o tempo. Quando tocamos em um momento com profunda consciência, tocamos em todos os momentos.*

—*Thich Nhat Hahn*

**MP:** Obrigada, Deirdre, por concordar em conversar comigo em seu lindo jardim, sobre este assunto que prezo muito. Como já mencionei antes, o título deste livro será: Buda e o Bebê, portanto precisamos focalizar em seu trabalho com crianças e pais.

**DD:** Ah, é um lindo título.

**MP:** Que bom, fico contente que tenha aprovado e eu valorizo sua opinião como escritora. Gostaria de começar com as duas escolhas da sua vida, ser budista e psicoterapeuta infantil, e como tudo aconteceu para você.

92 FELIZES DESCOBERTAS NO JARDIM MÁGICO

**DD:** De certa forma estão ligadas. Como você sabe, nasci e fui criada em uma família judia, mas me interessei pelo budismo desde o final da adolescência. Fui apresentada ao budismo *Mahayana* por uma grande amiga do Sri Lanka quando eu estava na universidade, em 1969, e gostei de descobrir o modo de ser budista a partir de sua família, portanto ia com eles para o templo em Chiswick. Então me formei e trabalhei como assistente social, e somente quinze anos mais tarde trabalhei como psicoterapeuta infantil. No entanto, foi em uma visita que fiz à Califórnia, em 1980, que descobri a filosofia zen em um livro, *Zen Mind, Beginner's Mind,* de Shunryu Suzuki (1970), um monge que ensinou em São Francisco e começou uma comunidade budista lá. Quando voltei, comecei a treinar meditação e me tornei envolvida com Rigpa, um centro budista tiberiano liderado por Sogyal Rinpoche, um fascinante líder, muito carismático. Fui a alguns retiros com eles e aprendi mais sobre a meditação. Depois disso, muitos anos mais tarde, foi quando voltei ao budismo e à meditação, com uma comunidade com base em Surrey, chamada New Buddha Way, onde eles praticavam meditação e tentavam expressar as ideias budistas na forma inglesa, moderna e simples. Ali eu descobri o trabalho de um monge vietnamita, Thich Nhat Hanh, que me influenciou enormemente. Ele é provavelmente a pessoa que considero meu mestre a partir da leitura dos seus livros. Sempre ouço ele falar enquanto cuido do jardim e eu gostaria de ir a Plum Village, a comunidade que ele criou na França. Ele é a pessoa que mais me inspira. Considero sua abordagem das questões terapêuticas muito interessante. Quando ele fala sobre a raiva, ele diz que você tem que conhecer e entender o sentimento, quase como em terapia, e então afastar-se do sentimento, e ele fala em transformá-lo. Ele também considera que não há qualquer felicidade sem sofrimento. Dessa forma, achei sua abordagem muito acessível.

**MP:** Na psicanálise temos o conceito de transformação dos estados da mente em algo mais benigno e aceitável, como Bion descreve com tanta competência com sua ideia sobre o processo continente-contido (Bion, 1962).

**DD:** Não sei se conheço esse tipo de linguagem. Suponho que a diferença seja que terapia é uma relação com outra pessoa, enquanto que meditação é uma relação consigo mesma.

**MP:** Sim, mas também com o professor, guru, *roshi*, *Rinpoche* etc., como queira chamar.

**DD:** Imagino que seja verdade, de certa forma, embora muito tempo da meditação é gasto consigo mesma, mas sim, sempre há um mestre.

**MP:** Mas a terapia também tem a ver com você e como você se relaciona consigo mesma, não é?

**DD:** Na meditação, eu não penso muito; enquanto que na terapia é mais uma abordagem intelectual com sentimentos, pelo menos com pacientes adultos, quem sabe não tanto com mães e bebês. Esse trabalho é mais intuitivo e talvez seja uma parte minha diferente trabalhando ou funcionando ou em atividade.

**MP:** Mas terapia não é apenas intelectual, precisa ser uma experiência emocional, não é?

**DD:** Certamente, concordo com isso. Adoro a frase de Wordsworth sobre a poesia, "é o transbordamento espontâneo de sentimentos intensos: tem a sua origem na emoção recordada num estado de tranquilidade" (Prefácio de *Lyrical Ballads*, 1978, p. 151). Essa é sobre poesia, mas as pessoas sempre a citam para descrever

94  FELIZES DESCOBERTAS NO JARDIM MÁGICO

a psicoterapia. Mas não posso dizer que meditação e psicoterapia sejam exatamente iguais.

**MP:** Não são, é claro, mas há alguns aspectos sobrepostos, não é? Mas, voltando para a sua história: como foi sua mudança do trabalho social para a psicoterapia infantil?

**DD:** Quando eu era assistente social, estava com dificuldade para decidir se levaria uma garotinha para tratamento e eu queria uma boa supervisão. Então telefonei para o Centro Anna Freud e me disseram para ir até lá discutir o caso. Anna Freud ainda estava viva. Então apresentei a situação dela e os meus dilemas, numa reunião clínica, e Anna Freud disse, em sua forma imponente: "Se você quiser cuidar dessa criança, terá que levá-la para psicoterapia". E foi o que aconteceu, a criança recebeu cuidados, foi para a terapia e acabou sendo um caso de terapia intensiva de uma terapeuta em formação. Eu a levava até a clínica de Anna Freud, três vezes por semana. Fiquei intrigada com o trabalho terapêutico e decidi iniciar a minha própria formação. Comecei com a BAP, que havia começado a tratar de crianças, e assim estou trabalhando como terapeuta infantil há vinte e três anos.

**MP:** Uma evolução interessante, realmente. Agora, como você acha que a prática do budismo tem influenciado seu trabalho como psicoterapeuta infantil?

**DD:** O budismo me acalma e me ajuda a ficar mais centrada. Sei como usá-lo, então posso me aquietar no início da sessão, que é quando me recomponho depois de fazer outras coisas. Algumas vezes, quando estou ouvindo algum budista falar, ou quando estou meditando, algo surge de um dos meus pacientes, inesperadamente, e depois penso naquilo. Um psicoterapeuta infantil que conheço disse que usa a respiração profunda para ajudar a criança a se acalmar. Não faço isso, mas o que tenho feito é uma negociação com uma criança hiperativa, para que ela fique quieta por três minutos em uma cadeira, enquanto pensamos juntas. Essa é uma técnica para se encontrar alguma quietude.

**MP:** Eu tento fazer algo similar com crianças violentas e atuantes para tentar acalmá-las.

**DD:** Então, é assim que os dois mundos se encontram para mim: trata-se de encontrar um lugar calmo aqui dentro, não é? Estou com algumas crianças bravas, deprimidas e sádicas no momento. Essa ideia de ajudar essas crianças muda o estado de espírito delas pela observação e sem interpretação, apenas estando lá com elas continuamente, acho útil. Você conhece o capítulo que escrevi sobre o trabalho pais-criança, "The capacity to be alone" (Dowling, 2006), em que falo da importância de encontrar-se a partir da possibilidade de "estar sozinha na presença do outro". Eu estava usando as ideias de Winnicott, de seu capítulo "The capacity to be alone" (Winnicott, 1965). Na última sessão com as mães e as crianças, quando elas estavam prontas para deixarem o trabalho terapêutico, eu ficava ali enquanto os pais brincavam com as crianças e interagiam, e tentava criar uma atmosfera calma, estabelecendo uma base segura para que esse desenvolvimento ocorresse. Se o bebê estivesse muito agitado, eu tentava buscar calma de dentro de mim e dava suporte para a mãe se acalmar também, e a encorajava a fazer contato com o bebê e a usar uma voz calma. Não acho que isso seja muito diferente da meditação: encontrando aquele "ponto calmo" dentro de você, que você pode usar. E é assim que eu uso isso, da forma como consigo apreender, eu penso. A ideia de "estar no momento" é muito útil com pacientes adultos.

**MP:** É onde acontece o bom casamento entre psicoterapia e budismo, não é?

**DD:** Acho que alguma coisa da nossa prática de meditação, as leituras que fazemos, devem passar para os nossos pacientes, inconscientemente. Outra coisa interessante que quero contar a você. Há dois anos, fui ao Sri Lanka ensinar abordagens terapêuticas para trabalhar com crianças e professores, trabalhadores da comunidade, padres, oficiais do exército responsáveis por crianças-soldado em centros de reabilitação. No Sri Lanka eles têm uma cultura budista e o que ensinei foi o desenvolvimento infantil, do ponto de vista cognitivo, social e emocional, como eu fazia aqui como professora do trabalho social. Víamos os diferentes aspectos da criança em diferentes estágios de desenvolvimento e os participantes diziam: "O que está faltando é o desenvolvimento espiritual da criança". Aquilo foi uma ideia nova para mim. No Sri Lanka, o aspecto espiritual faz parte do cotidiano, das conversas, de como as pessoas se recuperam de traumas e assim por diante. E aquilo me fez pensar que não falamos sobre esse aspecto do desenvolvimento infantil na Inglaterra como seria esperado no Sri Lanka. Fiquei tão entusiasmada quando voltei, pensando em como a comunidade trabalha lá ajudando uns aos outros. Não há dinheiro, mas todos ajudam. O oficial do exército, depois de ouvir sobre Winnicott e o objeto transicional, pediu para fazer uma arrecadação, assim ele poderia comprar um ursinho de pelúcia para cada criança-soldado quando voltasse.

**MP:** Que comovente, eu acredito que Dalai Lama também pensa assim sobre o desenvolvimento espiritual em crianças.

**DD:** Sim, foi muito emocionante.

**MP:** Pensando em algumas ideias teóricas budista, tais como desapego, estado de ausência de mente etc., como você as concilia com o seu trabalho psicológico, em que ajudamos as crianças a desenvolverem confiança nelas mesmas e nos seus egos?

**DD:** Sempre lutei com isso, mas o que Thich Nhat Hanh sugere é que é preciso descobrir um sentido do *self* antes de abandoná-lo (2006). Eu concordo; para mim, minha análise foi sobre a descoberta do sentido do *self*. Consigo apenas entender a ideia de "interconectividade" como Thich Nhat Hanh a descreve. Sua ideia de que a flor, a chuva que a fez, a nuvem que fez a chuva, a terra onde a planta foi cultivada, a pessoa que a cultivou, todos estão interconectados; não dá para separá-los. É como dizer que não existe bebê sem uma mãe. Esta é a única maneira que consigo entender a ideia de *self* e não-*self*: não se pode admitir o *self* sem o outro. Penso em interconectividade e não tanto no não-*self*. Nunca serei capaz de desistir do meu senso de *self*, mas posso me ver como parte de um todo, interconectada, e, portanto, não separada.

**MP:** Neste sentido, você sente que deixou seu *self* individual seguir, talvez?

**DD:** Até certo ponto. Gosto da ideia de ecologia, que se você move algo, por exemplo, um pedregulho na praia, está afetando todo o resto. Mas acho que nunca vou deixar de ser individualista. Sobre a pergunta do estado de ausência de mente, vejo isso mais como um momento de calmaria profunda: aquela sensação de quietude por dentro, que é comum em todas as religiões, não é? Dessa forma, não me preocupo com o conceito de estado de ausência de mente.

**MP:** É interessante porque acho o momento de calma é o que cria a amplidão, o que é traduzido por vazio, da forma como entendo. O vazio não é igual a nada; pelo contrário, existe toda uma nova dimensão que emerge lá.

**DD:** Sim, posso entender a amplidão e a perda do ego se a meditação for muito longa. Quando se vai a retiros, as pessoas se acalmam, não é? E eu realmente gosto dessa sensação de estar muito quieta dentro de mim. Talvez seja isso o estado de ausência de mente ou vazio?

**MP:** Talvez, mas falando de apego e os diferentes significados atribuídos a essa palavra pelas duas tradições? O que você acha do apego?

**DD:** Quando ouvi pela primeira vez que não se deve apegar à saúde ou à felicidade etc., achei que tudo isso era puro *nonsense*. Eu tinha vinte e um anos e estava desesperada para ter uma casa adequada, ser feliz e todas aquelas coisas que todos querem quando são jovens: então eu desprezava essa ideia. Agora, eu realmente penso que as coisas que importam não são coisas materiais. Percebo que perseguir a riqueza é um jogo que não leva a lugar nenhum. Acho que o budismo para mim é o Caminho do Meio e não vou mais longe que isso em termos de apego. Precisamos de bons relacionamentos. Não acho que existe conflito. Acho que falam em níveis diferentes, você não acha isso?

**MP:** Sim, e acho que eles querem dizer: não se prenda às coisas.

**DD:** Não se pode ter permanência; acho que aprendi isso, não é? Não dá para eternizar as coisas, dá? Claro que todos querem estabilidade e segurança. Então fico com a orientação budista que me ajuda.

**MP:** Em seu trabalho com mães e bebês, você estimularia o apego, não é?

**DD:** Sim, claro, e a meditação com compaixão em que é preciso desenvolver a gentileza àqueles que se ama. Tento praticar isso para ficar menos irritada e me lembrar que ficar brava é perda de tempo. O budismo é fazer o bem, ter bons relacionamentos e ser tolerante uns com os outros, não é mesmo? Então o desapego é realmente não se prender ao momento: posso trabalhar o verão todo para fazer uma flor como esta e então... acaba; mas eu sei que ela vai acabar, então isso é aceitação, não é?

**MP:** É uma ligação interessante entre ser apegado, por exemplo a um relacionamento, mas sem querer controlar, aceitando sua impermanência. Neste sentido, o budismo significa desapego. É por isso que eu acho que muita gente muda para o budismo ou para outras religiões, na hora que está doente ou ficando velho, tendo que enfrentar a morte etc.

**DD:** Encontrar algo que possibilite concentrar a mente. A meditação de alguma forma organiza as ideias, como acontece com alguns de nós quando escrevemos: foca a mente.

**MP:** A meditação ou a escrita etc. é como um espaço transicional para você?

**DD:** Hum, sim, isso mesmo, a gente cria um espaço onde as coisas possam emergir e isso é verdade na terapia, na escrita e na meditação também, concorda?

**MP:** Bem, sim, é isso mesmo. Vem algo à sua mente sobre o seu trabalho com as crianças ou pais e meditação?

**DD:** Quando uma criança brinca e tentamos entender o que ela quer comunicar, semana após semana, existe um sentido similar de tentar dar forma a algo na mente. Acho que durante a meditação a pessoa continua voltando para a respiração, mas as coisas tomam forma e emergem na mente. Isso é o que fazemos quando olhamos uma criança brincando, certo? Quando se está apenas olhando, quando não se sabe o que dizer, ou quando os pais estão com alguma dificuldade, ou um adolescente está de

100  FELIZES DESCOBERTAS NO JARDIM MÁGICO

mau humor, pensamos "o que eu deveria dizer", mas esperamos. Bem, eu espero e torço para algo acontecer. Acredito no inconsciente. É uma analogia e então, suponho, a outra coisa é que a meditação ajuda a pessoa ser mais paciente consigo mesma no processo de espera. Diz respeito a permitir incertezas, dúvidas e o desconhecido. A outra coisa é que a meditação funciona melhor quando fazemos continuamente, como em um retiro, isso se intensifica, não é? Desenvolve-se um sentido mais claro e algo se manifesta. E eu acho que é a mesma coisa na continuidade das sessões com as pessoas, que as coisas emergem, como na escrita também, é o mesmo jogo de espera, não é mesmo? Coisas que não se sabe se evoluem e mudam e tudo pode acontecer e eu gosto disso, daquele senso de... feliz descoberta, onde tudo pode acontecer e não se sabe o que vai ser; é preciso ter um certo caminho, mas não se sabe como chegar lá. Feliz descoberta: aqui está a definição do Google: "A facilidade de fazer descobertas inesperadas e salutares acidentalmente; descoberta por acaso ou por necessidade; antigo nome para Sri Lanka". Vem também de um conto de fadas, *The Three Princes of Serendip*, inventado por Horace Walpole (1754). É um acaso feliz ou uma feliz surpresa por acaso. Você, ao escrever este livro, não sabe até onde as entrevistas a levarão, não é mesmo? Isso é a feliz descoberta. É acreditar que vai tomar forma e levar a algum lugar.

**MP:** Sim, mas agora estou num ponto de incerteza e ansiedade sobre este projeto.

**DD:** É um projeto interessante já que há muita ortodoxia ao nosso redor. A espiritualidade não é, infelizmente, parte de nosso discurso e acho que deveria ser muito mais. Você está revelando coisas.

**MP:** Ouvi Allan Wallace falando na conferência internacional de saúde mental e meditação, e dizendo que depois que as pessoas passam por todo arsenal psiquiátrico tais como medicamento, terapia pela fala, para recuperar sua estabilidade mental, então a meditação é uma ferramenta muito boa para manter a estabilidade alcançada: é a ferramenta de manutenção. Achei isso muito útil e inspirador.

**MP:** Uma última pergunta, Deirdre: você já teve alguma experiência mística, ou similar, em especial?

**DD:** Na verdade não, mas você é puxada para certas coisas e pessoas e não sabe como elas irão se conectar, não é? A descoberta é uma ideia boa para mim, porque gosto do que aparece; gosto do fato de ter descoberto uma flor interessante que não tinha plantado, porque as sementes foram transportadas. Esse jardim é divertido, gosto de brincar e ver o que acontece, não sou muito ordeira.

**MP:** É um jardim fantástico e surpreendente, mágico é a palavra certa para descrevê-lo, ou quem sabe feliz descoberta; e com isso chegamos ao fim desta tarde calma e quente, cheia de surpresas.

## Referências

Bion, W. R. (1962). *Learning from Experience*. London: Tavistock.

Dowling, D. (2006). *The Capacity to Be Alone: A Question of Technique*. London: Routledge.

Suzuki, S. (1970). *Zen Mind, Beginner's Mind*. New York, Tokyo: Weatherhill.

Thich Nhat Hahn (1992). *Touching Peace, The Art of Mindful Living* (p. 123). Berkeley, CA: Parallaz Press.

## 102 FELIZES DESCOBERTAS NO JARDIM MÁGICO

Thich Nhat Hahn (2006). *Mindfulness and Psychotherapy*, CD Sounds True.

Walpole, H. (1754). *The Three Princes of Serendip*, citado em uma carta dele para Horace Mann, jan. 1754.

Winnicott, D. W. (1965). The capacity to be alone. In *Maturational Processes and the Facilitating Environment*. London: Hogarth.

Wordsworth, W. (1978). Prefácio para *Lyrical Ballads* (p. 151).

# 5. A presença do terapeuta

*Diálogo com Monica Lanyado*

> *O bom viajante não tem um plano fixo e não está preocupado com a chegada.*
> *Um bom artista deixa sua intuição levá-lo aonde ela quiser.*
> *Um bom cientista liberta-se de conceitos*
> *E mantém sua mente aberta para o que é.*
>
> —*Tao Te Ching*

**MP:** Monica, obrigada por ter concordado com este projeto de falar sobre sua longa experiência em usar a abordagem meditativa no trabalho psicoterapêutico com crianças e adolescentes. Eu gostaria de começar perguntando a você sobre essas duas escolhas em sua vida, e como elas aconteceram: o fato de você ter se tornado uma psicoterapeuta infantil e também praticante de meditação, talvez não estritamente falando uma praticante de meditação budista, mas certamente muito influenciada por essas ideias, se estou certa.

104  A PRESENÇA DO TERAPEUTA

**ML:** Não sou budista, mas a meditação realmente me interessa. Já tive vários e diferentes professores, incluindo budistas, dependendo de onde estava na minha vida. Tem sido assim desde que eu era adolescente.

**MP:** Você vem de descendência judaica, então provavelmente teve uma criação de menina judia?

**ML:** Sim, mas não ortodoxa, não praticante, mas as crenças, éticas e moralidade judaicas foram centrais na minha vida; então a prática não era muito importante; não éramos *kosher*, e seguíamos poucos rituais. Meu pai era mais interessado na vida interior, realmente, em estudar e interpretar. Ele aprendeu e sabia muito, tinha costumes muito decentes, bom coração e gentil; eu sempre senti que ele era assim pela sua compreensão do judaísmo que fazia parte dele; eles eram interligados. Quando eu tinha treze anos, o rabino da nossa comunidade recém-formada era Lionel Blue. Ele teve muita influência sobre mim e minha cerimônia do *Batmitzvah* foi com ele. Ele ainda está na minha vida.

**MP:** Sim, isso foi mesmo uma sorte, realmente, e eu gosto muito do programa que ele faz na rádio, *Thoughts for the Day*, quando consigo ouvi-lo. Vocês ainda se veem?

**ML:** Ocasionalmente; mas ele não está muito bem agora, ele luta com sua saúde, mas ainda é maravilhoso em espírito, humor e sabedoria. Sua autobiografia, *Hitchhiking to Heaven*, achei linda, porque registra seu desenvolvimento espiritual de uma forma muito aberta e humana. Sabe, ele foi muito importante quando meus pais ficaram mais velhos. Quando morreram, ele que comandou as orações e os enterrou. Então Lionel tem acompanhado toda a minha vida. Comecei com uma influência judaica, mas depois a deixei por muitos anos.

**MP:** E a sua mãe, ela teve influência espiritual sobre você?

**ML:** Influência espiritual, não, ela infelizmente perdeu a mãe e muitos outros membros da família no Holocausto e ela na verdade nunca se recuperou disso. Como muitas pessoas que sofreram essas perdas, ela rejeitou a religião. Mas ela e Lionel se davam muito bem. Ela ouvia as conversas ou sermões maravilhosos de Lionel, mas depois diria a ele: "Lionel, você não acredita em tudo o que diz, não é?" Ele a amava, mas ela não tinha qualquer espírito religioso e estava determinada a ser irreverente, se tanto. Então, como pode ver, não sou budista, mas houve um tempo, quando morava em Edimburgo, que eu era muito chegada a uma colega e sua família, que eram budistas. Trabalhávamos na escola EBD[1] (transtorno emocional do comportamento) e ela era maravilhosa. Seu nome era Seija Burstall e era professora, tinha aulas especiais com as crianças. Ela tinha uma forte apreensão da essência ou da alma das crianças que ela ensinava, e nunca as rejeitava mesmo quando eram terríveis com ela. Sentiam que ela as amava e que podiam amá-la em segurança. Quando tentei supervisioná-la na "sala Seija", foi uma experiência maravilhosa. A cada dez minutos mais ou menos, uma criança batia na porta, punha a cabeça para dentro da sala, que ficava no centro da escola, e simplesmente diziam a ela: "Oi, Seija", e ela respondia simplesmente dizendo: "Oi querida, como você está?". Isso era tudo, mesmo que elas tivessem sido totalmente brutas com ela, o calor era tanto, que parecia que ela era uma fonte de calor para elas, atraindo-as para si. A criança então ia embora novamente sentindo-se "melhor" de alguma forma. Ela nunca as rejeitava e as tinha no coração verdadeiramente. Observando essas trocas, o que me intrigou muito no começo, é que eu percebi que o fato dela as amar e de o amor delas também ser bem-vindo, era muito poderoso e terapêutico para elas. Elas sentiam que não conseguiam destruir seu amor, apesar do seu

106  A PRESENÇA DO TERAPEUTA

comportamento em outros momentos. Era para eu supervisioná-la, aprendi muito com ela. Ela e a família eram muito sérias e comprometidas com o budismo, e eu costumava ir junto e meditar com eles no Dharma Centre que eles organizaram em Edimburgo. Eles me ensinaram muito sobre o budismo e a meditação budista. Seija era uma mistura extraordinária de vitalidade e energia, junto com um caráter contemplativo e tranquilo. Era também uma professora excepcional, animada e terapêutica com as crianças. A forma como ela era como pessoa, tinha sido refinada pelo seu budismo e a prática da meditação. Ela teve muita influência em minha vida.

**MP:** Então essas são as origens do seu interesse espiritual.

**ML:** Sim, e Margaret Sampson, também, que era uma professora *Sufi*. Conheci Margaret antes de ir a Edimburgo e talvez ela tenha sido a influência mais importante, alguém que considero a mentora espiritual da minha vida. Eu a conheci quando tinha trinta e quatro para trinta e cinco anos, e ela ajudou na minha reconexão com o caminho espiritual que havia começado com Lionel. Quando eu tinha meus vinte e poucos anos, com a missão de criar uma família e fazendo formação em psicoterapeuta infantil, perdi minha conexão. Margaret era um membro muito ativo do grupo da Sra. Irina Tweedy, um grupo *Sufi* bem conhecido que fica em Londres, e tinha também experiências psicanalíticas de todos os tipos. Ela esteve em análise, trabalhou no Cassel Hospital como enfermeira psiquiátrica e ensinou autistas. Frances Tustin deparou-se com ela e a citou em um de seus livros. Ela tinha feito uma análise muito prolongada, com um eminente analista (incrivelmente, sem custo), então ela realmente conseguia entender o que a análise podia fazer, e o que a meditação podia fazer, e como poderiam funcionar em diferentes aspectos da vida interior dos seres humanos. Então existem todas essas interconexões, e uma outra pessoa importante na minha vida espiritual é o rabino da sinagoga da qual me tornei membro nos últimos anos, Jonathan Wittenberg. Ele é inspirador e consegue trazer o que há de melhor nas pessoas, ajudando-as a viverem da melhor maneira possível, de acordo com suas habilidades. A partir dos seus sermões e grupos de estudo, consegui entender melhor os pensamentos judaicos sobre ética, teologia e minhas raízes judaicas. Como passei a maior parte da minha vida fascinada pelas religiões orientais – tive também um professor de canto, meditação, ioga e *Bhagavad Ghita* em especial – tenho agora descoberto o que é de meu interesse e o que me comove nesse sentido, de dentro do judaísmo. É um "retorno". Estou muito feliz por ter tido uma variedade grande de experiências em ensinamentos espirituais e com diferentes professores.

**MP:** Pode me contar como você integra sua abordagem espiritual com o seu trabalho e se você usa algumas técnicas específicas de meditação com seus pacientes?

**ML:** Não estou mais na prática clínica, mas supervisiono muitos colegas e estagiários. É por isso que me sinto bem em conversar dessa forma pessoal sobre o impacto da meditação na minha maneira de ser, trabalhar, pensar e ensinar. No passado eu era mais cuidadosa e reservada com respeito a compartilhar tudo isso. Quando tinha meus pacientes, se havia alguma crise e o paciente estivesse passando por um momento terrível em sua vida e sofrendo muito, ou se tivesse pacientes muito agressivos e violentos e eu me sentisse assustada antes de vê-los, era muito útil e eu considerava importante tentar acalmar meu interior, apenas alguns minutos antes de começar a sessão. Assim, algumas vezes, quando eu podia, fazia meditação por alguns minutos no próprio consultório. Aquilo ajudava a clarear minha mente e estar lá calmamente na sala, antes do paciente entrar. Penso que isso ajudava a ambos, por alguma coisa que estava dentro de mim, mas também por algo que eu penso que estivesse naquela sala, antes do paciente chegar

108 A PRESENÇA DO TERAPEUTA

– uma espécie de atmosfera ou uma energia com um potencial de acalmar. É como em uma sala de concerto: a música precisa começar, para ocupar inteiramente o auditório, então algumas vezes a primeira parte da música pode não ser tão vibrante quanto no final do concerto. É como se a vibração precisasse ocupar e existir no espaço, não sei como descrever isso. Da mesma forma, penso que às vezes tem a ver com o que se traz para a sessão, e com a presença da terapeuta. Pode-se tentar estabelecer na sala um espaço mais calmo, tanto dentro de si, quanto literalmente, por ter estado meditando na sala um pouco antes, especialmente com pacientes muito agitados. Acho que eles entram em um espaço diferente. O quanto e por quanto tempo isso ajuda, não sei dizer, mas dá a eles a possibilidade de ter um lugar mais calmo. Naturalmente, existem outras formas de tentar trazer paz para a sala. Da mesma forma no final da sessão, e eu digo isso para os estagiários também. Se possível, pode-se tentar ocupar uns minutinhos para se recuperar, depois de pacientes que requisitem demais – bem como prepará-los tanto quanto possível antes do encontro com esses pacientes. Isso é muito melhor para o paciente, porque considero muito perigoso para o bem-estar emocional e físico do terapeuta seguir direto de uma sessão difícil para outra, sem ter tempo para se recuperar e se preparar para a próxima.

**MP:** Porque acabamos passando isso para os próximos pacientes?

**ML:** Não só isso; nosso treinamento ajuda a tentar não deixar que isso aconteça. Não sei se deixamos passar para o próximo paciente, penso no que fica dentro de nós mesmos, que esgota, que acumula e acumula. Eu certamente chegaria ao final do dia meio atordoada com todas as coisas que foram postas em mim. Isso porque não tive oportunidade para processar tudo o que experienciei. Sei que nem sempre é possível, mas algumas vezes, quando se sabe que determinado paciente é realmente agitado, vale a pena transferir a sessão, literalmente para cinco minutos mais tarde, cinco minutos para poder respirar, um tempo de recuperação. Se esse tempo de recuperação for considerado para se estar melhor na sessão, a chance é maior de se manter a calma diante das tempestades que os pacientes precisam trazer para a terapia. Sabemos que precisamos acalmar os pacientes que estão nesses estados de angústia e agitação, antes de qualquer coisa. Precisamos acalmá-los e se nossas próprias ansiedades estiverem brotando junto com as deles, tudo se torna mais difícil. Por outro lado, se começarmos com bases mais estáveis, que é onde entra, para algumas pessoas, a meditação regular, se possível diariamente, então há maior chance para nós, de sermos capazes de saber o estado de agitação do paciente, sintonizar o afeto e compreendê-lo mais. Senti que com alguns pacientes minha ansiedade aumentava quando a sessão se aproximava e foi por isso que comecei a meditar de manhã. A partir da prática regular da meditação, eu ajustava o "termostato da minha ansiedade" para o nível mais baixo, mais calmo. Descobri que me tornei capaz de ficar mais calma dentro de mim mesma e estar aberta a qualquer coisa que o paciente trazia. Então, foi assim que a meditação me ajudou a fazer o trabalho: eu ficava mais preparada e mais calma. E a meditação tornou-se uma prática contínua e regular, uma rotina diária, sempre que conseguia. Durante muitos anos eu começava o dia, e ainda faço isso, meditativa e contemplativa. Penso que tem se acumulado e tornado parte de mim.

**MP:** Aparentemente, mesmo apenas vinte minutos de meditação por dia muda o cérebro.

**ML:** Sim, acredito muito nisso. A ioga também ajuda muito a se aquietar e a se acalmar. As duas juntas são muito importantes para mim.

**MP:** Então você acha que faz efeito para o paciente, não é?

110  A PRESENÇA DO TERAPEUTA

**ML:** Penso que sim, da forma como descrevi. Primeiro, antes de eu "me expor" e começar a falar sobre a importância que é para mim a meditação, senti que isso seria algo que eu teria que manter comigo, mesmo sabendo que afetaria fortemente a maneira como eu estava com meus pacientes – minha "presença" quando estava com eles. Falei muito sobre isso com Margaret Sampson, mas não pensava que pudesse falar com os colegas.

**MP:** Quando fiz alguns exercícios de visualização e respiração com um adolescente muito incapacitado, em um estado de extrema dor física, e sobre quem eu havia escrito e apresentado em uma conferência da ACP, me senti muito insegura e com medo de falar com outros colegas. Lembro-me da sua reação e comentários naquela época, extremamente encorajadores (Pozzi, 2005).

**ML:** Eu me lembro, e que coisa inteligente e útil você fez com seu paciente.

**MP:** Seria necessário adaptar essas situações de tal forma que podem não ser ortodoxas, mas são necessárias e úteis. Então anos depois, descobrimos que eles se tornaram muito mais aceitáveis e outras pessoas também trabalharam dessa forma. Mas como você disse, temos que nos preparar, nosso próprio *self* interno, assim como se prepara a sala de atendimento e a atmosfera da sala antes dos pacientes que são difíceis e emocionalmente desafiadores. Assim, as técnicas precisam ser mudadas e adaptadas às necessidades desses pacientes.

**ML:** O paciente entra em uma certa atmosfera, em um determinado espaço que seja reflexivo, emocional e espiritual também, e acho que ele é influenciado por isso. A meditação é, como eu disse, uma forma fundamental de eu me preparar para o trabalho. É muito difícil trabalhar no NHS[2] hoje em dia por causa da pressão, e aquele estado de espírito mais calmo é bastante necessário.

**MP:** Você pode nos dizer alguma coisa sobre as ideias budistas de não-*self*, estado de ausência de mente, e apego *versus* desapego, e como eles se relacionam com o seu trabalho?

**ML:** A ideia de uma condição desprovida de ego me deixa totalmente confusa, para começar, e não vejo sentido nisso. Agora, entendo de maneira bem diferente, e acho que se refere a uma qualidade da pessoa, que eu realmente valorizo e reconheço, em que o ego não está em primeiro plano, e não deve ser constantemente alimentado. A ideia de "eu preciso me expressar, eu, eu, eu", não acho que leve à felicidade no *self* ou nas pessoas à nossa volta. Valorizo o que Dalai Lama escreve sobre a importância da felicidade; curiosamente, não falamos muito sobre felicidade ou amor na psicanálise, ainda que sejam vitais em como as pessoas vivem (Dalai Lama, p. 19). A sabedoria budista em *Tao Te Ching* de Lao Tzu (1997) é importante parceira para mim, plena de sabedoria, muito útil. A filosofia budista atrai muito as pessoas judias que não encontram espiritualidade no judaísmo. Existem muitos budistas judeus que buscam um núcleo espiritual que foi perdido, especialmente após os campos de concentração da Segunda Grande Guerra. A tradução que eu amo do *Tao Te Ching,* de Stephen Mitchell (1999), usa uma linguagem muito comum e a sabedoria ali expressa sempre vem à minha mente. Para mim, ela captura a ideia de condição desprovida de ego no sentido budista, que é muito diferente de como é usado no ocidente. Talvez as filosofias orientais sejam idealizadas até certo ponto, não sei. Acho particularmente interessante quando escritores e professores traduzem ideias orientais para a mente ocidental – como Matthieu Ricard, que escreveu *The Philosopher and the Monk* (1993) e *Happiness* (2003), combinando ideias budistas com conhecimentos neurocientíficos.

112 A PRESENÇA DO TERAPEUTA

**MP:** Como isso se relaciona com estado de ausência de mente?

**ML:** Bem, não sei. Mas outra ideia que eu acho muito útil e que vem da meditação budista é a ideia desse interessante equilíbrio entre algo dentro da pessoa, que essa pessoa silencia, mas então algo mais surge das profundezas. Gosto dessa ideia de que por meio da quietude algo mais chega à superfície, e levei um bom tempo para entender o que seria isso. Eu acho que da quietude encontrada na meditação ou a partir dos princípios que orientam a vida, a possibilidade de contentamento, simplicidade e compaixão (parte do que o *Tao Te Ching* ensina) pode surgir. Mas não é a mesma coisa que o "estado de ausência de mente" que eu acho que você está se referindo. Então tem muita coisa que não entendo. Na meditação, tenta-se soltar a "mente de macaco" (como os budistas chamam) que está "em todos os lugares". E aquele breve momento de verdadeiro silêncio ou de estado de ausência de mente, no sentido que você fala, é possível. Ou quem sabe seja possível ter um estado de mente mais perto do vazio, e então outras coisas começam a "surgir" das profundezas. Acho que a questão da meditação é repetir e repetir a prática que pode levar ao estado de ausência de mente produtiva e então outras coisas começam a surgir. Eu acho isso muito útil – mas não tenho certeza se tenho feito mais do que riscar a superfície desta ideia.

**MP:** Algo que vem do vazio: é assim que se entende a terminologia, não é?

**ML:** Sim, mas pode estar relacionada a alguma interpretação especial, do texto original, que é onde se deve ter muito cuidado com as traduções, porque algumas não são muito claras. O *Bhagavad Gita* (traduzido por Christopher Isherwood) e o *Tao Te Ching* (traduzido por Stephen Little) são livros aos quais volto repetidamente. E também *The Prophet* de Khalil Gibran (1926) está sempre presen-

te na minha vida – lindos poemas e sabedoria sobre o relacionamento humano. Mas a tradução é sempre muito importante para
que se possa entender o pensamento e o acesso à sabedoria do texto.

**MP:** Você já teve alguma experiência mística, por exemplo de
não-*self* ou não-tempo, a partir da prática da meditação?

**ML:** Algumas vezes, existem aqueles momentos, na meditação,
em que o tempo realmente para, quando de repente descobrimos
que meditamos muito mais do que imaginávamos e pensamos:
onde eu estive? Não estava dormindo, não estava pensando e mesmo assim o tempo se foi. Para onde?

**MP:** É como se perder no tempo, ou o tempo que já não existe?

**ML:** Talvez; acho que o tempo parece elástico; algumas vezes
o tempo se estica e então aquilo que seria um tempo curto pode
ser sentido como mais longo do que se pensa: "Ah, faz só uma semana? Tanta coisa aconteceu desde o evento". O que na verdade
é um tempo curto, é sentido como prolongado por muito tempo.
O tempo pode ficar compacto, de alguma forma. Alguns períodos
de tempo, a vida parece ficar bastante empobrecida; outros, o tempo nos traz a sensação de termos vivido ricas experiências tempo-
rais; tanta coisa pode acontecer em pequenos espaços de tempo.

**MP:** Você experimenta o mesmo com seus pacientes crianças?

**ML:** Dá para sentir nas sessões, claro. Algumas vezes a sessão
parece passar voando e outras vezes é insuportável e muito difícil ficar no momento presente. É aí, novamente, que a meditação
pode ajudar a focalizar e manter o momento presente. Acho muito difícil fazer isso. Acho que foi Nina Coltart (1993, 1996) que
falou: voltando ao momento presente com determinação – voltar de novo e de novo. Aprendemos isso por meio da meditação.

114 A PRESENÇA DO TERAPEUTA

Precisamos fazer isso com pacientes, procurando manter nossa mente com o paciente, quando ela vai para outros lugares. Precisamos nos manter no presente. Isso é o que a neurociência diz que temos que fazer. Para desaprender velhos padrões destrutivos do cérebro e dar a chance de um novo padrão se desenvolver; para fazer isso, é preciso constantemente repetir o novo. Repetir é muito importante. Manter-se tentando (e repetindo terapeuticamente novos esforços para mudar) e a qualidade da determinação, são a parte central da experiência da meditação – e muito central para ideias sobre o processo terapêutico.

**MP:** Pode falar um pouco mais sobre as neurociências?

**ML:** Bem, vou tentar. Está mudando de tal forma, que meu entendimento fica limitado, mas é isso o que sei no momento – clinicamente. Quando há um padrão destrutivo que está exaurindo o cérebro desde a mais tenra infância, devido a traumas externos ou relacionais, ele se torna "natural" ou caminho-padrão. Esses caminhos vão diretamente do sistema límbico (o animal/réptil reativa o cérebro) para a ação, sem passar pelo córtex e para a parte do cérebro que pensa; encontramos muito disso nos consultórios. O caminho neural estabelecido dentro do cérebro, nesse caso, é de reação de estresse e medo paralisante. Esse é o caminho natural que flui e é preciso criar um novo fluxo e desaprender o velho padrão de reação. Desaprender é muito difícil mas, ao lado disso, existe inaugurar um novo caminho. É como se o fluxo neural fosse usado para descer ao velho caminho destrutivo e fosse encorajado para ir até o caminho menos destrutivo e melhor desenvolvido. Existem os dois lados, a tentativa de diminuir o fluxo na direção do destrutivo e ao mesmo tempo induzir para a nova direção que será mais positiva, e para isso é preciso muita repetição e tempo.

**MP:** A prática consiste de: repetir várias e várias vezes, e isso cria um novo padrão.

**ML:** Isso mesmo e para modificar aquele fluxo, é claro que levará muito tempo. Não é apenas um *insight* momentâneo, embora isso possa ser um passo poderoso e final após um longo período precedente de imutabilidade. Isso me lembra de um professor budista em Edimburgo, que falou sobre meditação: "Basta fazer. Sente-se ali na almofada e faça! Quando se percebe que a mente se foi, faça, volte ao objeto do foco". No judaísmo, a ideia de voltar, voltar e tentar reparar, também é muito importante. Então esta é uma ligação interessante para mim, com o judaísmo.

**MP:** Isso também faz parte da terapia com crianças: voltar de novo e de novo nas questões que a criança traz nas sessões e revisita o tempo todo e nós tentamos e damos a elas respostas e experiências diferentes de seus próprios padrões de comportamento e respostas.

**ML:** Sim, e as duas reforçam uma a outra, quer dizer, o espiritual e a relação na terapia. Não falamos muito sobre ética e moralidade: onde elas se situam dentro da prática psicanalítica? Elas vêm de tradição filosófica e religiosa.

**MP:** Como esta questão da ética e moralidade aplicam-se ao trabalho com as crianças?

**ML:** Isso é interessante. Lembro-me de quando fazia um projeto de pesquisa no Great Ormond Street com jovens adolescentes delinquentes sexuais. Surpreendentemente me lembro de um garoto, cujo pai abusou dele, mas o menino, todavia, tinha forte sensação de saber, durante todo o tempo, que o que seu pai fazia estava errado. Mesmo quando ele era menor e aconteciam os abusos, ele

## 116 A PRESENÇA DO TERAPEUTA

sabia que estava errado – mas aquele era o seu pai! E como ele sabia que estava errado? De onde vem o sentido de certo e errado? Nesse caso, ele era uma criança muito pequena e ele sabia que seu pai estava "errado".

**MP:** Isso é interessante, e presumivelmente ele era uma das crianças que não prosseguem na vida abusando de outros.

**ML:** Penso que não; não me lembro claramente, mas o que lembro é que o garoto que veio desta terrível vida abusiva, apesar disso, conseguia ao menos dizer: "meu pai não me ensinou o que é certo ou errado, mas ele é o único pai que eu tenho". Ele sabia disso, e foi muito doloroso. As grandes religiões e filosofias voltam-se para essas questões sobre como sabemos, enquanto pessoas comuns, o que é certo e errado? É a sociedade, a sociologia, a antropologia, e é também a religião e filosofia estabelecendo o caminho da ética e moral de se viver a vida; é a isso que elas se referem. Essas ideias são, em certa medida, veiculadas por meio dos nossos primeiros relacionamentos, mas elas não são veiculadas apenas dessa forma. Estão na cultura. E são sistemas complexos de pensamentos e argumentos, dentro da tradição budista, e elas muitas vezes ressoam com a filosofia judaica.

**MP:** Você diria que elas são semeadas na natureza humana e por isso algumas crianças têm mais e outras menos, por motivos que não sabemos exatamente quais são?

**ML:** Não sei; sou muito idealista, então prefiro pensar que todos temos isso, mas que são elaboradas de acordo com as nossas experiências. Sabe, eu gostaria de pensar que, como seres humanos, temos essa capacidade e potencial natural – adequado conforme os diferentes estágios de nossas vidas.

**MP:** Winnicott disse alguma coisa nesta linha, não foi?

**ML:** De certa forma, sim, mas acho que ele não escreveu especialmente sobre a dimensão da experiência espiritual como tal, embora ache que ficou bem evidente em suas ideias. Eu prefiro pensar que todos nós viemos com essa capacidade de sermos criativos e éticos, mas as experiências da vida obviamente assumem uma forma e afetam essa habilidade natural.

**MP:** Você falou lindamente sobre se preparar, preparar a sala, a atmosfera, o ambiente etc., com a presença da terapeuta e algo é transmitido para a criança na sessão.

**ML:** Eu penso que a comunicação não verbal é muito importante. Lembro-me de um garotinho que tinha sido adotado; era um menininho muito inteligente, que tinha se apegado muito aos seus cuidadores, e seus pais adotivos foram muito compreensivos e tentaram ajudá-lo com a perda dos cuidadores; então, eles trabalharam bem nisso. Ele tinha já passado por uma adoção mal-sucedida antes de ir para os cuidadores. Foi muito doloroso estar com ele: ele tinha uma expressão de dor, que tinha a ver com a adoção mal-sucedida, em que ele ficou deliberadamente destruído. Ele tinha uma intuição muito forte de quem era "certo" para ele, e quem não era, e eu fiquei tão intrigada que perguntei: "você está dizendo que sabe de imediato quem serve e quem não serve para você?". "Sim" ele disse. É como se ele tivesse desenvolvido uma antena que dissesse imediatamente se alguém estaria realmente aberto a ele ou não, e quem estaria na mesma sintonia que ele e quem não. Não sei o que podemos fazer com isso, mas pode ser que daqui a alguns anos teremos uma tecnologia adequada e seremos capazes de compreender isso.

**MP:** Ele sentiu que a melhor coisa que ele tinha que fazer é não ficar com os primeiros pais adotivos, não é?

118 A PRESENÇA DO TERAPEUTA

**ML:** Sim, ele sentiu isso.

**MP:** Talvez o trabalho com você e o seu caminho meditativo para ajudá-lo tenha desenvolvido essa antena?

**ML:** Não, isso aconteceu bem antes dele vir à terapia. Era o seu mecanismo de sobrevivência.

**MP:** Você diria que isso foi uma intuição espiritual para ele?

**ML:** Não, não acho isso neste caso. Diz mais respeito à comunicação não verbal que acontece entre pessoas, o que queremos dizer com isso e como realmente acontece.

**MP:** Sim, realmente, Monica, e talvez com esta aura de mistério possamos encerrar esta interessante comunicação, agradecendo muito a você.

## Referências

Blue, L. (2005). *Hitchhiking to Heaven*. London: Hodder and Stoughton.

Coltart, N. (1993). *How to Survive as a Psychotherapist*. London: Sheldon Press.

Coltart, N. (1996). *The Baby and the Bathwater*. London: Karnac.

Gibran, K. (1926). *The Prophet*. Melbourne, Auckland, London: Heinemann.

Lao Tzu (1997). *Tao Te Ching: An Illustrated Journey*. Tr. ad. Stephen Mitchell. London: Frances Lincoln.

Pozzi, M. (2005). Love at first sight: psyhoanalytic psychotherapy with an adolescent boy with severe physical disabilities. *Journal of Child Psychotherapy, 31*(3), 203-316.

Ricard, M. (2003). *Happiness: A Guide to Developing Life's Most Important Skill*. Tr. ad. Jesse Browner. New York: Atlantic Books, Little Brown, 2006.

Ricard, M., & Revel, H. F. (1993). *The Philosopher and the Monk: A Father and Son Discuss the Meaning of Life*. New York: Shocken Books.

## Notas

1. *Emotionally behaviourally disturbed.*

2. National Health Service.

# 6. A lua permite que o sol a ilumine

*Diálogo com Dorette Engi*

*Há apenas duas formas para viver sua vida: Uma é acreditar que não existe milagre. A outra é acreditar que todas as coisas são um milagre.*

—*Albert Einstein*

**MP:** Estou muito entusiasmada com esta entrevista, Dorette, sei que você tem muita experiência em meditação budista, tendo ficado dois anos em retiro no sul da França. Você também é psicoterapeuta infantil. Entendo que você pratica a psicoterapia na comunidade budista, isso é muito interessante e único. Conte-me como você se envolveu com o budismo.

**DE:** Em 1978, conheci Sogyal Rinpoche, um jovem *Lama* tibetano, que foi tradutor de Sua Santidade Dalai Lama durante sua visita no ocidente. Fiquei muito interessada no budismo tibetano e comecei a meditar intermitentemente. Mas, desde 1995, tenho praticado regularmente e isso me acompanha pelos períodos difíceis da minha vida. O que eu gostei muito de ter recebido dos ensinamentos de muitos desses *Lamas* tibetanos, que conheci nesta época, foi que seus ensinamentos eram muito empíricos, pessoais e não racionais ou intelectuais. Estar na presença deles sempre leva à uma clareza mental e tranquilidade.

**MP:** Se a terapia funcionar bem, também pode levar a um estado mental mais claro e iluminado, não é? Isso está relacionado com o trabalho com crianças, na sua experiência?

**DE:** Sim, mas eu sempre me vejo intrigada com as diferenças entre os dois. Tem a ver com o relacionamento e a conexão de pessoa para pessoa, o que é muito importante no trabalho com pacientes e também para os nossos pacientes infantis que são negligenciados e abusados, enquanto que a meditação diz mais respeito a equilibrar a mente. Aqui não entramos nos estados emocionais, enquanto que na terapia elaboramos os estados emocionais para equilibrar a mente. O perigo da terapia é que se pode ficar preso à intensidade emocional e o perigo da meditação é que se pode desconectar das suas emoções.

**MP:** Você tem alguma experiência de ter unido meditação e psicoterapia?

**DE:** Sim, vem um exemplo na minha mente de uma criança de oito anos com autismo, com quem lutei durante um ano e meio sem conseguir muito contato entre nós dois; ele ficava andando para cima e para baixo na sala, puxando o cordão da calça na tentativa de evitar fazer contato comigo. No outono, voltando do retiro em Dzogchen (Ensino de Grande Perfeição), eu me sentia muito transformada e as coisas tinham se aberto para mim. Acho que foi na segunda sessão, como sempre ele andava para baixo e para cima, quando de repente ele parou do meu lado e me olhou intensamente e mostrou-se interessado e curioso sobre algo em mim. Ele disse: "a lua permite que o sol brilhe sobre ela". Ah, isso até hoje me emociona. Foi uma total conexão real pela primeira vez com ele. Sempre me pergunto o que foi aquilo, e o que posso achar é que eu estava claramente aberta e muito de bem com a vida naquele momento, e talvez tenha sido o que ele viu e ficou curioso. O que foi interessante, foi que eu não estava tentando fazer contato com ele, mas estava simplesmente presente e aberta a ele. Talvez isso tenha possibilitado que ele derrubasse a barreira do autismo por um momento.

**MP:** Estava pensando em uma boa combinação de objeto em você, os dois pais em uma relação construtiva, a lua e o sol juntos de uma forma criativa e vívida e ele tendo nascido e sendo criado fora de sua concha autística.

**DE:** Bem, o trabalho continuou por mais dois anos com altos e baixos, mas aquele momento me trouxe a esperança de que aquele garoto tinha potencial e puderia sair do autismo. Na ocasião em que o trabalho terminou, sua mãe me deu o primeiro desenho colorido que ele havia feito, quando a terapia já iria terminar. Nele, havia duas árvores conectadas por uma fileira de flores com um sol e uma pequena nuvem. Achei que as duas árvores conectadas com a fileira de flores simbolizaram duas pessoas se conectando de forma benigna.

**MP:** Talvez a expressão do seu paciente sobre a lua permitindo que o sol brilhe sobre ela, foi um momento iluminado para vocês dois, presumivelmente; iluminado dentro de um relacionamento, o que é um milagre para uma criança com autismo.

**DE:** Sim, não tenho ideia porque ele disse aquilo; ele era muito intuitivo e foi muito tocante.

124 A LUA PERMITE QUE O SOL A ILUMINE

**MP:** Uma vez eu estava acompanhando em terapia uma menina adolescente negligenciada, intelectualmente atrasada e extremamente maltratada, que me olhou e disse, "não está lá". Fiquei preocupada, desconfortável e aflita de certa forma e ela repetiu: "Sra. Pozzi, acorda, acorda". Ela estava absolutamente certa: em minha mente não havia espaço para receber suas coisas devido ao ruído das minhas próprias coisas. Sua intuição foi incrível, a despeito de sua deficiência cognitiva. Isso é semelhante a pacientes psicóticos, que estão à frente dos terapeutas em algumas ocasiões.

**DE:** Você deve estar familiarizada com o neurônio-espelho. Em 2009, Daniel Goleman, autor de *Inteligência emocional* (1995) e membro do Mind and Life Institute, falou para Rinpoche sobre a nova descoberta científica nos campos da neurologia e da psicologia que haviam descoberto algo chamado "neurônio-espelho". Esses neurônios ficam estimulados e ativados quando focamos nossa mente em outra pessoa. Descobriram que esse conjunto particular de neurônios na verdade "capta" e iguala a atividade do cérebro da pessoa que está focalizando. Mostraram que pessoas que têm um alto nível de desempenho na escala que mede a empatia, têm um sistema particularmente ativo de neurônios-espelho – uma descoberta que levou um eminente neurologista, Ramachandran, a chamá-los de "neurônios-empatia" ou "neurônios Dalai Lama" (2007). Quando se senta com alguém que medita em um nível avançado, que está numa condição de mente tranquila, e focaliza-se nele, como se faz na meditação, ele reflete este estado de ser. A descoberta dos neurônios-espelho está agitando numerosas disciplinas científicas e está mudando a compreensão da cultura, empatia, filosofia, linguagem, imitação, autismo e psicoterapia.

**MP:** Um paciente meu, adolescente, com Asperger, em sua última sessão psicoterapêutica, tornou-se poeta e escreveu um adorável poema sobre ele e a natureza, em um momento em que ele se sentia claramente mais separado, menos perseguido pela possível proximidade comigo, intrusivamente percebida (Pozzi, 2003). Havia mais espaço e ele deve ter sentido mais liberdade, da mesma forma que o seu garoto, que deve ter sentido que sua mente foi para sua terceira parte espiritual e amorosa. Deve ter havido algum ciúme, é claro, mas esse é o tipo do ciúme que impulsiona a criança com autismo para que saia da concha e se relacione um pouco melhor, como sempre vemos na prática clínica. Mas voltando à sua prática budista, como isso afeta seu trabalho como terapeuta infantil?

**DE:** Tenho trabalhado na organização budista nos últimos anos. Curiosamente, o Buda parece tornar-se um objeto interno benigno e útil quando trabalhamos. Uma vez eu vi uma criança de onze anos que tinha pesadelos. Durante a avaliação ela me contou um sonho em que ela andava pela estrada, como se fosse um corte em uma floresta. Era muito perigoso, tinha criaturas horríveis vindo de todos os lados e ela rezou para Buda e então Buda apareceu e a salvou. Foi um sonho poderoso e uma experiência poderosa para ela. Achei muito útil quando um tutor, em um seminário de grupo durante minha formação como psicoterapeuta infantil na Tavistock, enfatizou a importância de estimular a mente dos nossos pacientes para que mudem para um objeto bom, ao invés de focar somente na ansiedade e nos objetos negativos. Aquela garotinha mudou para o objeto bom, chamando o Buda.

**MP:** Seu papel como terapeuta budista em um retiro prolongado e no contexto da comunidade budista é muito interessante. Isso me faz lembrar dos trabalhos psicoterapêuticos infantis nas escolas ou nas comunidades terapêuticas ou hospitais: eles precisam levar em conta de um modo especial a transferência do paciente para a instituição, relacionado àquela determinada instituição e o que significa para aquela criança em particular.

126 A LUA PERMITE QUE O SOL A ILUMINE

**DE:** O *Lama*, naturalmente, é muito importante em um longo retiro e tem uma função paterna. Algumas vezes ele indica que as pessoas façam terapia, quando ele acha que a questão é psicológica, não uma questão relacionada com a prática espiritual. Torna-se um processo bastante orgânico.

**MP:** O *Lama* e o terapeuta são como duas figuras parentais trabalhando juntas, ou duas instituições: clínica e escolar trabalhando pelo bem da criança e da família, não são?

**DE:** É preciso ser bastante flexível neste contexto e adaptá-lo às mudanças e ao calendário do retiro.

**MP:** Está certo, e é parecido com o trabalho com crianças nas escolas e setores hospitares. Voltando para o trabalho com a criança, o que você considera útil no budismo em seu trabalho terapêutico com crianças?

**DE:** Na nossa formação, aprendemos a monitorar nossos pensamentos e emoções e a trabalhar com nossa transferência. Quando trabalho com crianças difíceis e agressivas, consigo me fechar ou me dominar emocionalmente, e é quando acho muito útil a prática de *Tonglen*. É uma prática em que se inspira dor e sofrimento e expira compaixão e calma. Uma vez, quando estava com o garoto autista, a quem me refiro anteriormente, me senti bastante atordoada com sua inflexibilidade, e me veio um mantra, o recitei em silêncio e aquilo foi meu objeto interno bom e curativo, ou Buda. É maior do que eu, e geralmente ajuda ou pelo menos não torna pior, e o garoto se acalmou porque eu tinha me acalmado. Ocorreu um processo de contenção.

**MP:** Você usaria qualquer técnica budista ativamente em seu trabalho com crianças?

**DE:** Neste estágio eu não perguntei explicitamente aos pacientes. Procuro não pular de um modelo para o outro e como sou as duas coisas, instrutora de meditação e psicoterapeuta, procuro fazer meu papel e não misturo os dois. No futuro, quem sabe, eu possa mudar. Algumas pessoas aprendem as técnicas de *mindfulness* e as usa com os pacientes. Jon Kabat-Zinn, o criador do Programa *Mindfulness* e autor do livro *Full Catastrophe Living* (1990), disse em sua palestra na conferência de medicina e budismo em outubro de 2010 em Lerab Ling: "Redução do Estresse Baseada em *Mindfulness*, MBSR,[1] é o budismo sem Buda. É o budismo secular". Esses programas visam ajudar dores crônicas e depressão, mas o objetivo aqui não é a iluminação.

**MP:** Então você não pediria a uma criança particularmente agressiva, que dá murros, te chuta, para focar em alguma coisa, para respirar, não é mesmo?

**DE:** Eu adoraria experimentar isso com um grupo e olhar para os medos infantis como faço com adultos no contexto do retiro budista. Mas não me concentro na respiração com eles; todos eles meditam e estão acostumados com a prática. Podemos investigar como aplicar a prática da meditação em suas questões específicas.

**MP:** Outra pergunta que tenho é sobre o ego e a ideia budista de não-ego, não-*self*, qual é sua opinião sobre a aparente contradição?

**DE:** Penso que aquilo que o budismo chama de ego e o que a psicoterapia chama de ego são duas entidades diferentes. No budismo, ego é autocentrado e só quer alguma coisa para o *self*, não pensa nos outros. É narcisista, basicamente. Ego é um princípio organizador na psicologia. Sinto que há um paralelo entre as posições esquizoparanoide e depressiva de Klein, o ego budista e a natureza de Buda dentro de nós. Há um desvio para a posição depressiva e similarmente um desvio para o modo compassivo de funcionamento. Mas acho que a natureza de Buda vai além, a um estado de alegria

128   A LUA PERMITE QUE O SOL A ILUMINE

plena; ao passo que a posição depressiva me parece um pouco triste. Freud falou de transformação para a infelicidade comum, enquanto que um budista buscaria a iluminação ou completo despertar. Isso vem do parágrafo conclusivo dos *Estudos sobre a Histeria* de Freud (1895), que têm sido traduzidos muitas vezes, portanto citado de formas que variam.

**MP:** Mesmo que haja criatividade que acompanhe o estado depressivo da mente?

**DE:** Sim, eu imagino, e a fruição da criatividade e do amor, e Klein fala de amor e gratidão (1942).

**MP:** Poderíamos dizer, resumidamente, que o ego – nos termos budistas – tem natureza narcisista, ao passo que o não-ego é mais compassivo, preocupa-se com o outro e com o bem-estar de todos os seres?

**DE:** Sim. Chogya Trungpa foi realmente o primeiro dos *Lamas* tibetanos a combinar a psicologia ocidental e as ideias espirituais. Ele trabalhou no Colorado e escreveu um livro chamado *The Sanity We Are Born With* (Trungpa, 2005) que é fascinante em termos de psicanálise e budismo. Muitos *Lamas* não entendem o conceito de ódio por si mesmo e de falta de autoestima, que é endêmica no ocidente. Em seu livro, Trungpa conecta essa tendência com o conceito de pecado original da tradição judaico-cristã. O budismo fala da pureza primordial ou bondade fundamental, que é sempre entendida pela natureza de Buda como núcleo latente de nosso ser. Todo o resto é *Kleshas*, isto é, emoções negativas, conceitos, tendências habituais, e traços cármicos; são as nuvens que cobrem nosso estado original. O conceito de pecado original é um conceito poderoso em todas as religiões, e eu gostaria de saber se isto está relacionado com as dificuldades que muitos pacientes têm em acreditar em sua bondade inata.

**MP:** Isso depende muito do tipo de pais que se tem e se eles podem ver a criança como criança, na maioria das vezes amáveis, bons, e a aceitam como ela é. Podemos chamar isso de amor incondicional. Pensando na ideia de não-*self* (*anatta*) e de estado de ausência de mente (*suniata*), desapego, que são pedras angulares no budismo, como você as concilia com a teoria e prática psicanalíticas, quando se trata de trabalho com crianças?

**DE:** Esses três conceitos são muito profundos e interessantes; um refere-se ao absoluto, isto é, ao "O" de Bion (Bion, 1959). Este é um conceito místico, enquanto os conceitos psicanalíticos são, em geral, em níveis relativos. Com respeito ao estado de ausência de mente, eu procuraria ter uma atitude de não desejo ou memória; isso não é similar a estar aberta e presente, ou aqui e agora, quando com a criança? Não entramos apressados na sala levando todos os tipos de programas e ideias do que queremos fazer naquela sessão. Nossa meta é simplesmente estarmos lá com a criança e esta atitude é em si bastante vazia ou aberta, presente. Em nosso trabalho, temos estabelecido um começo e um término, o que estrutura a sessão, mas não temos qualquer estratégia em nosso trabalho com a criança.

**MP:** O momento de deixar acontecer, por exemplo, de esperança, quando as coisas estão desesperançosas com alguns pacientes, para mim é difícil conseguir, e quando eu me permito, então as coisas acontecem.

**DE:** É interessante: aceitar que a desesperança inspira a esperança; é contraditório, não é?

130 A LUA PERMITE QUE O SOL A ILUMINE

**MP:** Sim, um paradoxo.

**DE:** Eu pensaria que em parte, o motivo de não deixarmos a situação ser de desesperança, tal como é, é porque protegemos a nós mesmos. É insuportável para nós, sentirmos medo de sermos más terapeutas e falharmos com o paciente que está sofrendo tanto.

**MP:** Sim, é difícil aceitar o sofrimento, especialmente de crianças. Voltando aos bebês e as interdependências etc., o ursinho é um objeto tão estimado pelos bebês e as ideias muito importantes de Bowlby sobre o apego (Bowlby, 1969) parecem muito contrastantes com a aspiração budista de desapego. Como você concilia os dois em seu trabalho como psicoterapeuta de crianças?

**DE:** Lembro-me de Rinpoche ensinando a criança que Buda é seu ursinho. O ursinho é como se fosse uma ligação com a mamãe, ou com Buda: deixa a criança muito mais feliz. Quando se é bebê, deve-se estar ligado à mamãe, papai e ao ursinho. Diz respeito à ligação certa no momento certo. Acho que o desapego é muito mal-entendido.

**MP:** Conte-me mais.

**DE:** O desapego pode ser sentido como rejeição às coisas que trazem alegria e isso é devido à atitude Calvinista, puritana. Precisamos da ligação do ponto de vista psicológico, do desenvolvimento; do ponto de vista espiritual, nossa ligação se deve à ignorância e medos. O desapego está ligado com a realização da *shunyata*. Em poucas palavras, acho que o apego é sempre incompreendido pelos ocidentais: vemos muitas crianças com problemas de apego, e existem questões com o apego que elas não vinculam saudavelmente; isso no nível psicológico. Se nos apegamos com segurança e de forma saudável, então ficamos também mais flexíveis, porque quando nos sentimos confiantes, podemos nos soltar. No entanto, o soltar-se torna-se difícil quando o apego primitivo não é suficientemente bom, então todos os tipos de problemas ocorrem para a criança. Muita necessidade, e a fome não satisfeita é representada pelos Fantasmas Famintos da Roda da Vida. Esses Fantasmas Famintos nunca estão satisfeitos: são representados com imensas barrigas, bocas e gargantas finas, assim não conseguem comer muito; estão sempre com fome, mas não se permitem ser nutridos.

**MP:** Estou pensando no "sem acesso", uma defesa tão vivamente descrita por Gianna Williams em seu livro sobre psicoterapia para jovens com transtornos alimentares (Williams, 1997). Este problema tem início no relacionamento primitivo entre a mãe e filho, quando – devido a questões relacionais, constitucionais – o bebê não consegue se alimentar bem e se desenvolver.

**DE:** E também com amor e alimentação: o desapego tem a ver com deixar as coisas seguirem como são, sem um ego apegado a elas.

**MP:** Então, o desapego tem a ver com o amor pelo objeto: ama-se, perde-se, lamenta-se e se solta, não é? Mas, como se relaciona essa consciência da impermanência e o desapego em sua psicoterapia com crianças?

**DE:** Existe uma cronologia, um sentido de tempo e espaço na sessão; existe um começo e um fim; a terapia em si chegará ao fim: não somos os pais das crianças. Isso define o nosso papel: podemos ser paternais ou maternais mas temos consciência de nossa posição e não vamos além. Penso que o desapego está ligado a tudo isso.

**MP:** Sim, é essencial no nosso trabalho com as crianças: primeiro as ajudamos a se apegarem a nós terapeutas, assim elas podem reelaborar seus traumas e questões, com os quais vieram à terapia. Depois as ajudamos a se soltarem de nós, a se separarem, aceitando o término e nos mantendo dentro de suas mentes e memória.

**DE:** Isso também se aplica ao nosso apego, como terapeutas, aos nossos pacientes: trabalhamos o nosso apego a eles e os soltamos, nos desapegando gradualmente.

**MP:** Ficou bem claro, Dorette. Em um nível diferente e mais pessoal: você já teve algum momento místico, um momento de luz em tantos anos de prática como budista?

**DE:** Penso que sim, é difícil dizer com certeza. Mas a gente tem esses momentos quando se está em um retiro. Entretanto, tendemos a nos a fixar no conceito de iluminação. É uma experiência de mudança: as coisas tornam-se muito claras e parece que dá para ver tudo em diferente dimensão; elas finalmente fazem sentido e são completamente perfeitas. É assim que as coisas são, sem ter a mente nublada ou iludida. Para mim isso é o sentido de beleza mais extraordinário que há. Não é a mente pensante que é iluminada; não é nem o sentimento, é... não sei explicar, realmente!

**MP:** Presumo que seja difícil colocar certos conceitos em palavras?

**DE:** Sim, é um momento místico. Quando falo sobre isso, torna-se uma outra coisa. É um momento de perfeição e tudo se abre, amplia, clareia e se aprofunda. É uma experiência pura, na quietude da sessão com o grupo de treinamento, durante os retiros.

**MP:** Parece-me que está alinhada com a experiência do não-*self*, que tive uma vez durante um retiro, em que experimentei ir além de Mim e ser pura conscienciosidade observando a mim e aos outros na sala de meditação. Não foi um estado dissociativo mas um senso fugaz de consciência universal e amplo espaço. Foi um momento de bem-aventurança, mas logo passou, assim como veio! Que belo ponto para encerrarmos esta conversa tão enriquecedora. Muito obrigada, Dorette, por compartilhar sua experiência comigo e coorientar este diálogo.

## Referências

Bion, W. R. (1959). *Attention and Interpretation*. London: T avistock.

Bowlby, J. (1969, 1973). *Attachment and Loss*. Vol. 1 e Vol. 2. London: Hogarth.

Freud, S. (1895). *Studies on Hysteria*. (S. E., 2). London: Hogarth.

Goleman, D. (1995). *Emotional Intelligence*. New York: Bantam Books.

Kabat-Zinn, J. (1990). *Full Catastrophe Living*. New York: Dell.

Klein, M. (1942). *Love, Guilt and Reparation*. New York: Delta Books, 1975,

Pozzi, M. (2003). The use of observation in the psychoanalytic treatment of a twelve-year-old boy with Asperger's syndrome. *The International Journal of Psychoanalysis, 84*(5), 1333-1349.

Ramachandran, V. S. (2007). *The Neurology of Self-Awareness*. London: Edge Foundation.

Trungpa, C. (2005). *The Sanity We Are Born With: A Buddhist Approach to Psychology*. Boston, MA: Shambala Publications.

William, G. (1997). *Internal Landscapes and Foreign Bodies: Eating Disorders and Other Pathologies.* London: Duckworth, Tavistock Clinic Series.

## Nota

1. *Mindfulness-Based Stress Reduction.*

# 7. Voltando para casa

*Diálogo com Anônimo*

*Não há nada a fazer, nenhum lugar para onde ir, ninguém para ser.*

**MP:** Fiquei contente por você ter aceitado conversar comigo sobre sua experiência como psiquiatra e budista para crianças e adolescentes do Serviço Nacional de Saúde.

**A:** Sim, atualmente.

**MP:** Adoraria ouvir como você consegue usar – se podemos dizer assim – seu conhecimento de budismo nesta função, mas, antes disso, gostaria de perguntar em que momento de sua vida você começou esta jornada, se você vem de família religiosa ou de tradição budista e como começou esse duplo interesse – a escolha do budismo e a da psiquiatria.

**A:** Os antecedentes diretos, quando eu estava na faculdade de medicina e até mesmo antes quando era adolescente, lembro-me

## 136 VOLTANDO PARA CASA

de ter comprado um livro de ioga e comecei a fazer os exercícios de ioga e também a ler sobre os termos tais como *Dharma, Dhayani* (sabedoria), e fiquei curiosa a esse respeito. Na universidade, fui a uma aula de meditação transcendental e aquilo fez um elo imediato para mim, com as coisas que eu tinha lido. Aprendi como meditar com aquela abordagem com Maharish Yogi, o fundador. Achei muito útil, mas não fiquei interessada na superestrutura criada lá. Me ajudou a sair de estados da mente tensos ou difíceis: para mim, funcionou. Eu era bem constante e meditava regularmente, diariamente usando o mantra. Depois, cerca de dez anos mais tarde, decidi viajar pelo mundo e, como parte disso, fiquei diversos meses em Dharamsala. Foi como um chamado, simplesmente um chamado: eu tinha que ir para Dharamsala. Isso foi em 1998 ou 1999, na época que Dalai Lama ganhou o Prêmio Nobel da paz, e ele era ainda relativamente desconhecido e não era essa extraordinária presença como é agora. Naquela época a cidade era bem pequena, as montanhas ainda estavam intactas e era realmente possível encontrar Dalai Lama. Eu costumava ir na biblioteca onde se davam ensinamentos aos ocidentais, todas as manhãs, seis dias por semana. *Lamas* tradicionais falavam tibetano e com tradução para o inglês e havia de quinze a vinte pessoas. Fui lá todos os dias durante meses e meses.

**MP:** Você leu os textos lá?

**A:** Era uma abordagem budista tradicional: o *Lama* lia o texto, e então o explicava. Eu também lia bastante. Me encontrei rapidamente e apertei a mão do Dalai Lama na celebração do ano novo tibetano. Quando eu era bem jovem, tinha cerca de nove anos de idade, encontrei um livro em casa que descrevia a iconografia tibetana, e naquela época não fez muito sentido para mim: lembro-me bem da descrição de Mount Meru, com um palácio no topo. Ao ler e ouvir sobre isso novamente enquanto estava em Dharamsala, muitos anos depois, era como estar em casa. Quando voltei para a Inglaterra procurei e encontrei um centro para dar apoio à minha prática.

**MP:** Que jornada para a descoberta interior!

**A:** Sim, voltar para casa como budista só parecia fazer sentido dentro de um contexto em que eu entendesse a mim mesma, as outras pessoas e a mente. Todos esses *Lamas* eram exemplos vivos daquilo que eu tinha lido. Me senti muito confortável com eles.

**MP:** Agora, pensando no seu papel, em sua posição especialmente nos encontros da Trust, como você liga isso com sua experiência de meditação. Em seu trabalho diretamente com crianças – acredito que você seja especialista em adolescentes – você usa a técnica de visualização tibetana ou outras técnicas na sua atividade como pediatra?

**A:** Eu nunca usaria quaisquer técnicas de meditação diretamente com os pacientes ou com colegas, porque isso seria totalmente impróprio, porque não foi para isso que fui treinada, mesmo como médica ou clinicamente, então eu não faria isso. Entretanto, é interessante ver que a meditação baseada em *mindfulness* está encontrando agora seu caminho na psiquiatria, mas eu nunca fiz essa ligação. Estava pensando em como a visão budista tem se inserido no meu trabalho. Por exemplo, tem um adolescente que conheço há muitos anos, é um garoto que sofria de ADHD,[1] que recentemente quis conversar. Então combinamos o compromisso de semanalmente investigar suas questões de relacionamento. No entanto, logo após, ele se envolveu com a justiça e foi preso. Quando foi solto pediu para ver-me novamente. Ainda um garoto inarticulado, ele entrava na sala e não dizia nada, além de puxar seu capuz cobrindo a cabeça. Entretanto, ele sempre vinha, nunca perdia nenhum encontro e simplesmente ficava ali. Eu tinha que descobrir um jeito de começar um diálogo e tive que pensar e torcer para encontrar perguntas certas para dizer a ele. Ele me dava informações mínimas e eu aproveitava tudo que ele me dava para tentar entender onde ele estava. Lutei para compreender o que estava ocorrendo, o que seria importante para ele, naquele momento. O que deu apoio a este trabalho foi eu ter pensado que ele tinha encontrado um lugar onde podia ser ele mesmo comigo. Precisei ser paciente e simplesmente estar ali, e embora fosse uma conversa quase unilateral, simplesmente um fluxo de palavras, que na verdade dizia, estou aqui, sei que você está aqui, estou pensando em você. No final, ficou claro que não se tratava de ficar tentando ser esperta para descobrir qual era a preocupação dele, e sim de ser uma presença benigna. Ele relaxava com isso. Com o tempo, ele se endireitava na cadeira, olhava diretamente para mim, sorria, e então contava aquilo que vinha e sua mente. Quando perguntei o que tinha ajudado, o que tinha feito a diferença, ele disse que queria continuar vindo porque eu o ouvia e o fazia se sentir melhor. Pensei muito que estar simplesmente presente foi a chave, e juntei isso com minha compreensão sobre a meditação, que permite focar a mente, sem distrair-se, estando simplesmente presente e atenta. Surpreendeu-me que ele respondeu a isso e não a qualquer coisa que eu tenha dito!

**MP:** Mesmo que ele falasse bem pouco, foi a sua escuta que o estava ajudando.

**A:** Sim, ele disse: "Mas você tenta entender". Para ligar isso ao budismo, o que eu fiz nessas sessões, em que ele dificilmente tenha dito alguma coisa, com cabeça baixa e cotovelos nos joelhos, e assim eu nem via o rosto dele (algumas vezes ele colocava o capuz), naqueles momentos eu ficava sentada ali com ele e algumas vezes me lembro de ter pensado: "Como vou explicar ao diretor o que eu estava fazendo? Como vou explicar que ficar sentada ali com o garoto, que não fala nada, é na verdade algo útil e que vale a pena fazer isso?".

**MP:** E ser paga para isso.

**A:** Exatamente, e ser paga. Eu tinha minhas próprias dúvidas. Mas o que eu fiz do ponto de vista budista foi reconhecer isso, tendo dúvidas se estava sendo útil, o que poderia me levar a finalizar as sessões, ou buscar maior contato verbal com ele. Mas eu tinha um garoto na minha sala, que tinha escolhido estar ali, e ele não precisaria vir, e veio regularmente. Mas o importante foi a mudança que ele teve com o tempo, de uma pessoa inarticulada, possivelmente deprimida, perdida e brava, para alguém mais feliz e capaz de não criar problema. Ele tomou algumas decisões positivas sobre sua vida enquanto estava ali. Por isso acredito que foi útil ele ter vindo "sentar-se" comigo.

**MP:** "Sentar" é o que dizemos quando meditamos e o garoto também, de alguma forma, tinha "voltado para casa" nas sessões com você.

**A:** Sim, ou algo parecido. O que precisei fazer foi ser uma presença; me senti em estado meditativo, meditando no sentido de que eu apenas teria que ficar ali, na sala, com ele naquele estado e tentar não me distrair com quaisquer outros pensamentos ou dúvidas que vinham na mente, mas ficar sem me importar e foi o que tornou possível para mim, ficar sentada com ele de forma relaxada, semana após semana, após semana, enquanto na verdade muito pouco tenha sido dito. Acredito que foi uma coisa útil a se fazer.

**MP:** Monica Lanyado, psicoterapeuta infantil, cuja entrevista faz parte deste livro (Capítulo 5), escreveu sobre a presença do terapeuta com esses tipos de pacientes negligentes, inarticulados e ela descreve uma experiência muito parecida com a sua. Com esses pacientes não é possível fazer a psicoterapia tradicional baseada em interpretações; apenas estar com esses pacientes tem sido terapêutico e proporcionado uma presença com continência: é isso

140  VOLTANDO PARA CASA

que é preciso. E também, o que eu penso que está sendo comunicado em silêncio pode ser mais efetivo e menos ilusório, algumas vezes, do que uma conversa.

**A:** Perceba uma coisa: o que podemos pensar do silêncio é que, se existe a possibilidade de se estar presente e não ficar dispersa em seus próprios pensamentos, e assim ouvir os pássaros, a chuva etc., mas pode-se ver e sentir, então é possível estar mais consciente do outro, o que ajuda a estar no momento presente ao invés de ser levada por pensamentos ou emoções. Na minha formação como psiquiatra, durante muitos anos, o modelo psicanalítico foi muito usado, mesmo para explicar coisas como psicose e doenças mentais severas. R. D. Laing foi pioneiro em sua abordagem na tentativa de compreender a jornada psicótica. Naquela época, no final dos anos 1980, com a descoberta dos neurotransmissores cerebrais, houve essa imensa esperança de que logo se descobriria as bases biológicas para a esquizofrenia, depressão, e assim por diante. Então eu me formei numa atmosfera em que o método científico ganhava ascendência sobre o psicanalítico. Fomos treinados a fazer perguntas precisas para delinear claramente a sintomatologia, como base para um diagnóstico. Ainda que isso fizesse sentido intelectualmente, eu não "comprei" o modelo da abordagem médica como um todo, que me parecia ser cego para a experiência interna. E, ironicamente, meu último treinamento foi com Sula Wolff, uma psiquiatra infantil muito conhecida em Edimburgo, pelo trabalho acadêmico nesse campo, embora na clínica ela parecia muito interessada nas experiências vivas com as crianças. Sua abordagem e supervisão clínica eram sobre perceber o que a criança estava passando ou tinha experimentado, para poder compreender seu problema. Em retrospecto, percebo agora que o seu uso e aplicação da teoria do conhecimento foram ferramentas para ajudar a chegar onde a criança pudesse estar, na questão do desenvolvimento e experiência de vida, e não como explicações que encerram-se em si mesmas. Eram apenas mapas que ajudavam a orientar ao real território da verdadeira experiência da criança.

**MP:** Duas vertentes fundamentais.

**A:** Aprendi com ela a desenvolver uma mente crítica para entender a criança, considerar com o que elas nasceram, o aspecto genético, assim como todo vínculo, outras experiências, e tudo aquilo que forma o indivíduo.

**MP:** Você tentou integrar as vertentes que aprendeu no tempo da universidade: a médica, a orientação psicodinâmica, e sua postura meditativa, o que claramente ajudou você a oferecer algo valioso para o jovem silencioso, que principalmente curvava-se silenciosamente.

**A:** Li também muita coisa de Bion: seu modelo continente--contido fez muito sentido. Lembro-me dele descrevendo suas observações de pacientes psicóticos de uma posição de silêncio, em que ele permaneceu em silêncio e de lá observava; então, alguma coisa disso também fez sentido para mim.

**MP:** Você sabe que ele nasceu na Índia, passou nove anos de sua vida lá, em um ambiente filosófico, espiritual e presumivelmente meditativo?

**A:** Sim, li sua autobiografia e se você acredita em reencarnação, eu achei que ele estava no lugar certo por ser um indiano reencarnado em um corpo ocidental, o que acha!!

**MP:** Essa é uma ideia interessante: acho que ele foi uma pessoa que trouxe o lado espiritual para a psicanálise – bem, houve Jung e Fromm e outros, é claro, mas a forma como Bion conceitualiza o desenvolvimento do pensamento, isto é, é o pensamento que vem para o pensador, parecido com o processo meditativo em que as coisas vêm ou emergem dentro da gente.

142 VOLTANDO PARA CASA

**A:** Isso mesmo, e o você, o você real, não é na verdade seus pensamentos; você pode ver os pensamentos indo e vindo e seus sentimentos indo e vindo, mas você, a observadora, continua sendo, independentemente do ir e vir.

**MP:** Isso leva a outra pergunta: como você concilia as ideias de *self* e não-*self*? Em nossos trabalhos, tentamos ajudar os pequenos pacientes, os adolescentes, os pais, a desenvolverem um ego, um sentido forte de si mesmos, e então o budismo diz: sem ego, *anatta*?

**A:** Bem, acho importante manter o que Dalai Lama diz, porque ele fala algo importante. Enquanto o budismo nega a existência de um eu discreto ou *self* que é permanente, "ego" imutável como real, o budismo afirma firmemente a necessidade de um forte senso de *self* baseado na natureza das coisas e na natureza da mente, que está sempre mudando, interdependente, e assim por diante. Existem duas opiniões filosóficas ou argumentos opostos no budismo: tudo existe conforme se percebe, as coisas existem de forma sólida e real, e também há o outro extremo de que não existe nada, nada mesmo, niilismo, um pouco como o existencialismo, nada conta, nada importa. Pode-se ir ao outro extremo: o *self* existe, é permanente e real, e as pessoas querem acreditar que existe uma continuidade nisso. No entanto, a realidade é, as coisas existem convencionalmente, têm formas e funções, não é que não existam, mas não existem do jeito que acreditamos que existem.

**MP:** Não existem para sempre, não são imutáveis, é isso que querem dizer?

**A:** Isso mesmo, não existem para sempre e nem são imutáveis, isoladas, que é como convencionalmente e intuitivamente acreditamos que as coisas sejam: isto é, que iremos existir para sempre.

É como geralmente relacionamos as coisas e pessoas, que estarão lá para "nós" para sempre!

**MP:** Como você emprega esta ideia em seu trabalho com as crianças?

**A:** Bem, uso isso direto, se há alguém sentado em sua frente absolutamente confuso por causa de algo que aconteceu, ou se estão muito bravos ou muito tristes e sentem isso como um verdadeiro desastre e que a vida deles está toda errada, naquele ponto exato eles estão se identificando fortemente com seus pensamentos e sentimentos, então eles são seus pensamentos e sentimentos. Se eles, no entanto, tomam decisões baseadas naquilo, podem tomar decisões erradas, apertando o botão errado. Algumas vezes, quando posso falar com eles, digo: "Veja, ok, entendo que você sente dessa forma, e você está muito bravo e isso é real, um sentimento real; está aí e você se sente terrivelmente magoado e sente que aconteceram coisas muito ruins para você", eu não nego aquela experiência, eu a aceito como a forma com que eles sentem. Mas é preciso tentar ajudá--los a entender que aquilo é apenas uma experiência.

**MP:** Você faz isso com as crianças também, não apenas com pacientes adultos?

**A:** Sim, chego para eles e digo: "Olha, os sentimentos vêm e vão" e não se nega o motivo pelo qual estão bravos, na verdade eles têm motivos para estarem bravos, mas isso é apenas uma experiência, ela vai embora.

**MP:** Você valida a realidade emocional deles primeiro, não é isso?

**A:** Sim, o que se faz é pontuar o que eles já sabem, mas que no momento não estão pensando ou conscientes. Eles nem sempre estão bravos, ou felizes, ou tristes, esses sentimentos vão e vêm. Para algumas crianças faz sentido imediato, e aquilo cria uma certa distância e eles então podem estar lá na sala ao invés de totalmente focados em suas experiências. Estarão experienciando, mas o que experienciam não é sólido e fixo como era antes; é um pouco mais passageiro. E isso pode ser um alívio. Os budistas praticam isso repetidas vezes, e introduzir essa experiência em uma criança, eu penso, é dar a ela uma nova e importante experiência, porque não é como falamos na maioria das vezes.

**MP:** Então, é assim que você combina sua profissão à prática do budismo, de alguma forma?

**A:** Sim, essa seria uma forma bastante consciente de relacionar com o meu trabalho terapêutico com crianças; eu nunca usaria termos budistas, mas usaria meu conhecimento da compreensão budista para ajudar a explicar a elas o que estão experimentando no momento.

**MP:** Isso faz ligação com minha próxima pergunta sobre o apego e a aparente contradição do uso na psicologia e no budismo.

**A:** Penso que parte do problema é a terminologia. O trabalho de Bowlby sobre o apego usa um termo técnico que descreve um conjunto de comportamentos, interações, e tipos de relacionamentos baseados nisso, como ele observou as interações entre a mãe e seu filho, e eu tenho certeza de que qualquer *Lama* aceitaria como parte do que acontece entre mãe e filho em um desenvolvimento infantil normal.

**MP:** E você certamente concorda com isso!

**A:** Sim, naturalmente, e essa é uma parte essencial do desenvolvimento infantil. Não é possível esperar que a criança não busque o apego ou que a mãe não fique apegada. Estou pensando na prática budista da Compaixão, um dos modos tradicionais de tentar lembrar os praticantes sobre empatia e compaixão, que é pedir a eles que lembrem-se de suas mães, como ela os tratava, para que eles considerem os outros seres sensíveis como as mães. Então a prática budista usa esta experiência diretamente.

**MP:** E sobre a ambivalência? Tem algum espaço para isso na prática budista?

**A:** Bem, esta é uma das questões que os *Lamas* que trouxeram o budismo para o ocidente foram contra; eles rapidamente entenderam que esta analogia tradicional da mãe amorosa nem sempre era experienciada pela pessoa; na verdade, a mãe pode ter se tornado um objeto de ódio. Por isso eles aprenderam a fazer com que as pessoas recordassem de outras experiências em que sentiam compaixão ou empatia, como ao cuidar de uma criança. Eles viram ao contrário.

**MP:** Ou ambos: amor e ódio.

**A:** Sim, de fato, eles poderiam pedir para pensar em como é o sentimento a respeito de uma criança ou um animal de estimação, ou tentariam fazer com que desenvolvessem a empatia de outra forma. O modo tradicional estaria baseado na compreensão de que as mães são naturalmente empáticas e os filhos sentem-se cuidados.

**MP:** Isso também acontece nas sociedades ocidentais, quando a situação está suficientemente boa.

**A:** Sim, exatamente. Então o budismo não nega e nem diz que o apego não seja necessário, na verdade ele diz que é necessário. Dalai Lama poderia dizer que para se desenvolver a compaixão na prática budista, é preciso construir a empatia natural que todos nós temos. A prática budista diz respeito a quem você é, qual foi sua experiência e como se desenvolveu a partir daí. Então eles diriam que sim a maioria das pessoas provavelmente tem alguma experiência positiva de relacionamento; recebeu algum tipo de empatia e gratidão. Assim, eles começariam por aí, e construiriam a partir disso, então eles não negam nem tentam afastar.

**MP:** Entretanto, o apego e a construção do ego são essenciais na prática budista, e depois?

**A:** Voltando a Dalai Lama, ele escreveu muita coisa sobre isso. A maioria das pessoas quando entra no budismo traz sua bagagem convencional; algumas pessoas voltam para o budismo por medo ou preocupação ou porque tiveram experiências horríveis. São muito assustadas. Outras pessoas são mais intelectualizadas, mas seja lá como chegam, trazem pontos de vista egoístas: "Estou preocupado; Estou muito confusa" e a prática budista vagarosamente vai dizendo: "Sim, existimos, mas não do jeito que achamos que existimos" e lentamente questionará esta suposição sobre quem realmente somos e também começam a apontar sobre quem somos de fato, do ponto de vista budista.

**MP:** Então você está dizendo que a prática budista levará ao desapego da própria imagem, que se tinha quando iniciou a prática?

**A:** A forma com que vejo esta questão é que ninguém pede que se adote um determinado ponto de vista e nem dizem como é preciso pensar em si mesmo, porque esses são conceitos. E uma das mensagens do budismo é que os conceitos são conceitos e não a coisa em si. A prática consiste em ver a realidade da experiência dos sentimentos, pensamentos que vão e vêm; e vê o que está além ou por trás daquilo. O que está por trás que apoia esses pensamentos, sentimentos e experiências? Se desse para deixar as coisas acontecerem, o que ficaria para trás?

**MP:** Imagino que seja o que o budismo descreve como vazio.

**A:** Isso, mas o que é esse vazio empiricamente? Alcançando este ponto, em que se deixam ir todos os pensamentos e todos os sentimentos, sem agarrar-se a nada conceitualmente ou perceptivamente, qualquer coisa, sim isso é estado de ausência de mente, mas na verdade não é nada. Acho que foi um mestre japonês que disse uma palavra melhor para vazio: plenitude, sim, plenitude porque a experiência existe, mas uma experiência diferente porque libera-se do sentido sólido de "Estou com fome, Estou triste, Estou isso ou aquilo" e se está livre de tudo isso e ainda, há mais uma coisa que ocorre neste ponto, que fica além das palavras, pois as palavras não transmitem isso: é uma experiência viva, mas não é um fato conceitual. É uma experiência, difícil de ser descrita, de se definir, mas é uma experiência real, e tem que passar por isso para poder apreendê-la.

**MP:** Uma experiência de espaço pleno, talvez?

**A:** Sim, amplidão, quando se está relaxada, tranquila naquele exato momento, está ali, presente; as coisas podem vir e ir. Penso que é mover-se em direção ao que chamamos de natureza da mente, isso é o que realmente é, se somente deixar-se ser aquilo. É ser capaz de ser, ao invés de sempre fazer. Então, isso não é nada, mas também é nada em especial, não se é uma coisa em particular: forte ou fraco ou qualquer outra coisa; é algo mais.

**MP:** Talvez seria simplesmente: EU SOU?

**A:** Eu sou, sim, no sentido da "qualidade do SOU"e não no sentido de existir solidamente de um determinado jeito, e isso é uma experiência, repito, e não um conceito.

**MP:** Acho importante encontrar palavras para descrever esses estados experimentais.

**A:** Sim, para nos comunicarmos precisamos encontrar algumas palavras, mas é aí que termos como vazio, apego etc. podem confundir.

148 VOLTANDO PARA CASA

**MP:** Como você traduziria a ideia de desapego de uma criança em termos pragmáticos?

**A:** O budismo não nega o fato das pessoas precisarem se relacionar com os outros e essa forma de relação é que interessa ao budismo. Apaixonar-se por alguém não significa o sentido de amor romântico que irá durar para sempre: a sociedade ocidental sabe disso e o budismo também. Então eu tentaria uma forma, dizendo: não se agarre às pessoas; não se agarre a um conceito sobre o que você pensa que as pessoas são, porque não é real e sempre leva à frustração. Eu estimularia a ideia de prestar atenção àquilo que a pessoa parece, por trás das palavras, os comportamentos. Que atitudes elas têm com as coisas? Para fazer isso, eu estimularia as crianças a se entenderem primeiro, o que elas querem, quais são suas atitudes para as coisas e pessoas. A partir dessa abordagem, elas conseguirão ser mais abertas, ter com uma perspectiva mais consciente; e talvez parar de martelar tanto as coisas.

**MP:** É a qualidade do relacionamento que precisamos salientar, não é isso?

**A:** Isso, esta seria a perspectiva budista. Mesmo com crianças com ADHD, que são hiperativas e impulsivas; o cérebro delas claramente não está funcionando efetivamente, tomam Ritalina ou algo do gênero; elas se acalmam e os sintomas são tratados e o comportamento muda, ok. Mas são crianças, pessoas, convivem com a família, é melhor que estejam calmas; é bom que estejam menos impulsivas, mas isso só será benéfico para elas se seus relacionamentos com os pais melhorarem, se puderem ter acesso ao sistema de educação, para se encaixarem melhor. Talvez o trabalho que precise ser feito seja ajudar os pais e professores a se relacionarem com as crianças quando elas estiverem mais tranquilas. Normalmente não é um trabalho terapêutico muito extenso, fazendo com que se lembrem o que precisam fazer e se as crianças conseguem prosseguir e colocar o aprendizado na prática do dia a dia, poderão se relacionar mais positivamente, ter melhores experiências, vão sentir que podem aprender, aumenta a autoestima e tudo isso é muito bom. É o dia a dia da psiquiatria. Trazendo para a perspectiva budista, volto ao Dalai Lama, que fala sobre a compaixão: se consigo ajudar com medicação, com compreensão e conversa com as pessoas, o professor dando mais uma chance, porque agora a criança está diferente e tudo funciona bem, então estou fazendo com que eles olhem para a criança de forma mais positiva; para mim, isso é o budismo desempenhando seu papel.

**MP:** Você os ajuda a olhar de uma forma diferente para a criança e terem mais compreensão e compaixão.

**A:** Sim, está certo, e sabe-se lá como as coisas terminam, porque eu os vejo por um período muito curto de tempo. Então os acompanho nos retornos e tento fazer com que se lembrem de como eram há um ano e como as coisas estão melhores agora e que prossigam assim. Eu os lembro que o ego ou "*self*" não é fixo e permanente e sim aberto à mudança. O ego para o tibetano não é um substantivo como em nossa linguagem, e sim um verbo, "agarrar a" ou "agarrar em"; é um ato de agarrar ou de rejeitar. No budismo, há três possíveis respostas para as coisas: agarrar, rejeitar ou ignorar, e todas levam a problemas e frustrações. Mas inversamente, se parar de agarrar ideias como "Sou mau, estúpido... etc.", então existe espaço para outras experiências.

**MP:** Isso pode ser bem aplicado às crianças e como responder a elas educacional e terapeuticamente: por exemplo, aderir ao choro da criança ou rejeitar o choro ou ignorá-lo; nenhum fornece uma solução saudável.

**A:** Isso mesmo. Além da experiência diária de agarrar, rejeitar ou ignorar, há a capacidade de ser consciente, o que não se trata de agarrar e nem de rejeitar; é a conscienciosidade e com consciência

150  VOLTANDO PARA CASA

podemos escolher, com sorte, agir adequadamente e não de modo instintivo, agarrando ou rejeitando.

**MP:** Essas atitudes são todas baseadas no ego, não é isso?

**A:** Isso mesmo.

**MP:** Então, neste sentido, esses conceitos e experiências estão ligados: se não se agarra, também não se apega de um jeito não saudável e também não ratifica uma função que reforça o ego agarrado.

**A:** Isso mesmo. Então, agarrar, rejeitar e ignorar são todos baseados no que interessa ao *self*, em manter o sentido de uma existência sólida permanente do eu, e tentar ganhar algo ou evitar dor e desconforto. Mas a ironia aqui é que fazemos esforços imensos para manter o sentido de nós mesmos, que provavelmente não está nos levando à felicidade que queremos, e que podem perpetuar as experiências dolorosas. Enquanto a maneira mais empática, compassiva e aberta não se baseia no que se faz ou no que se pensa que irá ganhar, ou para se proteger, mas sim em responder adequadamente ao que está por aí. Assim fica mais fácil de encontrar o que a pessoa precisa. Se alguém está angustiado, fica mais fácil ter consciência disso, estar disponível e estar lá para a pessoa.

**MP:** Como a criança que você mencionou e que teve problemas com a justiça.

**A:** Sim, exatamente, porque na sala, quando fiquei sentada lá, tentei não pensar em nada, como eu disse, "isso é algo útil para se fazer?" e tive que deixar de lado essas dúvidas e simplesmente estar com ele.

**MP:** Eu me lembrei de uma parte do trabalho de visualização que decidi fazer com um adolescente com paralisia cerebral severa, uma vez que não havia mais nada que eu pudesse fazer para aliviar sua dor física excruciante. Tive muitas dúvidas e angústias sobre ir além dos limites da terapia tradicional, naquele momento. No entanto, na minha consciência, eu esperava poder ajudá-lo um pouco com o exercício de visualização; então o usei e funcionou. Esse trabalho, apesar das minhas angústias, tem sido bem recebido pela minha associação profissional, apesar das minhas dúvidas!

**A:** Concordo que essa integração de técnicas é importante e isso me leva ao termo budista, eles falam de meios convenientes, e acho que uma das traduções poderia ser: o que poderia ajudar adequadamente em uma situação? O que é conveniente em uma situação? Se isso ajuda, então foi totalmente conveniente, e não existe manual que diz o que fazer quando se está com um garoto que tem paralisia cerebral e sente uma dor terrível.

**MP:** É isso! Em um nível mais pessoal, você já teve alguma experiência mística ou esclarecedora durante seus anos de prática?

**A:** Quando medito chego a um ponto em que não estou pensando em nada, ou nem tenho algum sentimento forte, estou presente no momento: posso ver, sentir, ouvir, nada me perturba, estou ali, simplesmente. Hoje em dia consigo atingir essa quietude e me sentir calma, contente e muito viva. Não é um tipo de nada; não é ficar embotada, muito pelo contrário. Existe um senso de abertura. Tais experiências me fazem pensar que todas as descrições e analogias que os *Lamas* falam não são apenas palavras; estão realmente descrevendo uma verdade, uma experiência viva que vale a pena cultivar, porque faz toda a diferença de como se vê o mundo e como senti-lo.

**MP:** Você pode contar um pouco mais sobre sentir-se diferente?

**A:** Bem, por exemplo, estive em férias recentemente e meditava no hotel diariamente pela manhã e nos primeiros dias percebi que minha mente estava muito agitada com muitos pensamentos sobre o que eu estaria fazendo no meu trabalho e coisas assim. Após alguns dias fiquei mais serena, bem mais calma e presente; eu me lembrei: este estado está sempre aí para ser experimentado, posso perdê-lo, esquecer, me distrair, mas isso é algo em que posso confiar – se houver chance de voltar a isso.

**MP:** Voltar para casa.

**A:** Sim, exatamente, voltar para casa e quando se está lá, não há nada a fazer, nada para se preocupar, simplesmente é, e, sim, nos distraímos, pensamos, sentimos sede, dor etc., mas sempre dá para voltar lá. Se se aprende como fazer, isso pode ser a resposta para qualquer transtorno que se experimente.

**MP:** Muito obrigada por compartilhar sua experiência e pensamentos tão aberta e claramente: realmente gostei dessa conversa.

**A:** Gostei muito de você ter querido ter essa conversa e da chance de juntar esses pensamentos que de outra forma talvez eu não tivesse pensado em fazer.

## Nota

1. *Attention Deficit Hiperactivity Disorder.*

# 8. O fator curativo

*Diálogo com Pamela Bartram*

> *Bodhi não é uma árvore*
> *Nem a mente um espelho brilhante*
> *Já que tudo é vazio em essência*
> *Onde pode o pó acumular?*
> —*Huineng (Século VII d.C.)*

**MP:** Pamela, você tinha começado a me contar quando começou a se interessar pelo budismo, foi na universidade, não foi?

**PB:** Sim, estudei filosofia hindu e religião hindu, e naquela época, nos anos 1970, as pessoas na universidade costumavam falar sobre a prática da meditação transcendental. Eu nunca tinha feito, mas um interesse sobre essas coisas, de tempos em tempos, surgia na minha vida. Penso que a época em que estive mais comprometida foi quando tinha quase trinta anos. Eu estava vivendo um tempo difícil e infeliz, e alguém que trabalhava comigo no hospital infantil, que também estava passando por uma fase difícil, disse para mim: "Você deveria ir a Manjushri". Aquele foi o início e o final, e eu simplesmente fui a Manjushri, que é um lugar em Cumbria, um centro budista, e foi assim que realmente fui para o budismo tibetano.

**MP:** Então não veio de tradição famíliar; qual a sua orientação espiritual? Veio da sua família?

**PB:** Não, de jeito nenhum, mas sim das minhas próprias lutas.

**MP:** É interessante como tantas pessoas que conheci foram para o budismo pela mesma razão: sofrimento e questões relacionadas à morte.

**PB:** Sim. Eu fazia análise naquele tempo, mas achei que ver meu analista quatro vezes por semana (isso foi antes de ter me formado psicoterapeuta infantil) era como uma gota no oceano. Então precisei de algo para preencher os outros dias e penso que foi isso que essa forma de acreditar e essa prática significaram para mim; quero dizer, algo que – realmente – estava ali para mim, quando meu analista não estava.

**MP:** Talvez fosse como se tivessem dois pais ali para você?

**PB:** Hum, sim.

**MP:** Bem, fiquei muito impressionada com o artigo que você leu na British Association of Psychotherapists alguns meses atrás, por você ser uma das poucas pessoas que realmente integram o modo budista de pensar com seu trabalho como psicoterapeuta.

**PB:** O artigo era sobre deficiência e tornou-se a base para uma publicação recente (Bartram, 2013). A Primeira Verdade Nobre no budismo é a existência do sofrimento ou mesmo da inevitabilidade do sofrimento. Quando se trabalha com pessoa que sofreu uma deficiência isso se impõe sobre a pessoa do cuidador. Então, existem dois caminhos principais que alguém pode reagir ao sofrimento. O primeiro é "Por que eu?", que pode ser pensado como uma resposta fundamentalmente narcisista. Toda energia vai para lá e a pessoa fica paralisada. A segunda reação implica no doloroso processo de luto pela perda e em seguir em frente na vida. Freud trata a primeira reação como melancolia, em oposição ao trabalho do luto. Descobri que a reação melancólica é muito comum, e talvez poderíamos dizer que é a reação natural ao sofrimento. Isso é como a visão budista que diz que nós nos protegemos e temos como meta principal e equivocada evitar o sofrimento. Quando aceitamos o sofrimento, o superamos, e a perda é sentida, então a vida pode ser vivida.

**MP:** Tradicionalmente na psicoterapia, a melancolia e a atitude narcisista "Por que eu?" podem ser reações patológicas à perda; enquanto no budismo essa reação só é patológica no sentido de que a condição humana é patológica. Acho que esta é uma forma mais gentil, generosa e livre de olhar as coisas. Partimos de uma certa superproteção e ficamos devastados quando nos atormentamos com as dificuldades inesperadas. A visão budista admite isso e então diz "ok, mas o que podemos fazer, diferentemente, para sairmos desta posição?" Na deficiência a condição humana é um microcosmo, por isso oferece boa oportunidade para se trabalhar no sentido de largar a autoestima, no sentido budista.

**PB:** É tão evidente para mim que as duas coisas (pensamento budista e psicoterapia) são compatíveis, que começo a me perguntar se na verdade muitas pessoas discordariam ou, bem, não quero questionar de certa forma, pois as duas coisas para mim são muito parecidas.

**MP:** Parecem a mesma coisa, mas presumivelmente são bem diferentes?

**PB:** Bem, sim, mas são compatíveis, entende? Não sinto que existe conflito aí.

**MP:** Isso me faz lembrar de Nina Coltart, a psicanalista britânica budista, que também escreveu que não há conflito entre as duas práticas, budismo e psicanálise (Coltart, 1987).

**PB:** Ah, isso mesmo.

**MP:** Você era musicoterapeuta antes de se formar como psicoterapeuta infantil, não é isso?

**PB:** O sofrimento é algo que conecta as duas práticas para mim, porque quando se está sofrendo, penso, sente-se uma afinidade com outras pessoas que estão sofrendo, com crianças que estão infelizes e a ideia de ser capaz de fazer a diferença foi o que me levou a essa formação. Com a musicoterapia eu comecei a me perguntar se eu poderia realmente fazer a diferença; eu queria poder ajudar mais na vida das crianças. Como musicoterapeuta trabalha-se apenas com crianças e o trabalho com as famílias tem sido tremendamente importante para mim. Não acho que é só pegar e consertar a criança.

**MP:** A maioria dos pais gostaria disso, então!

**PB:** Bom, todos nós esperamos que os outros trabalhem para a mudança. Fica bem mais fácil para nós quando isso acontece. Assim minha autoestima pode seguir intocada!

**MP:** Como você concilia ideias tais como *anatta*, não-*self*, e a ideia de ajudar as crianças e familiares a desenvolverem um *self* mais saudável?

**PB:** Bem, acho que daria para dizer que, talvez, os estados psicóticos têm algo em comum com o não-*self* ou com os estados meditativos, daria para dizer isso, mas não se pode dizer que são a mesma coisa; então penso que para ser capaz de renunciar ao *self*, teria que ter um ego e *self* fortes. Não dá para simplesmente ser psicótica e dizer: "olha, estou renunciando ao *self*".

**MP:** É intrigante que você veja o não-*self* como um estado psicótico, de alguma forma.

**PB:** Não é a mesma coisa, mas existe algum tipo de associação; perder todos os limites, imagino. É isso que a psicose é. E meditar no estado de ausência de mente, acho que só uma vez eu tive um momento desses, uma fração de segundo, desse tipo de vazio dentro de mim. Aquilo provavelmente foi o que eu nunca imaginaria que minha mente tivesse. E, naquele estado, não sou mais Pamela Bartram, com seus limites, e aquele não foi um momento psicótico, mas dá para traçar um paralelo.

**MP:** Eu tive uma experiência de não-*self*, em que eu estava fora, e o que senti ser conscienciosidade foi ter consciência de estar fora. De novo, foi um momento fugaz e eu sei que não foi um estado dissociado. A amplidão foi o principal sentimento.

**PB:** Não, claro que não. Tive uma paciente que teve um surto psicótico e ela ficou nesse estado por semanas a fio. Era um estado de ausência de limites: ela fazia qualquer coisa que quisesse; falava sem parar; tinha muitas ideias na cabeça, sentia-se superior a ela mesma e achava que podia fazer tudo. Então, penso que existem paralelos, mas o estado em que ela ficou foi bem pouco saudável, estava doente, e eu não considero que *anatta* seja doença.

**MP:** Fica bem claro. E ela também parecia sentir-se plena, de alguma forma.

**PB:** Sim, sem limite. Ela sentia um tremendo alívio, porque não tinha que aturar qualquer tipo de infelicidade.

**MP:** Esse estado é bem diferente da meditação, embora exista pouca distância entre a experiência mística e a experiência psicótica, acredito.

**PB:** Eu suponho, imagino o ego como um tipo de sala em que existe a porta que leva à *anatta* e outra porta que leva à psicose, e é importante escolher a porta certa.

**MP:** É um ângulo interessante de ver *anatta*. Talvez as crianças que desenvolveram um ego forte possam escolher o caminho espiritual, mas não sei bem como.

**PB:** Talvez não nesta existência; mas elas precisam ter um ego suficientemente bom para não causarem nenhum dano, para serem gentis, desenvolverem a compaixão; todo tipo de coisa que gostaríamos que nossos pacientes desenvolvessem e que seriam necessárias para o caminho espiritual, não é? Sair por aí quebrando vidraças, causando sofrimento, chutando pessoas, como alguns pacientes fazem, não leva à espiritualidade.

**MP:** Só transmitiria sofrimento aos outros e não sentiria necessidade de transformar a si próprio.

**PB:** Isso mesmo, o sofrimento é projetado. Eu estava começando a debater comigo mesma, e acho que sou uma pessoa convencional: "É importante ser bom", esse tipo de coisa. Gostaria de saber se existem outros mestres experimentais que fossem mais iconoclastas. Talvez o mestre zen, que coloca menos ênfase na bondade... num momento de realização, que tenha vindo de algo obviamente não muito gentil e compassivo.

**MP:** Sim, acho que esse é o estilo zen, que é bem diferente do tibetano ou do *Theravada*.

**PB:** Suponho que sim, diriam que isso tem a ver com motivação e que bater no discípulo o leva ao iluminismo, quem sabe.

**MP:** Buda, no início, seguiu o caminho mais duro e inflexível e depois percebeu que era o Caminho do Meio que precisava ser perseguido.

**PB:** Imagino que seja uma discussão que existe no campo da psicoterapia, também, não é? Você faz a linha dura ou encontra um jeito de dizer alguma coisa que seja muito difícil, mas que esteja dentro do contexto do paciente em que ele se sinta cuidado? Embora quando ouvimos algo ruim a nosso respeito, fica quase impossível sentir que esteja sendo dito por um bom motivo. Isso é perseguição, não é?

**MP:** Sim, é muito difícil acreditar que está sendo dito para seu próprio desenvolvimento pessoal e espiritual.

**PB:** Então, como terapeuta, sinto que quero dar as más notícias de uma forma gentil e, como paciente, também quero ouvir as más notícias da forma mais gentil possível.

**MP:** Então, a pergunta é: o que leva à iluminação ou à compreensão analítica?

**PB:** Talvez a receita não seja a mesma para duas pessoas. Suponho que para mim, acho, existe algo sobre a integração. Os budistas falam sobre a necessidade da compaixão, mas também da sabedoria a qual pode ter uma qualidade incisiva, como uma espada. Se for uma pessoa infinitamente amável, não irá funcionar.

160   O FATOR CURATIVO

**MP:** De volta ao não-*self* e ao vazio, me parece que são tão ligados que me pergunto como transmitir tudo isso em seu trabalho com as crianças.

**PB:** A maioria das minhas crianças, na verdade, nunca, nunca falam de seus problemas e ainda assim elas parecem melhorar. Eu realmente não entendo bem este processo. Com adultos é diferente, que falam com você e você responde, é possível organizar a fala; vincular ao que aconteceu ontem, ao que aconteceu na infância e assim por diante. A criança entra, joga futebol durante cinquenta minutos. Na minha experiência, muitas vezes não consigo dar o *feedback* sobre a minha compreensão daquilo que me foi comunicado, ou se dou, é altamente questionável que eles tenham ouvido ou entendido o que eu disse.

**MP:** Acho difícil acompanhar isso: com certeza esses pacientes aproveitaram, uma vez que melhoraram!

**PB:** Acho que eles têm algum tipo de experiência estando comigo, mas não sei se tem muito a ver com o que compartilho com eles a respeito da minha compreensão das dificuldades que eles têm na vida; eu acho que não. Não sei bem como explicar. Sinto que talvez eles experimentem estar com alguém que não esteja tentando dizer a eles alguma coisa e nem tentando educá-los ou controlá-los e talvez tenha a ver com essa experiência, que pode estar um pouco relacionada com a meditação. É difícil entender o que a psicoterapia faz para as crianças pequenas. É claro que não dá para dizer que seja uma tarefa fácil para o terapeuta, porque oferecer esse tipo de espaço requer uma espécie de generosidade, ou falta de necessidade de satisfazer os requisitos de seu próprio ego. Outro dia, vi uma amiga lutando com um cavalo agitado. Ela segurava duas rédeas. O cavalo estava empinando e se debatendo. Então ela largou uma das rédeas, o cavalo continuou. Depois largou a outra. Ficou na frente dele conversando com ele o tempo todo. Depois que ela soltou a segunda rédea, ele se acalmou e parou. Tive um paciente que era terrível comigo, me enganava, zombava de mim, me ridicularizava e triunfava quando tinha sucesso em me derrotar. Me senti muito impotente e com raiva. Pensei naquilo, não o ataquei, é claro, mas tentei falar com ele sobre como ele me tratava e o sentido daquilo para ele. Pude ver que não fez qualquer diferença para ele. Então percebi que eu tinha que suportar a experiência de ser tão maltratada, apenas suportar. Com o tempo ele deu sinal de mudança e gradualmente começou a fazer comentários tais como "Hoje você que escolhe", ou "Acho que você pode jogar de novo". O trabalho que tive que fazer foi comigo mesma e isso o liberou para mudar.

**MP:** O que me diz da atenção a eles, o interesse neles, e também suas palavras? No meu trabalho com crianças com mutismo seletivo, quase sempre dou o jogo de adivinhações, em que eu verbalizo o pouco que consigo detectar neles e na minha contratransferência. Não sei o que eu faço com eles, pois seus pais sempre relatam a grande melhora e as crianças querem continuar vindo! Alguma coisa acontece, então!

**PB:** No entanto, funciona, talvez a psicoterapia infantil seja um processo que permite que a criança desenvolva um tipo de sentido primário dela mesma, e ajuda no desenvolvimento do ego de uma forma que antes não era possível, quem sabe?

**MP:** Então a ideia de não-*self* não pode ser aplicada às crianças, nesse ponto.

**PB:** Penso que não. Acho que é mais ajudá-las a ser um *self*.

**MP:** Talvez haja um conflito de ideias similar a quando se trata de apego e desapego?

162 O FATOR CURATIVO

**PB:** Isso não me incomoda e nem parecem incompatíveis para mim. Acho que existe uma diferença entre o habitual, a prática do apego suficientemente boa, e o espiritual, que é algo extra. O apego deve existir para poder depois ocorrer o desapego. Pensando na imagem da minha sala, com o ego no meio e a psicose lá: eu diria, não dá para ir direto da psicose para o caminho espiritual, exceto indo pelo compartimento do meio, a partir do ego e então com um ego forte o suficiente liberar-se do apego. Temos ajudado pessoas que não têm uma estrutura, a construirem essa estrutura.

**MP:** Bem, penso que existe algo na questão da qualidade da atenção que se dá ao paciente, que é um pouco parecida com a qualidade da atenção que se tem no estado meditativo, certamente a meditação *Vipassana*, em que a atenção não é focada em um ponto específico, mas existe a permissão de ver o que ocorre na mente e observar todos aqueles pensamentos, sem identificá-los, como sendo uma experiência muito rica e poderosa. Acho que quando um paciente está conversando com a gente, ou a criança está brincando, oferecemos aquele tipo de atenção, "atenção uniformemente flutuante" como diria Freud (1912). Então ouvimos tudo o que eles têm a dizer ou brincar e o ajudamos a desenvolver a capacidade de se observarem a si mesmos.

**MP:** Com crianças também, não é?

**PB:** Sim, ajudamos as crianças a conseguirem se observar, a internalizar uma "mente presente", e isso ligaria com a continência, eu penso. Assim, se a criança está com raiva e antes quebrava a vidraça, depois ela pode ser ajudada a começar a sentir sua raiva e pensar assim: "Tem alguém dentro de mim que me ajuda a não quebrá-la". Eu acho que a atenção e a qualidade da atenção são bem centrais em ambos os processos, de meditação e psicoterapia. Existe um trabalho de Hanna Segal chamado

"Os fatores curativos na psicanálise" (1962); embora eu tenha lido isso quando era estagiária, senti que não expressava minha própria compreensão do trabalho clínico. Ela diz que o principal fator curativo na psicanálise infantil é a transmissão do *insight* ao paciente pela interpretação. Eu realmente não concordo com isso, simplesmente não é a minha experiência. Eu acho que nos distanciamos disso, e eu daria menos importância em conseguir a interpretação certa e mais importância na qualidade da atenção. Daniel Stern e a Escola de Psicoterapia de Boston tentaram capturar isso em seus trabalhos. Stern escreve sobre como é centralmente importante o "manejo do campo intersubjetivo, na terapia, instante a instante, ocorrendo em grande parte por meio do não-verbal, do não conscientemente e do que fica implícito" (Stern, 2004, p. 118).

**MP:** Concordo com essa convicção e me faz lembrar uma adolescente com um possível diagnóstico de histeria de conversão, que não aceitava minhas interpretações no início das sessões. No entanto, se eu repetisse exatamente a mesma interpretação mais tarde na sessão, em que talvez tivesse decorrido algum tempo e ela se sentisse mais estável ali comigo, então ela conseguia aceitar a interpretação e reagir, elaborar da sua maneira. Sempre achei que era questão de tempo juntas, mas você me chamou a atenção à ideia de que pode ser também a qualidade da atenção que a paciente foi capaz de absorver, bem como a terapeuta tolerar a rejeição da mesma interpretação feita antes.

**PB:** Tal atenção é curativa no contexto da meditação ou da psicoterapia, ou no contexto da mãe e bebê.

**MP:** Você tem experiência com mães e bebês?

164    O FATOR CURATIVO

**PB:** Eu dizia naquele estudo que fiz no BAP que quando as mães se confrontam com seus bebês que parecem errados (por sofrerem de incapacidade física), que têm suas entranhas do lado de fora, cujos cromossomos são completamente "errados", que estão muito estropiados, aquelas mães têm um desafio adicional que é ter estado de espírito com aquele bebê. O estado de espírito mais adequado foi bombardeado com todos os tipos de obstáculos e angústias, pressões, informação, fatos sobre o bebê, os quais não poderiam existir em uma relação normal de mãe-bebê. Então é muito difícil ter devaneio com o seu bebê, quando se teve um nascimento traumático. Como meditar com todas essas coisas na cabeça e pensar no bebê da forma com que pensa no devaneio, ao invés de pensar no seu bebê como uma longa e imensa lista de diagnósticos e condutas do bebê?

**MP:** Seria interessante montar um grupo para essas mães e bebês atormentados com intuito de incentivar o desenvolvimento de uma instância reflexiva, meditativa com elas, apesar de todos os traumas que estão acontecendo, para ajudá-las a olhar para seus bebês como um pequenino ser vivo, que precisa de atenção?

**PB:** Fico muito frustrada no meu trabalho com os pais, quando eles querem apenas técnicas comportamentais com ênfase constante no controle do comportamento. Isso me parece colocar a carroça na frente dos bois: controlar o comportamento antes de entender e compreender o efeito em você. Eles só querem algumas técnicas. Não seria mais útil fazer um trabalho com os pais que seria de observação e ajuda aos pais a observarem seus filhos, e observar a si próprios enquanto observam seus filhos? Quantas informações valiosas teríamos dessa forma para então poder ajudar segundo essas informações!

**MP:** Algum trabalho com os pais para conhecer seus pensamentos e sentimentos enquanto eles observam seus bebês ou crianças, e também vê-los como são realmente e mais livres das projeções parentais, isso seria uma instância realmente budista, não seria? Mas conte-me mais sobre seu artigo onde você combina tão suavemente seu trabalho de psicoterapia com as ideias budistas.

**PB:** Uma coisa que me interessa e que discuto no artigo é essa questão do sofrimento e, suponho, porque tenho trabalhado com deficientes por tanto tempo, estou sempre me confrontando com situações em que sinto que estou vendo os pais dizendo: "Por que eu? Por que isso aconteceu conosco? Não posso tolerar isso que aconteceu. Não vejo nada pela frente" e eu imagino, como disse antes, que é exatamente a isso que o budismo nos remete, a realidade da velhice, doença e morte é o que Buda compreendeu. O que é muito difícil é que é impossível viver sabendo da realidade da velhice, doença e morte. Nós parecemos estar programados de alguma forma para achar que a vida é eterna juventude, saúde eterna e vida eterna. Então quando nos confrontamos com tudo isso, com a deficiência mental e física, como os pais dessas crianças estão vivendo, em que o cérebro nunca vai ficar bom, não há conserto, tudo isso é um choque terrível. Não deveria, mas é assim e é um enigma absoluto. Se pudéssemos nos lembrar, mas não podemos, pelo menos eu não posso, que a condição humana é, velhice, doença e morte, então não seria um choque tão terrível quando as coisas dessem errado. Seria possível ficar mais no momento, já que construímos grandes castelos baseados em algo que é feito inteiramente de realização de desejos.

**MP:** Você parece estar dizendo que parte de seu trabalho como psicoterapeuta infantil, que também é budista, consiste em tentar ajudar esses pais que tem filhos muito comprometidos com a aceitação da realidade que não é psicológica e não pode ser mudada: existe um componente físico e é um fato muito difícil da realidade deles.

166 O FATOR CURATIVO

**PB:** Certamente. De certa forma, alguém está consertando alguma coisa: se consertamos a relação com a deficiência, consertamos alguma coisa, mas não consertamos a deficiência. Se consertamos o relacionamento com a vida, consertamos alguma coisa, mas não tiramos da frente velhice, doença e morte. É aí que acho que a psicoterapia pode ser muito útil, porque a pessoa vai para a psicoterapia achando que de alguma forma você vai arrumar a infância dela ou coisas do gênero, mas não podemos reescrever o passado. Dá para mudar seu relacionamento com o passado, mas se ele não é perfeito, então não é perfeito. Essa é a área que vejo como coincidente com o budismo que é estar no momento presente, não olhar para trás e nem para o futuro é um grande feito, o que é extraordinariamente difícil conseguir, mesmo que por um breve momento.

**MP:** Realmente, mas você também ajuda as crianças, não só a atitude de seus pais em relação à deficiência, não é? Quero dizer, é um processo de psicoterapia, como estava dizendo antes, que produz alguma mudança.

**PB:** Sim, muda suas mentes, um pouco. Quando Bion fala sobre estar sem memória ou desejo, acho isso muito útil. Ele diz "a capacidade para esquecer, a habilidade para evitar o desejo e a compreensão, deve ser considerada disciplina essencial para o psicanalista. A omissão na prática desta disciplina levará a uma constante deterioração da capacidade de observação, cuja preservação é essencial" (Bion, 1970, p. 51). Quando eu estava em formação, sentia que eu era muito importante, eu tinha que dizer tudo certo, na hora certa e eu era inflexível de alguma forma, com relação ao *setting*; mas quanto mais fui trabalhando, penso que senti mais confiança no processo, em algum tipo de comunicação inconsciente, não sei. O paciente irá responder de alguma forma, talvez tenha a ver com a ideia de ter menos ego como terapeuta e mais confiança no processo e no paciente e tudo isso é muito maior do que conseguimos entender. Como as crianças mudam na terapia, como eu estava dizendo, é muito misterioso.

**MP:** Tem muito do budismo dizer que é o processo que conta, e não o ego do terapeuta. Isso está em consonância com a ideia budista de não-*self*. Mas voltando ao que você disse, a qualidade da atenção que se dá à criança em terapia, é uma nova experiência; alguém que as observe ou as contemple, talvez. Quais seriam as diferenças nessas duas atividades? Contemplação evoca para mim a ideia de estarmos juntos dentro de um templo.

**PB:** Contemplação e observação, não sei bem a diferença, mas a *rêverie* combina observação com contemplação, eu acho. Trabalhamos muito o nosso interior, um psicoterapeuta costumava me dizer, então olhando para isso não parece nada, porque tudo está no interior. Eu consigo realmente estabelecer relação com isso, especialmente se me deparo num impasse com um paciente, a questão nem é tanto como vou conseguir ajudá-lo e sim: o que preciso fazer internamente para liberar algo em mim, sabendo que ao fazer isso, irei liberar algo no paciente?

**MP:** Como damos as más notícias, como você disse antes? Precisamos ter feito primeiramente um trabalho dentro de nós, não é?

**PB:** Exatamente. Acho este modelo muito espiritual, não é? Em que não se pode mudar a mente do outro, mas dá para mudar a nossa própria. No trabalho com os pais, os pais focalizam a mudança da criança, quando o que eles teriam que fazer é algo neles mesmos, mudar e talvez, em alguns casos, amar mais seus filhos. Nada disso irá funcionar a menos que seja no espírito de algo como o amor.

**MP:** Não falamos muito de amor em psicoterapia, falamos?

168    O FATOR CURATIVO

**PB:** Em *Luto e melancolia,* Freud (1917) fala que o grande problema com a melancolia é a falta do amor. Algumas vezes nos afastamos do básico, não é? Vejo que os pais se sentem muito culpados sobre seu filho deficiente, porque eles sabem que lutaram para amá-lo, em um sentido bem particular da palavra "amor". Cris Bollas fala sobre isso como "identificação perceptiva" (Bollas, 2007). De fato, mesmo Hannah Segal na discussão sobre seu estudo, disse que um bom posicionamento terapêutico inclui o amor inconsciente no analista pelo paciente. Não é apenas onde se coloca a ênfase principal (Segal, 1962).

**MP:** Isso também é verdade na minha experiência e os pais que mais têm êxito são os que amam seus filhos deficientes.

**PB:** Sim, e acho que isso está muito ligado com Dalai Lama, a importância da compaixão, o Caminho do Meio, ter bons relacionamentos com as pessoas ao redor melhora as coisas. Mas para uma coisa tão simples, às vezes é preciso fazer um bom trabalho internamente.

**MP:** Sim, tantos de nós já tivemos desilusões amorosas, relacionamentos rompidos quando éramos crianças. Esse é um ângulo bem diferente do que outra pessoa havia dito sobre as transformações deles aqui.

**PB:** É diferente do que outras pessoas disseram?

**MP:** Sim, a perspectiva do amor é específica dessa nossa conversa. Como ajudar os pais a terem mais compaixão e amor por seus filhos que não são perfeitos ou são deficientes e precisam de ajuda?

**PB:** Estava ouvindo um analista Lacaniano, que falava do problema da desilusão amorosa. Ele disse que muitos pacientes que o procuram têm problemas de desilusão amorosa. Quando crianças cresceram sem sentir que eram amados. Pensei que fosse algo simples mas vendo os pacientes e as crianças, é um grande problema; eles não se acham dignos de serem amados. Acham que alguma coisa deu errado a respeito dos relacionamentos amorosos, e uma das coisas em que a terapia se concentra é nisso, eu acho.

**MP:** No meu trabalho com crianças abaixo de cinco anos e suas famílias, acabei concluindo que, seja lá qual for o problema dos pequenos, se houver amor na família, as dificuldades acabam sendo resolvidas de forma mais rápida e duradoura. Muitas famílias com problemas sociais vindas de outros países, com diferentes idiomas, perdas, traumas, pobreza e assim por diante, quando impulsionadas por amor um pelo outro e por seus filhos, já terão meio caminho andado para solucionar a questão satisfatoriamente, mesmo com as dificuldades emocionais de suas crianças. Pelo diagnóstico, a presença de pais amorosos é fator essencial, e eu concordo com você, Pamela, que o amor é um, talvez o, fator curativo.

**PB:** Sim, e acho que isso está muito ligado com Dalai Lama, a importância da compaixão, o Caminho do Meio, de relacionar-se bem com as pessoas ao seu redor. Torna as coisas melhores. Mas para fazer uma coisa tão simples, algumas pessoas precisam trabalhar muito internamente.

**MP:** Fiquei interessada na sua experiência de ausência de ego e estado de ausência de mente, pode falar mais sobre isso?

**PB:** Tive um jovem professor ocidental muito bom durante um tempo, deve ter sido em Rigpa, não me lembro, e estou certa de que ele conseguia ter experiências de estado de ausência de mente pelo jeito que falava sobre isso e nas meditações que ele orientava, eu senti isso. Uma vez saí da meditação com um grande sorriso no rosto; ele me olhou e entendeu que eu tinha vivido algo importante. Infelizmente não dura muito porque no minuto seguinte já há a preocupação por coisas banais, se o sapato combina com o vestido etc.

**MP:** Sim, agarrar-se a essas experiências é desejável, mas ingrato, e com esse pensamento, não vou segurar mais você aqui, esperando que você tenha gostado de dividir esses pensamentos comigo da mesma forma que eu gostei.

## Referências

Bartram, P. (2013). Melancholia, mourning, love: transforming the melancholic response to disability through psychotherapy. *British Journal of Psychotherapy, 29*, 168-181.

Bion, W. R. (1970). *Atenção e Interpretação*. London: Karnac.

Bollas, C. (2007). *O Momento Freudiano*. London: Karnac.

Coltart, N. (1987). The Practice of Buddhism and psycho-analysis. *The Middle Way, 62*(2), 91-96.

Freud, S. (1912). Recommendations to physicians practising psycho-analysis. (S. E., 12, pp. 109-120). London: Hogarth.

Freud, S. (1917). Luto e Melancolia. (S. E., 14, pp. 243-260). London: Hogarth.

Schumacher, S. (2009). *Zen in Plain English*. London: Watkins.

Segal, H. (1962). The curative factors in psycho-analysis. *The International Journal of Psycho-Analysis, 43*, 212-217 e 232-233.

Stern, D. (2004). *The Present Moment in Psychotherapy and Everyday Life*. New York, London: W. W. Norton.

# 9. Silêncio facilitador

*Diálogo com Sara Leon*

*Seja você a mudança que deseja ver no mundo.*
—Mahatma Gandhi

**MP:** Bem, esta entrevista precisa ser feita por telefone, infelizmente, mas espero que possamos nos ver depois ou quem sabe irmos juntas para o Mosteiro budista Amaravati em algum momento.

**SL:** Sim, seria interessante para mim.

**MP:** Gostaria de começar perguntando como você se interessou pelo budismo, a menos que você tenha vindo de família budista e tenha sido educada assim. Como você fez essas duas escolhas, budismo e psicoterapeuta infantil?

**SL:** Deve ter sido há trinta anos, faz muito tempo que comecei a fazer ioga. Eu morava na Alemanha naquela época. Primeiro me

172  SILÊNCIO FACILITADOR

interessei pela ioga e acabei sentindo como se fosse a psicanálise do corpo. Isso me levou à meditação, às filosofias e religiões orientais.

**MP:** Você estava com sua família na Alemanha?

**SL:** Não, tinha ido viajar com uma amiga e decidi ficar lá por um tempo; foi há muito tempo. Foi lá que comecei a fazer ioga e tive um professor muito bom. Quanto mais praticava mais crescia a curiosidade sobre toda a filosofia. Embora minha primeira intenção fosse pela saúde física e encontrar a calma, com o tempo percebi que aquela era uma forma de eu aprender sobre mim mesma. Quando voltei para a Inglaterra, fiz aulas de ioga mas por algum motivo não gostei muito do professor, então parei. Meu interesse na meditação e filosofia budistas aumentou e eu preferi meditação. Faz cerca de vinte e cinco anos que entrei em um grupo de meditação.

**MP:** Era um grupo tibetano?

**SL:** Inicialmente fiquei em um grupo budista tibetano, mas então fui a um retiro na França. O retiro foi apresentado por Thich Nhat Hanh, que é um zen budista vietnamita. Tinha algo de simplicidade na filosofia zen que realmente ressoou em mim e achei mais fácil para aplicar em situações comuns no dia a dia da vida.

**MP:** Que interessante, não são muitas as pessoas de Londres que vão para a meditação zen, na minha experiência; é mais a tradição tibetana que parece atrair as pessoas.

**SL:** Ficar presa ao momento é o que me atrai ao zen. Sempre que posso faço retiros silenciosos em Gaia House em Devon.

**MP:** É um lugar zen? Pensei que não!

**SL:** Não, mas é um centro budista. Eles oferecem uma variedade de retiros que são dirigidos por diferentes profissionais incluindo

Stephen e Martine Batchelor, que orientam o retiro zen uma vez por ano. Stephen Batchelor escreveu *Buddhism Without Beliefs* (Batchelor, 1998). Achei o livro interessante.

**MP:** Conheci Stephen Batchelor; foi meu professor na Buddhist Society próximo da Victoria Station, há muitos anos.

**SL:** Ele me impressionou. Depois de ter ido ao retiro na França juntei-me a um grupo de meditação que seguia Thich Nhat Hanh e zen budismo. Esse grupo também é ligado ao grupo London Insight Meditation em Golders Green. Eles oferecem o dia de meditação silenciosa uma vez por mês, aos domingos, e têm muitos professores inclusive Stephen e Martine Batchelor.

**MP:** Diga-me, você vem de família budista ou religiosa?

**SL:** De jeito nenhum. Quando eu tinha sete anos mudamos de casa; nossa nova casa ficava em frente à igreja. Todos os domingos eu me pegava olhando as pessoas entrando e saindo da igreja. Não tenho ideia por que aquilo me fascinava tanto, mas eu sabia que queria fazer parte e então comecei a frequentar a aula do domingo. Embora meus pais não tivessem qualquer religião, eles permitiam que eu fosse. Fiquei lá até os quatorze ou quinze anos e acabei sendo a assistente da aula do domingo. Realmente gostava de trabalhar com as crianças e ainda tenho afetuosas lembranças. Sem qualquer dúvida, foi aí que percebi que eu queria trabalhar com crianças e embora não tivesse ideia da área, a semente estava plantada. O caminho para que eu chegasse a psicoterapeuta infantil não foi tão linear, mas eu sabia que um dia trabalharia com crianças.

**MP:** Isso não é comum: você se interessou pela psicoterapia infantil por um caminho espiritual. Você sabe como isso aconteceu?

**SL:** É difícil dizer. Lembro-me de gostar da atmosfera da igreja e de como o vigário tinha senso de humor e contava histórias in-

174  SILÊNCIO FACILITADOR

teressantes para as crianças, antes de irmos embora das aulas de domingo. A professora das aulas de domingo era uma pessoa muito gentil e tornava o aprendizado muito divertido. Ainda me lembro com muita ternura de todos aqueles exercícios. É estranho para mim, agora, pensar que foi há tanto tempo e que a semente, para ser psicoterapeuta infantil, tinha sido plantada.

**MP:** Que história adorável sobre a origem do seu desejo e caminho para se tornar psicoterapeuta infantil e psicoterapeuta infantil espiritual, se é que posso chamar assim.

**SL:** Pode sim.

**MP:** Voltando aos dias de hoje, como você acha que o budismo influenciou você como psicoterapeuta infantil e vice-versa?

**SL:** Entendo como isso me influenciou como pessoa, então presumo que afetaria a forma como trabalho. Tem muita coisa para ser aprendida com a filosofia budista, mas talvez o aspecto mais significativo para mim seja o silêncio. Os retiros silenciosos de uma semana têm provado ser as experiências mais significativas para mim. É muito difícil colocar em palavras como têm me impactado sem reduzir a experiência. Lembro-me de ter sentido, após um desses retiros, como se eu estivesse derretendo, revendo o passado, talvez parte do meu ego, ou as defesas tivessem derretido, as defesas que fazem com que eu me sinta separada e algumas vezes alienada dos outros. Me senti conectada e como se tivesse me apaixonando pela vida em si. Para mim, é como se eu tivesse aprendido muito com o silêncio, e o silêncio continua fazendo parte importante da minha vida e trabalho.

**MP:** E aqui estou eu pedindo para você falar!

**SL:** Quando me formei como terapeuta infantil, no nosso primeiro ano, Priscilla Roth me ensinou a teoria de grupo. Ela nos estimulou a pensar sobre o narcisismo, dizendo que nunca compreenderíamos o pensamento psicanalítico se não entendêssemos o narcisismo. Nos perguntou se uma pessoa poderia alguma vez realizar um ato que não fosse narcisista, de alguma forma. Esse pensamento ficou em mim por todos esses anos, e penso que este é um dos caminhos que ligam a psicanálise ao budismo.

**MP:** É fascinante, não é?

**SL:** Sim. Na filosofia oriental, os budistas falam sobre a importância de liberar o ego. Então para mim, no início, parecia uma contradição entre como nós do ocidente visamos fortalecer a capacidade do nosso ego, enquanto no oriente a meta é liberar. Para que eu entendesse isso precisei de muitos anos e vários retiros silenciosos. Os retiros zen que participei eram muito bem estruturados, e no silêncio me senti contida e capaz de relaxar profundamente. Não existiam distrações, tais como livros, televisão ou interações sociais, apenas eu e meus pensamentos. No entanto eu pude observar meus pensamentos dia após dia. Após alguns dias, minha mente ficou mais assentada, e quando observava meus pensamentos percebia como eles eram repetitivos, persistentes e basicamente muito narcisista. Comecei a vislumbrar o conceito budista de estado de ausência de mente, que eu não conseguiria colocar em palavras, mas é um estado de ser, de não adesão, livre do desejo de ser perspicaz ou de impressionar. É um estado onde não há pensamentos.

**MP:** É realmente fascinante: Acho que os retiros silenciosos são experiências curativas, com uma grande sensação de amplitude apesar da rotina rígida. Tenho que dizer que eles mantêm minha sanidade, centralizam, porque percebemos como somos quase sutilmente colonizados pelo nosso trabalho e acabamos consumidos pelos problemas, das crianças e adultos com quem trabalhamos. Aqueles

176 SILÊNCIO FACILITADOR

dez dias silenciosos de retiro me proporcionam desintoxicação dessa parte de minha vida, assim como novas dimensões da existência. É uma forma diferente de nutrição, para nós psicoterapeutas – ou pelo menos para mim – do que a análise, supervisão, palestras etc.

**SL:** Também penso assim.

**MP:** Você tem algum exemplo ou vinheta de seu trabalho com crianças em que tivesse feito uso da meditação e budismo?

**SL:** Sim, tenho. Acho que meu trabalho é influenciado na medida em que, embora o significado seja importante, eu penso que não me agarro tanto a isso e na maioria das vezes me acho capaz de experimentar o que é estar com determinada criança. Eu gostaria de pensar que de forma geral minha presença é menos intrusiva, mas felizmente mais facilitadora e continente.

**MP:** É apenas "ser", não é?

**SL:** Sim, realmente ser e quem sabe ter menos expectativas. Acho que possivelmente o que realmente muda é a qualidade do silêncio.

**MP:** E presumivelmente a criança sente isso.

**SL:** Bem, presumivelmente. Acho que você está certa, posso simplesmente Ser. Obviamente, as crianças podem ficar muito ansiosas por estarem na sala com a terapeuta, mas pensando bem não me lembro de sentir que alguma criança tenha ficado amedrontada com o silêncio. Talvez se sintam contidas no silêncio, ou que eu esteja ao lado delas tentando entendê-las.

**MP:** Você tem algum exemplo específico em mente?

**SL:** Uma vez trabalhei com um garoto de doze anos durante três anos. Foi um bebê prematuro e ficou três meses na incubadora. Sua mãe teve depressão pós-parto e ambos os pais sofriam de problemas mentais. Seus pais se separaram quando ele tinha dez anos, e no início sua mãe e o irmão dela cuidavam dele. Sem conseguir ajudá-lo, sua mãe o colocou em um táxi e o enviou para morar com o pai. Ele não foi informado dessa decisão. A raiva que ele ficou da mãe levou seus professores a encaminhá-lo ao Child & Adolescent Mental Health Service, onde trabalho. Nos primeiros quatro meses, ele não olhou para mim e nem falou comigo, então abordei o trabalho como uma observação de criança. Por exemplo, ele brincava basicamente com dois carros. Cada semana, os carros aventuravam-se em algum desafio perigoso, sempre conduzindo no limite da mesa; eles fatalmente bateriam e um deles cairia da mesa. Em algumas sessões, ele tentava juntar objetos, usando tubos, mas geralmente acabava numa grande sujeira. Sua brincadeira parecia comunicar sua angústia a respeito do que acontece quando duas pessoas estão juntas, ou seja, existe o medo de que uma das pessoas seja aniquilada ou as duas se fundirão em uma grande bagunça. Talvez diante dessa impossibilidade de contato humano ele se afastou de mim de uma forma que me parecia um refúgio autista. Quando ele começou a conversar, foi de repente. Só falava de seu computador e jogos de computador. Embora eu estivesse satisfeita em ouvi-lo falar, sempre me sentia inundada porque falava sem parar e detalhadamente. Senti como se houvesse espaço apenas para uma mente. Neste estado de mente onipotente, ele também se recusava a reconhecer as eventuais lacunas que pudessem sugerir que eu existia. Nunca dizia olá ou até logo para mim, no início e fim das sessões. Em sua mente, tudo tinha que ser contínuo porque lacunas ou mudanças representavam perigo. Conforme pude conter suas ansiedades, ele vagarosamente imaginou que eu poderia ter algo útil para oferecer. Cerca de um ano depois, sua atitude com a terapia mudou; ele começou a esperar pela sessão ansiosamente. Ele irrompia no consultório e construiria um tipo de caverna, que ele chamava de "lugar especial". Neste lugar, ele

## 178 SILÊNCIO FACILITADOR

era muito brincalhão, fazia jogos do tipo esconde-esconde. Eu me perguntava se ele estava de fato reconstruindo o útero materno para poder reexperienciar os três meses no útero que a vida havia negado a ele. Desempenhou este cenário por semanas, na verdade até as férias de verão. Ele parecia ignorar todos os meus comentários sobre essa interrupção que se aproximava, e eu fiquei com a sensação de que ele era incapaz de aceitar e pensar sobre as implicações dessa ruptura. Então senti que ele estava totalmente despreparado, talvez como esteve despreparado na ocasião do seu nascimento prematuro. Quando ele voltou das férias, não falou comigo por seis meses, só de vez em quando me dizia como a terapia estava chata e que não via propósito no atendimento. Nesses seis meses de silêncio, senti um profundo desespero em ser rejeitada. Na verdade, estava tão penoso que eu tinha medo das sessões. Na supervisão, eu perguntava se deveria ou não continuar o trabalho. O que ajudou foi ouvir uma colega que trabalhava com o pai dele dizer que ele estava fazendo um bom progresso na vida lá fora. Tinha parado de se denegrir, mentir e roubar. No mês de fevereiro seguinte, de repente, ele começou a conversar comigo de novo. Ele anunciou que queria "parar de brincar e resolver sua vida". E ele fez isso. Começou a se sobressair academicamente na escola e fez amizades unindo-se a vários grupos depois da aula. O diretor da escola me informou que ele havia se tornado um dos melhores alunos, tanto pela sua atitude como também pelo desempenho acadêmico. Para mim, pareceu que uma profunda cura ocorreu no silêncio, a partir do qual o rapaz comunicou toda sua imensa raiva e desespero sobre se a vida valia ou não a pena. Foi uma experiência muito poderosa e ele me ensinou muito sobre a importância do silêncio.

**MP:** Que lindo e realmente como o silêncio é poderoso! Presumivelmente sua postura de meditação a ajudou muito com a tal rejeição implacável.

**SL:** Bem, sim. Foi quando a meditação fez muito sentido para mim: o valor de uma terceira posição e ser capaz de refletir sobre o que estava acontecendo sem sentir necessidade de me impor.

**MP:** Vou fazer uma pergunta como advogada do diabo: qual seria a diferença entre o que conseguimos na formação, supervisão, análise e o que a meditação oferece em seu trabalho? Existe alguma coisa a mais que a meditação oferece a você, do ponto de vista e experiência?

**SL:** Tive uma boa analista e um bom relacionamento terapêutico e minha analista me ajudou a nomear minhas dificuldades e tive que trabalhar duro nelas e ainda trabalho, e a meditação continua me ajudando. Particularmente, acho muito útil o preceito de ter a mente aberta para resolver conflitos no contexto de uma comunidade. Nem sempre é fácil, é?

**MP:** Um esforço de vida, ou melhor, muitos esforços na vida, é isso! Todos temos os nossos demônios que precisam ser trabalhados; é geralmente o nosso ponto mais vulnerável que nos preocupa; é quando precisamos de muitas mãos vindas de diferentes origens e caminhos, acredito!

**SL:** Sei que pensar nesse preceito, cuja meta é reduzir conflitos, me ajuda a recuar e pensar na terceira posição.

**MP:** Para refletir ao invés de reagir.

**SL:** Sim, o que se passa é maior do que eu.

**MP:** A meditação na tradição budista ajuda a ter uma visão mais clara, a ir além dos nossos egos ou de nós mesmas.

180 SILÊNCIO FACILITADOR

**SL:** Sim, e nesse sentido o budismo dá algo extra em nossa formação terapêutica.

**MP:** Talvez seja esse o aspecto filosófico e espiritual que vai além de nossos pequenos egos e de nós mesmas. É a realização do conceito de *anatta*, não-*self*, não é? Mas, voltando ao garoto que você mencionou, o que você precisou mudar na sua postura terapêutica para conter essa sensação profunda de não ser querida ou amada?

**SL:** Precisei ficar em contato com minha compaixão por ele – apesar de sua rejeição a mim repetidamente – e percebendo a extensão de sua profunda sensação de abandono, precisei recuar e deixar ele Ser. Não foi uma questão de certo ou errado, ao contrário, houve semanas e meses que eu precisei simplesmente Ser e ficar em silêncio.

**MP:** Gostaria de saber sobre o apego dele com você; como você entende isso, que não é encorajado no budismo: sem apego eles dizem, não é?

**SL:** Bem, quanto menos me prendo, menos tenho que estar certa, quanto menos meu ego está lá, acho, e sinto menos apegada às minhas ideias. É assim que entendo isso.

**MP:** Do ponto de vista da criança: as crianças apegam-se a você no trabalho, como você pensa sobre o desapego em termos budista, com relação a esse fato?

**SL:** Não sei se posso responder a isso com certeza: é uma grande questão. O que eu gostei nos retiros que fiz com Stephen Batchelor foi que ele dizia: "Não se apegue a mim ou a nada, você deve descobrir seu próprio caminho e desenvolver sua própria mente". Isso foi o que me atraiu no zen: "Não pense que tenho todas as respostas".

**MP:** Bem, essa é a sua resposta à minha pergunta. Bem, é paradoxal a ideia de apego, não é? Veja a ideia de Bion sobre atitude sem memória ou desejo, e seu desejo de que os analistas não o vissem como um guru e no entanto, veja o que aconteceu, muitas pessoas realmente olham para ele como, ouso dizer, um semideus, você não acha? Acho que é da natureza humana.

**SL:** Acho que você está certa, veja o que aconteceu com Stephen Batchelor!

**MP:** Agora, pensando em apego e desapego: isso está ligado com a ideia de *self* e não-*self*, não é? Me pergunto como se pode aplicar o não-*self* no trabalho com crianças.

**SL:** Ajudamos a desenvolverem o seu ego e penso que só é possível fazer isso se o tivermos desenvolvido. Quando se tem um *self* saudável, então dá para deixar ir e, novamente, aí está um paradoxo, não é?

**MP:** Realmente. Agora, pensando nas técnicas que podem vir da sua meditação, você tem alguma especial quando trabalha com crianças?

**SL:** Não, diretamente não; não aplico o *mindfulness* como muitos psicólogos e outros clínicos do NHS. Mas tenho uma outra vinheta que talvez descreva uma qualidade diferente de silêncio. Uma colega e eu trabalhamos com um garoto africano de seis anos, sua mãe e meia-irmã mais nova, durante alguns meses antes de trazê-lo para a psicoterapia. Seu pai havia morrido quando ele tinha dez meses e seu padrasto costumava bater nele e em sua mãe. Um dia, ele apanhou muito e então foi colocado para fora na varanda durante duas a três horas. Era um dia frio e ele estava com pouca roupa. Finalmente, sua mãe conseguiu fugir e se refugiar com as crianças. Concordei em vê-lo individualmente, então minha colega e eu nos ocupamos em prepará-lo para o atendimento e nos assegurar que ele estava pronto. No primeiro dia de terapia, ele estava resistente e disse para a mãe que não queria terapia. Quando entrei na sala de espera ele me seguiu relutantemente até a sala de consulta. Sentou-se desconfortavelmente na ponta da cadeira, usando sua jaqueta e mochila. Depois de uma introdução, perguntei a ele se ele se lembrava por que estaria vindo me ver. Ele disse: "Sentimentos". Eu respondi: "Sim, para pensar nos seus sentimentos". Pausa. "Não tenho nenhuma preocupação hoje". Eu disse: "Acho ótimo que você não tenha preocupações hoje". Pausa. Então mostrei a ele sua caixa de psicoterapia. Ele ficou de pé, tirou a mochila e a jaqueta. Abriu a caixa e despejou um pouco do conteúdo no chão. Pegou um crocodilo e o estudou com muito cuidado. Com o crocodilo na mão, ele atacou os outros objetos, tais como carros, animais, cercas, bonecos, especialmente de dois homens, que apanhavam sempre. Curiosamente, havia uma mãe canguru, que tinha um bebê na bolsa. Embora o bebê tivesse sido jogado, ele sempre o colocava com muito cuidado na bolsa da mãe. Ficava muito absorto nesta atividade. Depois de uns quinze minutos, fiz um comentário: "Percebi que o crocodilo está mordendo tudo e todos". "É porque ele está com fome", ele respondeu. Durante os outros quinze minutos ele continuou com a brincadeira e se manteve absorto e focado. Então fiz outro comentário: "Entendi que o crocodilo estava com fome, mas fiquei pensando se ele tinha outros sentimentos". "Sim, ele está muito bravo porque é a casa dele e todas essas coisas estavam lá." "Você quer dizer que estavam invadindo a casa dele?" "Sim, e então assumiram o controle." Eu disse que tinha entendido que aquilo deixou o crocodilo muito bravo. Mas já era hora de encerrar. Ele colocou tudo dentro da caixa. Andamos até a sala de espera em silêncio.

**MP:** Aí está sua experiência dos momentos de silêncio, que foram muito importantes e juntamente com os seus comentários reflexivos conseguiu envolvê-lo, apesar da sua resistência inicial!

**SL:** Sim, foi o que aconteceu na sessão. Embora eu ainda pense que de vez em quando eu ainda fale demais.

**MP:** Em um nível mais pessoal: você já teve alguma experiência mística, experiência de iluminação ou algo especialmente espiritual, incomum?

**SL:** Há muitos anos tive sonhos premonitórios. Eu sonhava que alguma coisa acontecia com pessoas que eu conhecia e descobria que eu tinha sonhado exatamente o que aconteceu. Os sonhos me levaram à análise Jungiana.

**MP:** Deve ter sido assustador, o poder do inconsciente!

**SL:** Foi assustador; foi mesmo. Foi a primeira coisa que contei para o meu analista porque estava me preocupando. Ele disse que era normal e entendeu os sonhos como sendo algo que acontece de vez em quando. Desde então, não tive mais. Quanto mais análise fazia e mais meditação fazia, mais conectada com a natureza e com as pessoas eu me sentia, e isso traz uma sensação de paz, às vezes. Acho muito mais importante para mim agora.

**MP:** Imagino que a sensação de interconectividade é também o que a ajuda em seu trabalho com crianças.

**SL:** Imagino que sim, me sinto conectada e talvez mais receptiva e aberta.

**MP:** Bem, com isso podemos, quem sabe, encerrar esse diálogo, uma interligação reflexiva entre nós duas e os leitores e intercalada

184  SILÊNCIO FACILITADOR

com silêncios, que pudemos tolerar por estarem prenhes de pensamentos e inspirações.

SL: Um amigo me disse: "nas palavras do poeta Theodore Roethke, que meus silêncios tornem-se mais precisos".

## Referência

Batchelor, S. (1998). *Buddhism Without Beliefs: A Contemporary Guide to Awakening*. London: Bloomsbury.

# 10. Nada determinado

*Diálogo com Aksha Devi*

*O corpo como uma montanha*
*O coração como o oceano*
*A mente como o céu.*
—Dogen (1200-1253)

**MP:** Este é um local incomum para encontrar, Aksha Devi, uma comunidade budista laica em que está morando. Fiquei intrigada desde que você me contou há alguns anos sobre a sua opção de vida. É especialmente fascinante você ter ficado afastada do trabalho por tantos meses, para fazer um longo retiro e ter voltado com uma nova identidade, se estou certa. Mas eu gostaria de começar perguntando quando você começou a meditação, se foi antes ou durante sua formação como psicoterapeuta infantil e se você vem de tradição budista ou de outro caminho espiritual.

**AD:** Foi no meio da minha formação, eu estava bastante estressada e muito exasperada, trabalhando em excesso e sempre ansiosa e agitada com as coisas. Achei que precisava encontrar alguma coisa que me acalmasse e me ajudasse nessa formação.

**MP:** E a sua análise?

**AD:** Bem, sim, me ajudou em muitas coisas, mas de alguma forma isso aumentava esses estados, porque tinha muita coisa vindo à tona que precisava ser trabalhada. Acho que estava em análise há três ou quatro anos quando aprendi a meditar e então me tornei budista. Assim, foi muito interessante trazer para a análise e falar sobre isso em análise e pensar em como as duas coisas se complementavam para mim.

**MP:** Você não morava nesta comunidade, presumivelmente, naquela época.

**AD:** Não, eu morava com uma amiga em um *flat* e então fui me envolvendo gradualmente.

**MP:** Como você se deparou com o budismo?

**AD:** Quando eu era adolescente na Alemanha, eu tinha algum interesse em uma religião que não tivesse um Deus. Li *Sidarta* de H. Hesse; estava no movimento pela paz e naquele tipo de ciclo alternativo. Vim para este país quando tinha 18 anos, para trabalhar no Rudolf Steiner Camphill Residencial Children Home em Aberdeen, porque meus pais não puderam pagar minha universidade, eu era mulher e tinha um irmão para eles se preocuparem. Eu tinha conhecido um inglês um ano antes, na Irlanda. Então foi mais uma decisão impulsiva a de vir para a Inglaterra. Havia crescido como católica, mas não acreditava naquilo. No entanto, eu não era ateia e estava muito interessada na filosofia antroposófica de Rudolf

Steiner; aquilo fez sentido para mim. Em poucas palavras, a antroposofia é um ramo do cristianismo místico, que vê a vida como uma interligação dos fluxos de energia que podem ser transformados e direcionados de várias maneiras – com muitos paralelos com o budismo, desconhecido por mim naquele momento. Fiz a formação para professor primário em Ormskirk, uma pequena cidade ao norte, nada a ver com o budismo, e tudo isso acabou me distanciando um pouco. Eu ainda estava estudando sobre isso, sabia que estava buscando algum caminho em termos espirituais. Estava muito interessada, e ainda estou, na cultura xamanista e nativa americana – existe um paralelo com o budismo, a partir do conceito de interconectividade, talvez de forma um pouco mais concreta. Mas, de qualquer forma, foi o que me interessou, então fui mais para aquela direção, na época. Depois vim para Londres e trabalhei como professora primária, fiquei bastante desiludida com o currículo nacional. Suponho que é meu modo de ser, quando não sabia o próximo passo na vida, eu viajava, me mudava; de forma que quando fiz dezoito anos vim para a Inglaterra. Eu queria trabalhar fora por alguns anos e veja o que aconteceu. Tinha a ideia de ir à América do Sul para estudar o xamanismo mais profundamente, mas não consegui emprego porque não falava suficientemente bem o espanhol e eles tinham muita gente que sabia falar espanhol muito bem. Então eu me candidatei para o VSO (serviço voluntário no exterior) e acabei aceitando um emprego para trabalhar no Nepal como professora primária, educadora e facilitadora de alfabetização para mulheres. Morei no Nepal por dois anos. No Nepal foi onde fiquei interessada no budismo novamente. Morei nas colinas e em Kathmandu, pode ver as fotos de lá na parede: é a grande estupa em Kathmandu. Só de ver os tibetanos praticando já é inspirador: havia muitos refugiados tibetanos, mas também outros grupos tribais nativos, onde as pessoas estavam praticando algo semelhante ao budismo tibetano. Elas tinham um caminho espiritual que era uma mistura entre

188 NADA DETERMINADO

uma religião muito antiga chamada *Bonpo*, que era mais como o xamanismo e o budismo tântrico. Fiquei muito interessada em tudo isso e como aprendi a língua, eu conseguia conversar com as pessoas, de certo modo.

**MP:** Você aprendeu o nepalês?

**AD:** Fizemos um curso intensivo. Formamos um grupo, éramos em doze, todos fazendo o mesmo trabalho como treinador de professor em diferentes distritos, então os primeiros dois meses fizemos aulas individuais com um nativo. Ficávamos imersos no idioma por sete, oito horas por dia.

**MP:** Eles têm um alfabeto diferente também, não é?

**AD:** Sim, é o alfabeto sânscrito, mas não aprendemos escrever fluentemente; aprendemos o alfabeto porque íamos supervisionar aulas de alfabetização; tivemos que aprender o suficiente para conseguirmos escrever um pouquinho.

**MP:** Qual é a diferença entre o sânscrito e o páli, os dois são usados nos textos budistas, não são?

**AD:** A escrita é a mesma; páli é uma linguagem diferente, mas muito parecida com o sânscrito. nepalês e hindi ambas vêm do sânscrito, que não existe mais como língua viva; é um idioma escolar como o latim. Então fiz isso e fiquei muito interessada só de ver o budismo vivo, eu acho que isso me impressionou no Nepal. As pessoas não conheciam muito bem, necessariamente, a filosofia budista e nem a entendiam intelectualmente, mas eram muito devotas e realmente acreditavam e viviam de forma ética porque podiam ver claramente que tudo se conectava; então de fato faz diferença o que se fazia, e naturalmente aquelas pessoas simplesmente tentavam viver sob aqueles princípios. Eu achava aquilo fascinante.

**MP:** Era real, uma vida simples e real, não pelo intelectual, mas pela força daquilo!

**AD:** Exatamente. A atmosfera em lugares como Boudhanath – a grande estupa budista em Kathmandu – era incrível. Lembro--me de que ficava bastante tempo lá com um amigo, entre as aulas de idioma, olhando as pessoas. Dá para subir em volta da estupa e ficar sentada lá em cima olhando as pessoas andando por lá, os monges e as freiras andando com suas vasilhas de esmolas, entoando *Om Mani Padme Hum*. E os turistas, é claro, andando por lá, e muitos turistas não sabiam que se anda no sentido horário, então os monges ficavam parados em frente deles mostrando que deveriam andar no sentido anti-horário, sorriam para eles e viravam. Os turistas ficavam surpresos até que eles saíssem e depois diziam: "Ah, ok"!

**MP:** Mas psicologicamente é melhor andar nos dois sentidos para equilibrar o cérebro, não é?

**AD:** Tem a ver com a filosofia. Na religião *Bonpo*, eles andam anti-horário, e no budismo, horário. Significa que está subindo pelo caminho espiralado, ao invés de descer, então realmente importa. Novamente, é algo bem concreto, o simbolismo disso, mas é adorável a forma como foi feito: nada forçado, apenas ensinando. É uma mentalidade completamente diferente. Sim, então eu estava no Nepal, daí voltei e comecei a formação para psicoterapia infantil com o curso de observação, em 1995.

**MP:** Então você não praticava como budista ainda?

**AD:** Não, aprendi a meditar mais tarde, durante minha formação.

**MP:** Não faz muito tempo, considerando a sua escolha radical de fazer parte da ordem budista e morar na comunidade, não é?

**AD:** Onze anos atrás? Não, não muito, na escala do tempo, imagino. Vim morar aqui há oito anos, depois de meditar por três anos: eu sabia, no meu coração, que eu era uma budista e que eu queria fazer parte desta ordem, porque eu gostei da maneira como eles fazem as coisas e constroem amizades. Então experimentei por seis meses.

**MP:** Você tem que ordenar?

**AD:** Não, não é preciso, mas eu pedi a ordenação.

**MP:** Foi quando você se afastou por quatro meses não muito tempo atrás?

**AD:** Bem, precisamos nos perguntar se queremos ir até o fim e nos juntarmos à ordem. Eu pedi em 2004, então daí vem todo o processo de retiros especiais que participei, estudei algumas coisas específicas e assim por diante. Tem um grupo de pessoas que dão apoio, que nos conhecem bem, já fizeram retiros comigo, ensinaram a meditar, pessoas que ficam de olho em meu processo espiritual, em termos de meditação e também dos preceitos éticos. Assim, esse processo de me preparar levou seis anos, e fui ordenada em junho passado. Tive sorte de ter encerrado a carreira antes dos cortes que tiveram no NHS e estava difícil na clínica, mas quando voltei eu estava tão calma, as pessoas notaram e a clínica se beneficiou com isso. A ordenação foi um grande passo, mas é uma espécie de ponto de partida. Agora que faço parte da ordem, posso participar de eventos como a International Order Convention na Índia, em fevereiro 2013.

**MP:** Qual é o nome da ordem?

**AD:** *Triratna*, ou seja, a Ordem das Três Joias. Chamavam de Ordem budista do ocidente até recentemente, porque foi como ela começou – um novo movimento budista no ocidente. Entretanto, o nome foi mudado a pedido de membros da Ordem Índia – um terço da ordem agora é indiano – para que todas as ordens do mundo tenham o mesmo nome, um nome que faz sentido para todos os membros da ordem do mundo. O professor que fundou a ordem chama-se Sangharakshita – um inglês que serviu o exército na Segunda Guerra Mundial na Índia e logo percebeu que era budista. Sua história é muito incomum.

**MP:** Talvez esteja ligada às suas vidas passadas!

**AD:** Quando ele leu o Sutra do Diamante, aos dezesseis anos, não entendeu muito bem, mas percebeu que era isso: um tipo de *flash* de luz. Ficou na Índia depois que a guerra acabou e lá foi ordenado como primeiro monge *Theravadin*, depois ficou vinte anos em Kalimpong e organizou vários grupos budistas tibetanos e *Lamas*, que chegavam nessa pequena cidade do Himalaia. Ele teve alguns professores tibetanos e *Theravadin*, e um professor chinês também. Escreveu um livro muito bom chamado *The Survey of Buddhism* (Sangharakshita, 1957) quando estava com vinte e oito anos e vivia lá. Ainda é considerado por budistas eruditos de todas as tradições como um dos melhores livros que sintetizam todas as doutrinas budistas. É intelectualmente brilhante, mas sempre teve a visão de que o budismo precisa ser praticado, não há um momento em que pode apenas ser intelectualizado. No fim ele voltou para este país, porque o English Sangha Trust e a Sociedade budista aqui em Londres – dois grupos budistas dos anos 1960 – tinham se desentendido e não se harmonizaram. Sangharakshita era bem conhecido no mundo budista naquela época e comunicou-se com budistas do mundo todo; então pediram que ele fosse lá para ser o mediador. Ele veio tentar, mas descobriu que não podia fazer isso;

192 NADA DETERMINADO

era um impasse. Ele achou que o problema foi que os dois grupos estavam olhando para suas organizações como se fossem clubes, em que as pessoas poderiam chegar para conversar e aprender um pouco sobre o budismo, mas na verdade suas vidas não mudavam realmente – não tocava o coração de suas vidas. Então ele decidiu naquele momento que o que era necessário para estabelecer o budismo nesse país era uma ordem budista em que as pessoas não iriam apenas para um aprendizado intelectual, mas realmente se comprometeriam com o budismo e viveriam isso. Foi quando ele fundou a chamada Ordem Budista Ocidental. Ele apurou o que achou que fosse a essência do budismo e tentou ensinar de uma forma compreensível para a vida urbana do ocidente – foi sua abordagem. Acho que ele foi brilhante. No início fiquei preocupada que ele fosse um tipo de missionário da Nova Era, mas ele não é nada disso e há muita profundidade naquilo que ele fez.

**MP:** Como aquilo combina com os indianos, uma vez que eles presumivelmente não precisam aprender sobre o budismo?

**AD:** Bem, precisam, porque o budismo, embora originário da Índia, tinha sido completamente esquecido por lá e submetido a um caminho confuso e enganoso dentro da religião dominante do hinduísmo, por vários séculos. Ironicamente, foram estudiosos ocidentais que redescobriram, na virada do século XX, a história e o significado dos locais budistas na Índia. Quando Sangharakshita morava na Índia nos anos 1950, ele conheceu um político chamado Dr. Ambedkar, que era Ministro da Justiça no governo de Nehru, após a Índia conseguir a independência do domínio colonial britânico. O Dr. Ambedkar escreveu a Constituição Indiana naquela época. Por ter nascido em uma casta intocável e realmente ter tido que lutar pela sua educação e para ser respeitado pelos seus pares, foi mais radical do que Gandhi quando criticou ativamente o sistema de castas e queria aboli-lo. Poucos, como se pode imaginar, concordaram com isso.

**MP:** Especialmente as castas privilegiadas, posso imaginar!

**AD:** E o que ele fez, tornou-se budista por ter nascido um hindu, por motivos políticos, porque ele disse que no budismo o sistema de castas não se aplica, ao passo que faz parte integrante do hinduísmo. Então ele encorajou as pessoas de castas inferiores na Índia a tornarem-se budistas, o que os liberaria do sistema de castas. Ele chamou isso de "Revolução *Dhamma* pacífica". O Dr. Ambedkar teve incrível sucesso: centenas de milhares de pessoas "das castas regulares", como são referidas agora, converteram-se ao budismo com ele em uma cerimônia de conversão em massa em outubro de 1956. Mas aquelas pessoas não conheciam muito o budismo, por terem se convertido por motivos sociais e políticos e a maioria não tinha qualquer formação educacional. O Dr. Ambedkar conheceu Sangharakshita e pediu conselhos sobre o processo de conversão, e construíram uma relação duradoura. O Dr. Ambedkar sofria com o diabetes e morreu tragicamente sete semanas depois da sua própria cerimônia de conversão em massa em Nagpur – sua cidade natal no estado de Maharashtra. Sangharakshita testemunhou o sofrimento dos indianos convertidos em budistas, que agora se sentiam perdidos por ter morrido seu líder e ninguém tomou a frente para guiar os próximos passos. Então ele tentou intervir, dando muitas palestras sobre o budismo básico, durante o restante de seu tempo na Índia. Ele também apelou para outros países orientais budistas que ajudassem enviando professores, mas houve muito pouco retorno. Assim, quando ele voltou para a Inglaterra e fundou a Ordem, enviou professores ocidentais de volta para a Índia para ensinar os indianos. Então isso foi uma incrível fertilização cruzada dos ensinamentos budistas sendo levados de volta ao país de origem pelos budistas ocidentais. Agora

194 NADA DETERMINADO

tem um ramo indiano vibrante da Ordem Triratna, que continua colocando em prática a visão do Dr. Ambedkar de uma Revolução *Dhamma* pacífica.

**MP:** Então eles se tornaram bem proativos.

**AD:** Muito, são politicamente ativos e muito engajados no potencial do budismo para a transformação social. É uma ordem extraordinária, que não está livre de seus próprios escândalos, como você pode imaginar – incluindo escândalos sobre atuações sexuais, especialmente durante os primeiros anos do movimento.

**MP:** Isso não me surpreende; faz parte das instituições e da natureza humana e a gente ouve falar em escândalos em todas as tradições espirituais e não espirituais, como sabemos.

**AD:** Sim. Penso que ao tentar integrar as energias agressivas e sexuais a partir da meditação, acontece algo poderoso e algumas vezes saem do controle. Há uma citação de Buda em que ele diz que se houvesse uma segunda energia, tão forte quanto a sexual, então o desenvolvimento espiritual não seria possível. Acredito nisso.

**MP:** É o instinto da vida, afinal de contas, possibilitando que a humanidade continue existindo por milênios.

**AD:** Isso mesmo, e algo acontece quando se começa a meditar, a integrar e a conter isso e pode ser muito, muito difícil.

**MP:** Continuando algumas das minhas perguntas: você usa o budismo em seu trabalho de psicoterapia com crianças? A maioria das pessoas parece que não faz isso diretamente.

**AD:** Eu mesma não o uso explicitamente, mas algumas pessoas que conheço usam – especialmente os professores. Existe uma organização muito respeitada, associada com a nossa ordem, chamada Clear Vision Trust, que produz materiais educativos para escolas com crianças de todas as idades, incluindo exercícios de meditação, em que introduz a respiração no espaço de três minutos e assim por diante.

**MP:** Isso é muito interessante, sim; eu gostaria de aprender a fazer isso.

**AD:** O tipo de espaço interno que é produzido ao fazer o *mindfulness* na meditação com respiração e ficar totalmente no momento presente, consciente de toda a sua experiência, é também o estado em que se precisa estar quando se está com a criança na sala de terapia, sem ficar distraída, sem ficar preocupada com nada, estar totalmente presente, consciente de si mesma e de tudo o mais que acontece com a criança, então eu vejo isso como um paralelo completo. Embora eu não use explicitamente o budismo no meu trabalho em termos de ensinamento, achei que melhorou meu estado mental, ficou mais claro. Achei muito mais fácil, uma vez em que comecei a meditar e chegar naturalmente naquele estado de quando estou na sala com a criança. Algumas crianças empurram a gente para um estado de difícil concentração e acaba-se pensando sobre outras coisas, outras pessoas; isso acontece para mim menos agora.

**MP:** Mas isso também faz parte da contratransferência, quando o paciente leva sua mente para longe e então voltamos e nos perguntamos o que estaria acontecendo com o paciente naquele momento. É uma de nossas ferramentas, não é?

**AD:** É sim, mas descobri que eu podia perceber e estar consciente da minha contratransferência muito mais rapidamente, ao invés de ter que esperar por talvez cinco minutos antes de perceber;

196  NADA DETERMINADO

o que gradualmente desenvolveu foi maior clareza e sensibilidade para o estado mental da criança e meu próprio.

**MP:** Vamos para um campo mais teórico: como você concilia o fato de precisarmos ajudar os pais das nossas crianças a desenvolverem um ego mais forte e a ideia de *anatta*, não-*self* no budismo?

**AD:** O que Sangharakshita ensina sobre isso, e o que faz muito sentido para mim, é que para evoluir para o não-*self* é preciso antes de tudo ser uma pessoa feliz, saudável e integrada. É preciso ter um ego forte antes de ir para níveis mais altos de *insight*, em que se concebe o não-*self*. Então, não acho que exista contradição, porque em primeiro lugar, os fundamentos das práticas de meditação são ensinados na maioria dos centros budistas – respiração de *mindfulness* e *Metta Bhavana* (desenvolvimento do amor fraterno). Buda ensinou que para conseguir o *insight*, primeiro devemos desenvolver uma mente calma e concentrada e emoções positivas: precisamos estar integrados enquanto ser humano, porque se não estivermos, e estivermos alienados, ou se estivermos muito neuróticos e com muitas dificuldades psicológicas, então não teremos base suficientemente forte para desenvolvermos o *insight* e usá-lo de uma forma boa. Em vez disso é muito provável que realmente seja perturbador; pode realmente enlouquecer. Porque o *insight* é a realização gradual de que o ego, enquanto base para o sentimento de segurança e proteção é uma ilusão, que na verdade não é uma base real que dê segurança e proteção. Mas antes de tudo, é preciso ter um ego seguro e protegido e sentir confiança em si próprio para assim poder liberar o ego, ou seja, da forma como queira dizer isso. Percebemos que o ego não é sólido, algo com que se pode contar é muito maior do que isso e algo que é como a interconectividade de tudo; que tudo é um processo; que tudo é energia.

**MP:** Então, como você usa esta ideia em seu trabalho com crianças?

**AD:** Em minha mente, o objetivo do trabalho psicoterapêutico com crianças é ajudá-las a tornarem-se integradas e serem seres humanos felizes. Não considero tarefa minha como terapeuta ajudar as crianças e seus pais no seu desenvolvimento espiritual – eles vêm pedir ajuda porque estão lutando com um problema ao nível psicológico, por não estarem integrados de alguma forma.

**MP:** Para ajudar as crianças e suas famílias a integrarem melhor seus egos e vidas: esse seria o seu primeiro passo. Depois, eles podem ou não escolher seu desenvolvimento espiritual. É interessante que nós, ocidentais, mantemos esses dois aspectos da vida tão separados. Deirdre Dowling tem algo a dizer sobre isso neste livro.

**AD:** Só quero adicionar uma coisa, achei muito interessante, desde que voltei, ter feito essa coisa tão concreta de ter um novo nome budista e usar esse nome para tudo. Discuti essa questão com a minha supervisora clínica, de como eu estava preocupada em violar as regras revelando alguma coisa sobre minha vida pessoal e minhas crenças. No entanto, parecia errado simplesmente usar meu novo nome sem qualquer explicação – muito estranho e potencialmente enlouquecedor, para as crianças e famílias vulneráveis com quem eu trabalhava. Ela concordou. Eu tinha não só mudado o meu sobrenome, o que pode ser feito quando se casa, mas mudei meu nome todo, o que implica uma grande mudança de identidade. E também, as famílias sabiam que eu me afastei por quatro meses, elas não sabiam o motivo de eu ter ficado fora, mas estava voltando depois de todo aquele tempo, com um nome bem indiano. Então nós duas decidimos que eu iria fugir às regras psicanalíticas para explicar às crianças e famílias que eu tinha me tornado budista e que Akasha Devi era meu novo nome budista. Minha supervisora sugeriu que eu tratasse quaisquer reações sobre isso como qualquer outro material, interpretando-as. Não sabia quantas pessoas me perguntariam so-

198 NADA DETERMINADO

bre isso e tem sido muito diferente com diferentes pessoas; tem sido fascinante mesmo. Algumas crianças e alguns pais começaram a me perguntar sobre meditação. Alguns me pediram para explicar o que significava tornar-se budista, e meus motivos para tomar essa decisão. Tentei dar respostas breves, assim como interpretar determinado foco de seus interesses, e o que poderia potencialmente significar para eles. Mas tem significado, às vezes, ter que falar explicitamente sobre o budismo devido à minha revelação. Houve casos, mesmo antes de ter sido ordenada, das crianças, e determinados adolescentes, me perguntarem se eu sabia como meditar e se poderia ensinar a eles. Então, creio que eles devem ter percebido algo, inconscientemente, em mim, dentro desta orientação.

**MP:** Intuitivamente, imagino.

**AD:** A diferença é que antes da revelação eu não teria respondido a essas perguntas, de maneira direta ou concreta, mas iria simplesmente interpretá-las. É mais difícil fazer isso agora que mudei os parâmetros.

**MP:** O sentimento que você teve que contar a eles veio de você, será que entendi bem?

**AD:** Veio de mim, porque eu estava preocupada sobre como seriam suas fantasias, se eu não o fizesse. O que eu pensei, e minha supervisora concordou, é que eles poderiam achá-las potencialmente enlouquecedoras. O nome, especialmente o primeiro nome, está muito conectado com a identidade, então parecia ter trocado de identidade depois de ficar fora tanto tempo e voltar uma pessoa totalmente diferente com esse nome esquisito. Aquilo poderia ter tido um efeito muito perturbador para eles.

**MP:** Mas com a terapia ocorrendo eles saberiam que você ainda é mais ou menos a mesma, uma pessoa sã, presumivelmente.

**AD:** Nós psicoterapeutas notamos que hoje em dia as crianças e as famílias estão muito perturbadas, pelo menos na nossa clínica; elas têm ansiedades psicóticas ao invés de neuróticas, considerando isso no espectro. Eu não achava que algumas crianças ou famílias que eu atendia seriam capazes de ter esse tipo de atitude racional e perceber isso, sim, eu era ainda a mesma pessoa, mas eles talvez tenham acreditado que agora eu seria outra pessoa. Eu precisava de algo mais sólido, nesse sentido: há uma explicação racional para isso e o fato de que não me transformei de repente em um ser completamente diferente.

**MP:** Talvez até a identificação que eles tinham com você tenha sido afetada: uma mudança de nome influenciaria a identificação deles com você?

**AD:** Sim, e em nível concreto. Minha supervisora me contou que uma vez mudou radicalmente o estilo do cabelo e especialmente uma criança autista com quem ela trabalhava não aguentou essa mudança por meses; ele sentia que ela não era mais a mesma pessoa.

**MP:** É como um bebê que não reconhece o rosto da mãe quando ela coloca um chapéu na cabeça: "não é mais minha mãe" se ela muda a aparência. Você achou que seus pacientes falaram mais sobre essa nova informação que receberam de você?

**AD:** Não muito, curiosamente. Eu estava muito preocupada que mesmo dizendo que esse nome era budista, pudesse atrapalhar o espaço terapêutico, mas não foi sentido dessa forma. Cada criança e cada pai ou mãe entendeu do seu jeito, e seja lá o que tenha significado para eles em relação às suas dificuldades, foi um aspecto que eles resolveram bem rapidamente, e não precisamos ter longas conversas. Mas eu tive reações mais complicadas, como uma das mães, com quem eu conversava muito em longos telefonemas pois ela não estava bem fisicamente e nem psicologicamente. No meio da conversa sobre seu filho, inesperadamente, ela me pede para ensinar seu filho a meditar ou para dizer a ela onde ela poderia aprender meditação, para que ficasse menos atormentada e mais capaz de ter a mente relaxada. Eu pensei: "Eu deveria? Poderia? Por que não"?. Fiquei sem saber onde estava o limite, por um minuto, e disse a ela que poderia pensar sobre isso e que daria um retorno. O pedido repentino, mas também minha potencial resposta, senti que foram intrusivos e como se claramente violassem o limite.

**MP:** Ela quis claramente obter algo de você: talvez seu modo meditativo e relaxado de ser, e seu estado de mente. Quem sabe ela quisesse se identificar com você.

**AD:** Sim, mas isso podia não ser a melhor coisa para ela. Qualquer informação sobre nós limita e bloqueia a imaginação do paciente. Mas pode também abrir para uma outra dimensão da imaginação.

**MP:** Talvez a resposta do que dizer ou não dizer sobre si mesma, em certas circunstâncias como você descreveu, realmente tem como base os sentimentos do terapeuta; diferentes terapeutas podem ter abordagens ligeiramente diferentes e ainda assim trabalhar nos limites terapêuticos.

**AD:** Sim, é verdade: pessoas diferentes fazem coisas diferentes. Então, seguindo esse evento na minha vida, uma mudança de técnica deve acontecer, especialmente com algumas pessoas que possam me perguntar diretamente. Veremos; será interessante observar como isso vai evoluir. Talvez precisemos desistir da ideia de que existe uma situação ideal, em que tudo pode ser totalmente aberto; sempre existe algum tipo de limitação, tanto no sexo da(o) analista ou na religião, ou na orientação sexual ou origem étnica e nacional – algo sobre a única realidade de uma pessoa que não pode ser encoberta.

**MP:** Isso volta à minha pergunta sobre a combinação da psicoterapia com meditação e os limites entre as duas.

**AD:** Como parte da minha formação do ensino budista, estou atualmente coliderando um curso de MBCT (Terapia Cognitiva Baseada em *Mindfulness*), que eles oferecem no Centro budista de Londres, em um espaço muito antigo separado, no andar de baixo. É um curso de oito semanas baseado no modelo Jon Kabat-Zinn. Basicamente, usa a metodologia CBT,[1] em um estilo bem diferente. É explicitamente um curso terapêutico e as pessoas vêm com questões pessoais sobre depressão, estresse, vício e dor crônica, mas no final do curso elas são encorajadas a voltar para o centro budista para outros cursos e aulas mais explicitamente espirituais. Não me sinto inteiramente confortável com isso. Eu não gostaria de levar vantagem com a vulnerabilidade emocional das pessoas, induzindo-as ao budismo, embora, por outro lado, muitas vezes sinto que a perspectiva universal oferecida pela filosofia budista poderia ajudá-las muito.

**AD:** É importante para os professores budistas estarem conscientes das questões psicológicas e, como você disse antes, nós psicoterapeutas ajudamos com as questões psicológicas, isto é, da identidade do ego e deixamos as questões espirituais para os budistas. Essa lucidez é necessária para reduzir possíveis problemas e escândalos.

**AD:** Sim, poderia prejudicar, embora o mundo budista reconheça que algumas pessoas precisam de ajuda psicológica. Os

## 202 NADA DETERMINADO

centros budistas atraem muitas pessoas vulneráveis, que estão realmente lutando com questões psicológicas graves ou com vícios etc. e que querem mesmo mudar de vida, mas algumas vezes não é suficiente apenas ensiná-las a meditar e virem a um centro budista. Algumas vezes elas também precisam de terapia; talvez tenham imensa reação à meditação e pode não ser suficiente para conter isso. Os centros budistas reconhecem bem isso agora.

**MP:** Outra pergunta que tenho sobre apego e desapego, que está muito ligada a *self* e não-*self*: qual o seu pensamento sobre isso?

**AD:** Esta é uma pergunta muito interessante. Eu tinha dificuldade com isso no começo, entendia de forma muito concreta. Nos textos tradicionais budistas, a mensagem era muitas vezes categórica: precisamos atingir o desapego. Entretanto, quando se conhece mais profundamente os textos, descobre-se uma qualificação similar como na doutrina do não-*self*; que na verdade, mais uma vez, em primeiro lugar, é preciso estar integrada e ser capaz de fazer bons relacionamentos, ter bons contatos com as pessoas, e se sentir conectada e não alienada, antes de pensar no desapego. O desapego não é dizer que não se pode relacionar com as pessoas, que não pode amar as pessoas; quer dizer não se prenda nisso; não assuma que isso será por toda vida, que sua relação íntima é seu refúgio, basicamente. Um relacionamento nunca pode fazer isso; uma outra pessoa nunca pode fazer isso. Um relacionamento pode ser uma força muito positiva na vida, se não for colocado no centro da sua vida; é preciso ficar consciente de que a qualquer momento algo pode acontecer, por muitas razões, e mudar a situação. Os ensinamentos avisam que se deve sempre estar consciente da impermanência das coisas. E ainda assim ter relacionamentos amorosos; e ainda ter uma família. E é muito mais difícil se estiver em um relacionamento e optar por ter filhos, de não se tornar apegada nesse jeito preso, definitivo, em que sua família se torne a sua vida; e então se faz o hábito: estar consciente o tempo todo que pode não durar; que não é para sempre: doença, morte, velhice ocorrerão como parte da realidade humana. Havia um costume em certa ordem de monges, que cada noite eles colocavam suas vasilhas de esmolas de cabeça para baixo, porque poderiam morrer durante a noite. Era assim que constantemente se lembravam da impermanência. Então medita-se no desapego, mas ao mesmo tempo, o corpo está vivo e cuida-se dele, e tem-se compaixão. Parece um paradoxo ter compaixão pela vida humana, mas ao mesmo tempo, perceber que é totalmente impermanente, nada imutável.

**MP:** Como você liga isso com seu trabalho com crianças?

**AD:** Realmente, penso que o trabalho com crianças pode ser muito útil. Tenho um paciente no momento, que sofreu muitas rupturas em sua vida: vivia com sua mãe e foi levado para adoção sem que lhe dessem nenhuma explicação, depois foi mandado para a África para conviver com sua imensa família: muitas separações inexplicáveis e rupturas, e agora ele teve um colapso. Quando conversei com essa criança sobre sua experiência e conversei com o pai, com quem mora no momento, a perspectiva budista de apego me ajudou realmente. Aquela criança não poderia confiar em ninguém depois de tudo aquilo: ele instantaneamente temeu que a avaliação psiquiátrica o tirasse de seu pai. Essa criança tem experimentado a impermanência de um jeito muito perturbador durante todo o tempo de sua vida, e ele espera catástrofes o tempo todo. Então nós precisamos contar a ele, proativamente, que seu pai iria cuidar dele daqui para a frente, que "estava tudo bem". Depois mostramos a ele que havia coisas ruins, inesperadas, acontecendo com ele, mas também algumas coisas boas inesperadas. Procuro ajudar crianças a viverem com incertezas, mas também com possíveis mudanças. Mesmo para criança é possível dizer: "Sim, dá muito medo pensar nas coisas incertas, mas não acontecem

## 204 NADA DETERMINADO

só coisas que amedrontam, acontecem coisas boas também". Dá para acrescentar que, para tudo o que acontece, geralmente algo ou alguém irá ajudar.

**MP:** Essas crianças, que não tiveram um apego seguro, estão fadadas a ficar ansiosas o tempo todo, não estão?

**AD:** Tem uma outra criança que atendi, cuja mãe e avô morreram, e ele ficou muito preocupado com a morte. Acho que ele sofria de um tipo de angústia existencial, além de algumas dificuldades mais brandas de apego. Essa criança, por algum motivo, tinha uma sensibilidade especial e o que ele precisava, eu senti, não era que renovasse sua confiança. Ele precisava naquele instante que eu contasse a ele a verdade: "Sim, é verdade que eles morreram, e todos nós vamos morrer em algum momento, mas isso não é a única coisa verdadeira; é verdade também que a qualquer momento alguma coisa boa vai acontecer. É verdade também que as coisas ficam ok algumas vezes". Era isso que ele precisava ouvir. As crianças não precisam de reasseguramentos porque podem sentir que estamos minimizando.

**MP:** Presumo que você não diria isso para uma criança pequena, que acabou de perder a mãe e está grudada no pai, que ela tem razão de se sentir angustiada porque o pai também pode morrer e que todos nós morreremos um dia, você diria? Eu diria, certamente, da sua angústia por pensar que seu pai pode morrer, mas daria a ele outro pensamento, de que espera-se que seu pai fique vivo por muito tempo e que cuide dele.

**AD:** Suponho que devemos ter cuidado, como com tudo mais, de não darmos garantias, porque senão a criança sente que não estamos considerando o que ela diz, e que estamos apenas fazendo com que se sinta melhor, quando na verdade ela sabe que vamos morrer.

**MP:** Acho que estamos dizendo coisas semelhantes, realmente.

**AD:** Penso que a psicanálise e o budismo têm alguma coisa em comum nisso, sendo compassivos, mas são também muito duros. Sim, é preciso encarar a verdade, mas ao mesmo tempo ser gentil consigo mesma e ser gentil com todos, porque a verdade sobre a vida e a realidade é muito difícil e assustadora e também muito surpreendente. Então, isso leva naturalmente a uma atitude compassiva para todos que vivem. Acho que, para mim, eles são muito paralelos, mas com o budismo temos a perspectiva de que isso é a vida humana. Quando se faz terapia, é muito pessoal; é uma história pessoal e buscamos sentido para aquela determinada história e os medos em particular. O budismo coloca em uma grande moldura: "Esta é a vida humana e tudo o que quer que se passe na história de cada um, também ocorre para todos nós". Isso é muito reconfortante para mim: saber que não sou a única. Dessa forma, não precisamos ter a atitude de autocomiseração: "Ah, pobre de mim, por que isso acontece comigo, enquanto as outras pessoas são tão felizes?". Não é realmente o caso: todos temos que lidar com uma versão disso.

**MP:** Voltando ao garoto que estava existencialmente ansioso sobre o pai que também vai morrer, talvez uma forma de ajudá-lo seria tendo um apego saudável com seu pai, que, confiantemente, continuará vivo e cuidando dele, mas também ajuda a criança a se soltar e enfrentar o fato de que seu pai pode morrer em algum momento.

**AD:** Mas também se isso acontecer, existe uma outra história, ou seja, de que há pessoas que ajudarão, independente do que aconteça. Não deve ser o fim do mundo; não precisa ser uma catástrofe. Pode ser sentido como uma catástrofe, mas as pessoas ajudarão a criança até mesmo com relação a esses sentimentos.

**MP:** Temos inclusive ajudado crianças a encarar um tipo de desapego, quando a sessão chega ao fim, ou quando a análise termina etc. Não é uma forma de ajudar as crianças a aceitarem a impermanência todo o tempo?

**AD:** Sim, fazemos isso nas férias, é claro. Tive uma experiência muito interessante com um dos meus pacientes de psicoterapia, que estava muito irritado comigo por causa da mudança do meu nome. Quando tivemos o feriado de três semanas no Natal e não duas, porque nossos encontros não estavam combinando, ele disse: "Mas três semanas é demais, o que você vai fazer e para onde você vai?". Ficou enraivecido durante quase toda a sessão: falamos desse assunto por vários ângulos diferentes e ele não conseguia superar isso. No final, enquanto seguíamos pelo corredor até a sala de espera, ele gritou: "E no lugar onde você vai, quando voltar vai mudar seu nome de novo?". Esse feriado fez com que ele se lembrasse que fiquei quatro meses fora e não tinha levado isso em consideração. Para ele a questão era a identidade e que eu poderia mudar de repente, novamente. Nesse ponto eu disse a ele que eu não ia mudar meu nome e que aquele era um feriado comum.

**MP:** Foi reconfortante para ele você ter dito isso. Neste sentido, vejo uma ligação entre o budismo e a psicanálise: ajudando as crianças a aceitarem a realidade de que vamos embora, a mãe tendo outro filho para cuidar; isso ajuda as crianças a aceitarem a separação ou o desapego e a se soltarem. Esse é o outro lado do apego, não é?

**AD:** Não é o mesmo desapego a que nos referimos no sentido psicodinâmico, não acho. Tem o problema da linguagem aqui, a questão da definição. Depende de como se entende apego e não--self. O não-self não significa literalmente que não exista self, significa não se prender a isso. O mesmo se aplica ao desapego, o que não significa que não exista relacionamento e que se está completamente sozinho o tempo todo. Significa não se fixar no relacionamento. Sim, essa é a conduta na terapia: amor de mãe não precisa ser exclusivo, e isso não quer dizer que seja menos importante e emocionalmente perturbador.

**MP:** O que você pensa do estado de ausência de mente?

**AD:** Para mim, estado de ausência de mente significa que não tem nada estabelecido em termos de essência de tudo; tudo se resume a energia e percebemos o mundo de acordo com a limitação dos nossos sentidos, mas esse não é o verdadeiro jeito – a forma como percebemos o mundo é um reflexo distorcido e parcial da maneira como ele realmente é. Os orientais não têm esse problema de vazio, ou estado de ausência de mente, como nós ocidentais temos, porque eles acham esse conceito positivo: o vazio é um espaço aberto cheio de potencial. Qualquer coisa pode emergir dele; na verdade é liberdade. Damos a ele uma conotação negativa no ocidente.

**MP:** Talvez essa ideia nos ajudasse no trabalho com crianças hiperativas, que precisam preencher cada minuto com ação e movimento, pelos sentimentos de medo, tais como sentirem-se perdidas ou assustadas.

**AD:** Outra coisa que pode ajudar com essas crianças seria a consciência do corpo deitado. De novo, me lembrei de outro paciente que atendo no momento: ele é hiperativo, muito frenético e fica dando voltas; algumas vezes ele vai para o sofá e eu peço a ele que descanse um pouco. Posso tentar fazer com que ele tenha consciência do seu corpo, naquele momento, e pedir que ele fique em posição relaxada por um minuto. Nunca fiz isso com ele, mas sempre me perguntei se não seria isso que ele precisa.

**MP:** Talvez você o ajudasse com uma experiência de pausa, um momento de estado de ausência de mente ou de alguma coisa que fosse mais do que movimentos frenéticos. Quem sabe isso ajudasse a abrir novo espaço para outras crianças hiperativas? Quem sabe fossemos corajosas e introduzíssemos essa nova técnica em nossas terapias em algum momento?

**AD:** Ainda não fiz isso. Estava pensando no elemento receptivo e no elemento ativo na meditação: tanto se permite e se observa, o que acontece naquele momento, como ao mesmo tempo, faz-se um esforço ativo para fazer determinada coisa, por exemplo, concentrar na respiração. Tem algo similar na psicanálise.

**MP:** A atenção flutuante do analista?

**AD:** Sim, esse é o elemento receptivo e conceito de Bion da não memória ou desejo. Mas eu também estava pensando no elemento ativo: a ideia de Bion sobre o fato selecionado, ou seja, algo que emerge daquele espaço aberto, que se destaca, e então deve-se tomar uma decisão ativa que é este o cerne da questão, e concentrar-se nisso (Bion, 1967).

**MP:** Isso é interessante e me faz pensar no que podemos fazer em nosso trabalho, especialmente com crianças. Precisamos ser ativas concretamente, por exemplo, mantendo os limites do *setting*, quando a criança tenta sair correndo da sala de consulta ou quando usamos técnicas mais ativas com crianças com traços autistas ou outras crianças com atraso no desenvolvimento. Desempenhamos as funções materna e paterna, como você disse, similarmente à nossa postura na meditação.

**AD:** Sim, sempre começo a meditação do jeito que faço na sessão: eu me sento e tento me conscientizar ao máximo sobre meu corpo, sentimentos e pensamentos – sobre todas as experiências. Então, algo em particular entra em foco. Primeiro, vejo o que acontece e decido, dependendo de onde eu estiver, que tipo de meditação eu preciso praticar naquele momento. Esse tipo de exercício de *mindfulness* pode ser feito com algumas crianças agressivas e atuantes. Conheço uma professora que trabalha em uma unidade de referência escolar, que tentou fazer um exercício de respiração de três minutos de duração, dentro desta orientação, com crianças, e ela teve bons resultados: as crianças ficaram bem interessadas, e disseram que isso as ajudou a ficarem mais calmas.

**MP:** Em um nível mais pessoal, você já teve alguma experiência em particular que fosse extraordinária com a meditação?

**AD:** Nada extraordinário, mas vislumbrei algo quando comecei a meditar. Tive experiências que me mostraram muito mais em termos de experiencia, de percepção, e da realidade, do que eu pensava que existisse. Por exemplo, tive a experiência de que eu estava muito concentrada durante a meditação e de repente não sabia mais onde começava e terminava o meu corpo; perdi todos os sentidos dos limites do meu corpo. Fiquei assustada, mas também muito desprendida. A consciência torna-se maior, e não se limita mais ao corpo físico. O que assusta é não reconhecer o território e, portanto, não saber o que fazer ou para onde ir depois disso.

**MP:** Talvez seja um bom momento para interrompermos com esse pensamento em suspense. Muito obrigada, Akasha Devi e espero que tenha gostado da nossa conversa, como eu gostei.

210   NADA DETERMINADO

## Referências

Bion, W. R. (1967). Notes on memory and desire. *Psycho-Analytic Forum*, 2, 272-273 e 279-280.

Dogen (1200-1253). *Moon in a dewdrop – writings of the zen Master Dogen*. Kazuaki Tanahashi (Ed.). New York: North Point Press, 1985.

Sangharakshita (1957). *A Survey of Buddhism*. Guildford, Surrey: Biddles. (Edições posteriores publicadas por Windhorse, Birmingham.)

## Nota

1. *Cognitive-Behavioural Therapy.*

# 11. Caminhando com Buda

*Diálogo com amigos*

*À beira mar de mundos sem fim, crianças brincam.*

—*Tagore*

Três amigos encontraram-se para caminhar por uma trilha costeira na Inglaterra e viram-se compartilhando a mesma questão sobre o envolvimento com crianças e suas famílias com problemas de saúde mental e também com a prática do budismo. Estão tentando encontrar uma forma de combinar suas práticas profissionais e meditativas.

**EMILY:** Bem, fui apresentada ao budismo na época em que me formava como psicote rapeuta infantil e iniciava as aulas de meditação e os retiros, o que logo me fez perceber muitos aspectos em comum entre a psicoterapia psicanalítica e o budismo.

**CLARE:** Interesso-me pelo budismo desde a minha viagem à Índia quando era adolescente, e embora tente aplicá-lo no meu dia a dia e nas minhas atitudes com as coisas, interessei-me em usar o *mindfulness* para mães e bebês e acabei de encerrar um grupo com eles.

**RICHARD:** Ah, sim, tenho interesse nisso há muito tempo, mas ainda não consegui reunir um grupo. Na verdade, me aproximei do budismo em uma circunstância bem diferente na minha vida: eu estava enfrentando a morte devido a um tipo de câncer e decidi entrar no mosteiro para me preparar para a morte. Mas quando achei que estava pronto para o inevitável, ai de mim!, tive que enfrentar uma nova página da vida: descobriram uma nova droga que me mantém vivo até agora.

**EMILY:** Bem, esta é realmente uma história incrível e, como muitas pessoas que dizem a esse respeito, é a consciência do sofrimento e dos fatos inevitáveis da vida: ficar velho, doente e morrer, que leva as pessoas ao budismo. Parece semelhante ao que aconteceu ao jovem Buda quando descobriu esses fatos desagradáveis da vida, dos quais ele havia sido protegido por sua família; mas e o grupo mãe-bebê, Clare?

**CLARE:** Sim, a ideia embrionária do meu grupo foi originada pela relação entre *mindfulness* e mentalização.

**EMILY:** Ah, isso é interessante; por favor, conte-nos mais, porque não tenho certeza se entendi a diferença.

**CLARE:** *Mindfulness,* enquanto prática, é direcionado para ajudar na familiarização com o funcionamento da mente, fazendo acalmar, observando a respiração e percebendo como a mente é constantemente levada a perturbações com acontecimentos externos e também por eventos internos. Do ponto de vista de *mindfulness*, pode ser proveitoso; não importa a natureza da perturbação, e a perturbação é irrelevante; estar consciente da perturbação em si é o que importa.

**RICHARD:** Sim, experimentei essa mente de macaco inquieto, como o budismo descreve a mente, que está constantemente se movendo e confusa.

**CLARE:** Isso mesmo, e *mindfulness* é uma técnica que tem suas raízes no budismo e tem sido usada trazida para o campo da saúde mental, o que tem sido muito útil e com aumento de pesquisas que evidenciam essa utilidade; a Universidade de Bangor e a Universidade de Oxford, em colaboração com Jon Kabat-Zinn na América, estão desenvolvendo essa técnica baseada em evidências. Mentalizar é esse conceito que tem sido especialmente trabalhado por Fonagy e Bateman, e tem como objetivo voltar-se para a própria mente, apreciando de modo emocionalmente pleno, e não de modo intelectual, o fato de que temos mentes que funcionam individualmente e são separadas. Quanto mais pudermos apreciar que outras pessoas têm mentes capazes de pensar, sentir e nos afetar, mais poderemos desenvolver essas sutis habilidades, de empatia e equilíbrio de afetos e emoções. Então, mentalizar é a capacidade que precisamos desenvolver muito, para ajudar cada vez mais no trabalho com as crianças e famílias com quem trabalhamos.

**EMILY:** É interessante ouvir você falando dessas qualidades da mente, e estou pensando no meu papel como líder de seminário no curso de observação psicanalítica na Clínica Tavistock. Os alunos no meu seminário apresentam algumas situações de trabalho e muitas vezes ouvimos situações desconcertantes de abuso, negligência, trauma e assim por diante, a que essas crianças estão sujeitas. E mais, tenho sempre em mente a ideia de Thich Nhat Hanh de que a pessoa consegue tolerar tanto quanto ela se aceita

214  CAMINHANDO COM BUDA

a si mesma como parte da natureza humana. Então, estimulo os alunos a serem curiosos e interessados nas histórias que estão por trás, por exemplo, de um pai que abusa, uma mãe desligada, um avô violento, uma avó negligente, e até mesmo um agressor sexual, sem julgar essas pessoas, mas com atitudes mais abertas, amplas, e o que é mais necessário, atitude compassiva.

**RICHARD:** Bem, minha experiência tem sido com um grupo de garotas sexualmente abusadas, que conheci em um trabalho com uma colega há alguns anos. Estava no início da minha experiência como profissional infantil com interesse espiritual. Eu iria além das histórias e experiências dessas garotas, olhando para elas apenas como jovens garotas que estavam lutando para encontrar suas identidades e ter relacionamentos que realmente quisessem, mas que tinham muito medo, e que eram muito avançadas ou muito imaturas e faziam confusão com isso, e que sentiam como muito real. Fazíamos simulações em que as garotas teriam que mostrar seus relacionamentos com os meninos e como poderiam ser mais assertivas e lidar com os garotos. Uma ficava no papel da garota e a outra seria o garoto e uma outra ficava olhando e dando conselhos, era muito divertido porque estavam fazendo de conta que eram meninos e todas riam. Elas se esqueciam que foram abusadas sexualmente quando davam sugestões de como lidar com o garoto: todas riam como se fosse muito engraçado; foram momentos mais leves e também hilários algumas vezes. Elas foram parceiras e conselheiras uma das outras. Algumas garotas aprenderam muito, realmente, com esses processos, sentindo que seria o início e um ensaio para a vida real; e aquilo não era teórico.

**EMILY:** Aposto como vai ajudá-las a se desenvolverem como melhores mães, sem precisarem de ajuda depois, com seus bebês, não acha?

**RICHARD:** Bem, sim, existe pesquisa e prova sobre o tratamento de garotas abusadas sexualmente, mostrando que são eficazes.

Falando em pesquisa, há uma que mostra que em mães de primeira viagem sob estresse, sentindo-se perseguidas pelo seu bebê ou dominadas por sentimentos de angústia e depressão, a capacidade de mentalizar e permanecer consciente de sua mente e da mente de outras pessoas, torna-se comprometida.

**EMILY:** Bom, e eu ouvi que esses grupos de mentalização para mãe-bebê comprovaram a redução do nível de estresse e depressão nessas mães, resultando no crescimento saudável de seus bebês. De fato, Ros Powrie, que colocou suas ideias neste livro (Capítulo 2), fala exatamente sobre esses resultados. Sim, foi o que me levou a estudar mais sistematicamente e usar a técnica *mindfulness* para melhorar a mentalização.

**RICHARD:** Isso é interessante: fale mais sobre seu grupo de *mindfulness* para mães e bebês, por favor.

**CLARE:** Sim, eu me ofereci para conduzir um grupo de dez semanas, com as mães e seus bebês: mães que sofriam de ansiedade e depressão; todas elas conheceram os serviços de saúde mental e já tinham tido terapia individual ou psicoterapia de pais e filho ou terapia paralelamente ao grupo. Algumas dessas mães são claramente perseguidas por seus bebês e sentem que seus bebês estão ali para possuí-las, invadi-las. Um objetivo importante no uso dessa técnica é permitir que elas vejam seus bebês como seres separados, como pessoas pequenas com suas próprias mentes e não como um parceiro estuprador, por exemplo. É aí que está a ligação entre mentalização e *mindfulness*, psicanálise e meditação. Essas mães sentam-se em um lençol no chão, que pedimos que elas tragam, e colocam seus bebês na frente delas. Os primeiros dez a quinze minutos são para um tipo de técnica de relaxamento *mindfulness*, que inclui a exploração corporal para incentivá-las a fazerem contato com diferentes partes do corpo, para perceberem onde estão prendendo a tensão e então direcionar ativamente a respiração

216 CAMINHANDO COM BUDA

para essas áreas de tensão. Depois pedimos que elas focalizem as várias partes do corpo, para se conscientizarem do estresse, começando pela cabeça, a testa, a face etc., até os dedões dos pés. As mãos são muito usadas como objeto de foco: simplesmente para ficar atentas à sensação do ar tocando suas mãos. Concentram-se também na respiração, sem forçar, para perceber como a respiração se torna mais profunda e mais lenta.

**EMILY:** Interessante isso das mãos: já ouvi outras pessoas usando isso no trabalho que fazem com garotas com dificuldades para comer e como esse objeto de foco ajuda a tirar a atenção sobre ser gorda, feia. Foi Ricky Emmanuel que implementou a técnica *mindfulness* e ele fala sobre isso neste livro (Capítulo 14).

**RICHARD:** Bem, usei também esta técnica quando comecei a fazer o *mindfulness*, embora eu não chamasse assim. A criança ou o adolescente é convidado a olhar a sala e perceber coisas, depois olhar para as palmas de suas mãos e fazer o exercício de respiração. A atenção é desviada do ambiente, para eles enquanto seres humanos e não está mais vinculada ao sintoma ou à sua condição. O que torna-se foco é como eles relatam seus sofrimentos, como relatam suas experiências, mais do que o conteúdo em si: o que, como, onde, quando, e como eles contam suas histórias. Diz respeito a como as pessoas sustentam seu lado humano diante de seus traumas e tragédias e sobre as qualidades que desenvolveram e cultivaram por meio de sua relação com o sofrimento. Na verdade, faz uma grande diferença em como eu os vejo e os sinto, e tenho visto mudanças na forma com que relatam as coisas e as enfrentam. Essa consciência e perspectiva mais amplas fazem com que se sintam mais aceitos; eles sentem que as pessoas dizem que eles precisam mudar ou fazer coisas que, na cabeça deles, estão conectadas com coisas que eles não gostam neles mesmos. Sentem-se derrotados, diferentes, sentem-se errados e maus. Existe uma atitude flexível e uma espécie de espaço em tudo isso, que não se percebe quando o foco é se livrar de certas coisas, sintomas, certos aspectos de suas experiências, que tornaram-se inimigos, algo para se livrar. E isso funciona e é útil para as crianças que tornam-se mais funcionais.

**EMILY:** Richard, você certamente tem uma experiência bem ampla e tem consciência em uma escala maior por ter trabalhado com crianças carentes, crianças em zonas de guerra, em extrema pobreza e situações traumáticas em Moçambique, no Iraque, e em outros países turbulentos, e dá para notar como tudo isso expandiu sua capacidade de compreender seus sofrimentos e explorar – como você disse – como eles se relacionam com o sofrimento e o que fazem com essas terríveis experiências. Estou pensando em algo muito diferente, mas ligado a isso, que é a *Adult Attachment Interview* (Main, Kaplan & Cassidy, 1985) que avalia os tipos de apego que os pais têm, não olhando muito para as experiências e traumas que tiveram, e sim para a coerência linguística e narrativa expressa ao recontar tais experiências. Da mesma forma, a sua consideração pelo modo como essas crianças e seus pais de se posicionam frente aos traumas e tragédias: nisso, partilho sua opinião de que o processo de cura reside em tal atitude.

**CLARE:** Voltando ao grupo de *mindfulness* com mãe e bebês deprimidos: quando elas precisam cuidar de seus bebês – que estão, surpreendentemente, contidos e calmos enquanto suas mães fixam-se em seus exercícios de autoconsciência – elas são encorajadas a fazerem isso, é claro, mas de um jeito atencioso. O que muda é a forma como se relacionam com a demanda e a angústia do bebê: o bebê não fica mais invadido pelas projeções e depressão da mãe, e sim liberto por meio do cuidado.

**EMILY:** Ah, isso é fascinante, então o *mindfulness* não é um tipo de estado purificado que ocorre somente quando a pessoa está sentada em perfeitas condições; na verdade, pelo contrário, esse é um estado que a pessoa precisa desenvolver praticamente em qualquer momento do dia. E os bebês estão incluídos nesse *mindfulness* do *self* das próprias mães?

**CLARE:** Sim, depois da primeira parte, eu diria a elas: "Agora, vamos ficar alguns minutos olhando para o seu bebê", e nos últimos minutos eu as convido a pensar como se sentiram naquele dia e depois que se concentrem em seu bebê e imaginem como é para o bebê estar lá. Isso serve para aumentar a capacidade de mentalizar e não ser apenas atenta ao seu próprio estado, mas também ao do seu próprio bebê, observando-o e imaginado o que o bebê pode estar sentindo. Isso talvez seja mais difícil para elas no começo, mas fica mais fácil depois dos exercícios de *mindfulness*.

**EMILY:** Isso me faz lembrar uma mãe e o bebê que era rígido e alerta quando ele estava com ela; ele não conseguia dormir se estivesse sozinho com ela. Ela estava severamente deprimida e tinha tentado se matar mais de uma vez. Na primeira sessão, eu só registrei na minha mente e no meu corpo o terrível choque que ela e seu bebê tinham vivido; na maioria do tempo exercí a função de continência, com uma voz suave, na penumbra do consultório. No final da sessão, o bebê estava relaxado e sonolento, e a mãe estava quase adormecendo. Eu tinha praticado *mindfulness* em minha mente e corpo, silenciosamente, e processei as coisas dentro de mim transmitindo a eles a atmosfera criada por uma mente calma e acolhedora. Eu estava ali com dois seres humanos sofredores – e precisava ajudá-los a saírem daquele sofrimento.

**CLARE:** Você também se influenciou pelas ideias budistas em seu trabalho com mãe e bebês, posso ver!

**EMILY:** Bem, sim, a prática da meditação ampliou e aprofundou minha capacidade de observar, ficar em contato com as experiências corpo-mente da mãe e bebê, e tem ampliado minha contratransferência nesses aspectos emocional e físico. Minhas ferramentas e *insight* enquanto terapeuta também ajudaram o processo de meditação e me ajudaram a reconhecer, nomear, entender e aceitar alguns pensamentos confusos, imagens, sentimentos e consciência que emergiram durante a meditação. A consciência desses estados que permite a passagem e um grande senso de liberdade e espaço, aparecem. Esse processo me ajuda quando confrontada com situações clínicas desconcertantes e monstruosas; ajuda a não prender e sim a ver como transitório e impermanente. A esse respeito, as práticas do budismo e da psicoterapia se unem em forma de reforço mútuo na minha prática clínica.

**CLARE:** Bem, estou pensando em uma história de alguma forma parecida, do bebê Bruce, que tinha dois meses de idade quando foi mandado para a clínica NHS, pelo psiquiatra da mãe. Na primeira sessão que ela teve comigo, ela andava pela sala segurando o bebê Bruce nos braços, sem entusiasmo. Ele estava agitado e a mãe o colocou no sofá a uma certa distância dela, em que ela mesma desabou com olhar cansado e farto. Os olhos do bebê estavam bem abertos e seus membros esticados e rígidos. Ele ficou ali deitado na superfície imóvel do sofá. Estava em estado hipervigilante. Meu coração pulava. Enquanto me contava a sua história, ela arrastou Bruce pelo divã em direção a ela, como se ele fosse um pacote, e olhou para ele com raiva. Bruce ficava mais tenso, olhando alarmado, e eu também. A mãe não queria o terceiro filho; ela já tinha dois adolescentes de um relacionamento ruim. O pai de Bruce era também um homem violento e líder de uma gangue de drogas. Ele não deixou ela fazer o aborto e ela ficou aterrorizada com ele. Para se livrar dele, ela se drogou logo que Bruce nasceu. No final desta primeira sessão, ela tinha se esticado confortavelmente no divã, enquanto Bruce parecia um pouco menos tenso. Durante essa

220 CAMINHANDO COM BUDA

sessão, a ouvi com uma atitude compassiva (*muditta*), envolvendo os dois com meu corpo (minha voz, os sons vocais proferidos, minha expressão facial, postura corporal de inclinação em direção a eles) e com minha mente (uma atitude compassiva, de não julgamento, amor – *metta* e *karuna*). Senti o violento esforço deles, individualmente, ao ouvir a história da mãe e do bebê, porque me identifiquei com ambos com equanimidade (*upekkha*). O corpo do bebê Bruce se assustou e se retesou; meu coração ficou acelerado, fiquei sem fôlego quando a mãe contou sua história. Neste primeiro encontro, ofereci à mãe e ao bebê o que Bion chamou de *rêverie* materna e continência. Não falei muito e sim descrevi os movimentos do corpo do bebê e os sentimentos expressos corporalmente, e também mostrei os sentimentos da mãe. Neste modo continente, já havia ocorrido uma transformação dentro de mim: fiquei com aquele choque físico e psicológico alojado na minha consciência, sem reagir. Ficou comigo aquele choque e o desconhecido daquele primeiro encontro; a intuição dizia que eu deveria falar baixinho, com profundidade e com calma enquanto ouvia o drama da mãe. Ocorreu uma transformação na mãe e no bebê que ressoou no meu estado interior. Como eles se sentiram embalados por mim, tiveram uma nova experiência de serem acolhidos nesse novo encontro terapêutico. A mãe ficou muito surpresa de ver como os dois haviam ficado relaxados, como nunca tinha acontecido quando os dois estavam juntos, e ela atribuiu à atmosfera da sala e à minha voz suave e calma. O trabalho continuou por anos, até Bruce se ajustar completamente na vida, assim como sua mãe.

**RICHARD:** Ah, o que você descreve tão claramente aqui, são os quatro estados sublimes ou moradas divinas do amor universal, compaixão, alegria empática e equanimidade, e eu também acho isso útil no meu trabalho, que, como você sabe, não é bem psicanalítico, mas tem sido considerado pelas minhas atitudes e no meu relacionamento com o sofrimento dos meus pacientes. Penso que *anicca*, impermanência, é uma ferramenta muito útil: acredito profundamente dentro de mim que tudo é impermanente: o meu corpo, assim como os pensamentos, sentimentos e tudo que nos rodeia, incluindo a lua e o sol, e então meu apego diminui. Meu apego à ideia de ajudar ou conseguir mudar as crianças e as famílias diminui.

**EMILY:** Mas você não acha que isso poderia se tornar um tipo de desistência depressiva diante da impotência e da dor insuportável?

**RICHARD:** Não, não é o que quero dizer com me soltar; imagino que exista um delicado equilíbrio entre se permitir deprimir, tornar-se indefeso, se deixar levar, por um lado, e, por outro, aceitar as coisas como elas são, a realidade do limite e da impermanência, que, conforme você disse antes, leva a uma profunda sensação de liberdade e de abertura.

**CLARE:** Ok, falando em impermanência do *self*, eu reluto com a ideia de não-*self versus* a necessidade de ajudar crianças a desenvolverem o sentido delas mesmas. Em uma conversa recentemente, com um monge budista, em um mosteiro budista, eu realmente entendi que não existe contradição. Ele disse que também no budismo, toma-se muito cuidado com o *self* e com o corpo: um objetivo é alcançar a felicidade em si. Isso é feito não negando o *self*, mas descartando a ideia de *self*: "Minha desgraça, minha depressão, minha alegria, meu entusiasmo". É deixar esse estado de espírito para alcançar uma forma mais universal, entendendo que é parte da natureza humana e não especificamente meu, mas é assim que as coisas são nesse momento. Se alguém desenvolve uma capacidade para observar como esses estados surgem, existem e se extinguem, então eles acabam. O pequeno *self* do indivíduo se dilui. A consciência vai além do pequeno *self*, alcançando um

222 CAMINHANDO COM BUDA

espaço e liberdade infinitos com o desapego e não adesividade. Sua experiência é essa?

**CLARE:** Sim, penso que na psicoterapia lidamos com o que o budismo chamaria de *self* convencional. A ideia de *anatta* é uma posição ontológica, que se há meditação então tenta-se encontrar o objeto de negação e quando o objeto de negação é identificado então percebe-se o vazio do *self*.

**EMILY:** O que você quer dizer com objeto de negação? Não estou familiarizada com este termo.

**CLARE:** É o *self* que construímos, é a ideia de: eu sou eu; eu estou fazendo isso, eu estou sentindo que, e assim por diante, imagine essas ações e veja como aparece o sentido do "eu" com o qual nos identificamos tão fortemente, e, uma vez que isso é identificado, torna-se o objeto de negação e dá para entender que não existe *self* permanente, inato. É chamado de objeto de negação e – talvez esta frase seja do budismo tibetano – o objeto de negação é aquele do qual falamos muito.

**EMILY:** Então, isso desmente a existência de um *self* que seja permanente, de forma independente e autônoma, afirmando que existe um *self* que é temporário e que se modifica o tempo todo?

**CLARE:** Não, não chega nem a ser um *self*: no budismo existe um *self* convencional, um constructo a que imputamos nessa ideia, com o qual eu costumava lutar muito: se a terapia serve para que se fale sobre o *self*, que é algo que não existe... então a definição está muito confusa. Estamos lidando com aquele constructo na psicanálise; as pessoas precisam ter um sentido coerente sobre quem elas são. O budismo também acredita nisso, mas vai além, conforme disse o monge budista. Não acho útil começar a pensar que o *self* não existe. De acordo com o ponto de vista budista ele existe, mas de um jeito diferente do que a maioria das pessoas pensa. Ele existe como um fenômeno baseado nas causas e condições. Então o sentido de *self* existe mas, se começarmos a procurar não tem definição: não existe *self* permanente, que se possa encontrar, independente da estrutura mental.

**EMILY:** Concordo com isso e acho que o ensinamento budismo derruba essa ideia confusa de não-*self* ao olhar do que o *self* é feito. Rahula (1959) fala sobre isso de forma clara quando resume esse conceito: o eu ou o *self* é somente uma combinação de forças ou energias físicas e mentais em constante mudança, que são divididas em cinco grupos ou conjuntos que abrangem tudo o que diz respeito à pessoa. O primeiro agregado é a matéria, que inclui solidez, fluidez, calor e movimento. O segundo agregado são as sensações que englobam os seis sentidos, sendo a mente o sexto sentido, ou seja, o órgão que percebe as sensações. Os outros agregados são percepções, formações mentais (ações volitivas: determinação, vontade, ignorância, sentimentos etc.) e consciência dos objetos físico e mental. Não é mesmo um constructo incrível da pessoa, se pensarmos que Buda o formulou há 2.500 anos, bem antes da era científica e seu conhecimento do corpo e mente humanos?

**RICHARD:** Você havia falado da observação do fenômeno e da realização de suas impermanências.

**CLARE:** Na verdade, estou seguindo o pensamento de Thich Nhat Hanh (1987, p. 32). Ele relata Buda dizendo que "para se compreender é preciso estar em união com aquilo que se quer compreender". Thich Nhat Hanh escreve também que os médicos modernos "acham que a palavra 'observador' não é mais uma palavra válida, porque um observador está distante do objeto que ele observa. Descobriram que se for mantido esse tipo de diferença, não é possível ir muito longe na ciência nuclear subatômica. Então

## 224 CAMINHANDO COM BUDA

propuseram a palavra participante" (idem, p. 38). Aparentemente observar não é suficiente para compreender a natureza do fenômeno; é preciso tornar-se aquele objeto, aquele sentimento, aquela situação difícil, para que sejamos capazes de compreender totalmente. Thich Nhat Hanh disse que para se compreender a raiva, o impulso de matar, a alegria, a paz, e assim por diante, é preciso sentir raiva, impulso de matar, alegria, paz, e assim por diante.

**EMILY:** Acho isso extremamente interessante e ligado ao conceito de identificação projetiva na linguagem psicanalítica. Ser capaz de se tornar temporariamente aquilo que o paciente projeta no terapeuta – e antes que o terapeuta saia desse estado – o terapeuta precisa sintonizar com tal estado da mente projetado, tal experiência etc. Nesse estado de unicidade, "ser um com" e união com o paciente, o terapeuta percebe a realidade última do paciente, ou "O" como Bion definiu esse estado (Bion, 1959). Voltando ao Thich Nhat Hanh, o que impressiona sobre seu ensinamento é que ele esteve totalmente imerso na vida real e política desde que foi extraditado do Vietnã por causa da sua campanha antiguerra. Viveu no exílio desde então e, como monge, envolveu-se tanto no ensinamento para crianças e adolescentes dos valores humanos que abrangem religião, política e filosofia, como também foi ativista político.

**RICHARD:** O que ele diz me faz lembrar os neurônios-espelho – embora a linguagem seja diferente. Os neurônios-espelho disparam quando olhamos a dor de outra pessoa; eles permanecem ativos em quem olha e possibilita a empatia com a pessoa que sente dor. Essa é a base para toda a empatia, mas não é interessante como diferentes correntes de ideias podem se integrar?

**EMILY:** Ah, sim, de fato; agora veja o farol brilhando no horizonte; estamos chegando perto do final da nossa caminhada, e gostaria de compartilhar com vocês, rapidamente, algo que comecei a praticar com alguns pacientes meus. É um exercício de respiração que foca o fluxo da respiração entrando e saindo pelas narinas, sentindo o frescor e o calor, respectivamente. Já há algum tempo, uma mãe deprimida tentou e isso a ajudou a conter seus estados de pânico; parece que também está funcionando para uma garota de doze anos, espectro autista, que me surpreendeu uma vez, quando se lembrou do exercício e decidiu praticá-lo na sessão num momento em que a estava perturbando, foi o que ela disse! Eu realmente quero aprender mais sobre *mindfulness* com crianças no consultório e experimentar de forma mais sistemática; aviso vocês sobre isso quando nos encontrarmos para uma próxima caminhada e discussão dessas questões tão fundamentais.

## Referências

Bion. W. R. (1959). *Attention and Interpretation*. London: Tavistock.

Main, M., Kaplan, N., & Cassidy, J. (1985). Security in infancy, childhood and adulthood: a move to the level of representation. In I. Bretherton & I. Waters (Eds.), *Growing Points of Attachment Theory and Research*, Monograph 50, Society for Research in Child Development, pp. 66-104.

Rahula, W. (1959). *The Five Aggregates: What the Buddha Taught*. London, Bedford: Gordon Fraser.

Tagore, R. (1910). *Gitanjali*. [Publicado em 2007 por Filiquarian LLC.]

Thich Nhat Hanh (1987). *Feelings and Perception: Being Peace*. London, Sydney: Rider.

# 12. O presunçoso Buda

*Diálogo com Caroline Helm, cujo nome tibetano é Gankyil Shenpen,*
*que é traduzido como Espiral de Alegria para o Bem dos Outros*

**MP:** Minha ideia dessa conversa, Caroline, é explorarmos juntas algumas questões que prezo muito e que tenho me esforçado em integrar. Antes de tudo, gostaria que você me dissesse como você se interessou pelo budismo e pela psicoterapia psicanalítica; ou começamos pelo budismo primeiro e depois vamos para a psicoterapia ou vice-versa; você veio de família com tradição em meditação ou outras formas de espiritualidade?

**CH:** Frequentava uma Igreja da Inglaterra e fui educada em uma escola anglo-católica. Eu era uma garota muito devotada: costumava ir à capela, confessar, mas fiquei desencantada com o que talvez pudesse chamar de fé cristã, no final da minha adolescência, quando estava muito infeliz.

**MP:** A rebeldia saudável da adolescência?

228  O PRESUNÇOSO BUDA

**CH:** Exatamente. Eu me lembro que rezava como louca e me lembro que não estava acontecendo nada mesmo. Ali não havia ninguém e, se houvesse alguém, não fazia com que eu me sentisse melhor, egocentricidade típica da adolescência. Então, parei de ir à igreja e parei de praticar o cristianismo. Meu interesse pelo budismo veio bem depois. Durante anos continuei interessada em coisas espirituais e li os trabalhos de Thomas Merton, que se tornou muito interessado na espiritualidade oriental, especialmente no zen budismo. Outra influência que tive, sem dúvida, foi que minha analista tinha uma escultura da cabeça de Buda muito bonita em seu consultório. Eu costumava me aborrecer com aquilo, porque era tão serena enquanto eu estava muito longe de me sentir serena, mas o fato dela ter um Buda tornou-se importante para mim.

**MP:** É fascinante como o budismo originou-se no divã analítico, quase como se esses seus dois interesses tivessem nascido juntos!

**CH:** Bem, com respeito à minha escolha profissional – fiz muitos anos de análise (na verdade em um outro consultório onde não tinha o Buda!) antes de tomar a decisão de me tornar uma psicoterapeuta infantil. Quando decidi que eu queria me formar, precisei ir atrás de um diploma e foi o que eu fiz, com duas crianças pequenas em casa, na Open University e, assim que consegui o diploma e fui aceita para treinamento, voltei à minha analista para fazer análise durante minha formação. Naquela época ela mudou e adquiriu o Buda! Foi no final dessa segunda análise que eu percebi que queria começar a meditar.

**MP:** É interessante este processo de identificação para todos nós seres humanos, mas também para nós enquanto pacientes. Aquilo com que nos identificamos, não é apenas o que nosso analista diz ou faz, mas também algo como a estátua de Buda no consultório ou uma pintura japonesa, como aconteceu comigo. Algumas vezes absorvemos certas coisas simplesmente por estarmos lá, deitadas no divã analítico!

**CH:** Sim, aquela adorável cabeça do Buda serena enquanto eu estava longe de me sentir serena. Então decidi que definitivamente iria aprender a meditar e, naquela época, puseram um folheto na porta da minha casa, sobre um curso de meditação de verão no instituto de educação perto de casa, que ficava literalmente no final da rua, a poucos minutos de distância. Esse é um exemplo de coincidência auspiciosa. Eu me inscrevi no curso que seria dado por um homem que era membro do grupo tibetano budista em Londres. Quando as seis semanas acabaram, eu disse: "o que faço agora?" e ele disse "bem, você precisa vir ao centro para praticar". E tenho ido lá desde então.

**MP:** Que história adorável!

**CH:** Como eu disse, li Thomas Merton, o Cristão, que era monge na tradição contemplativa cisterciense e que morreu enquanto viajava pela Ásia, ele foi encontrado morto em seu quarto de hotel. Nesta viagem ele conheceu um homem que fundou o Cento tibetano budista, que é onde eu vou em Londres.

**MP:** Como é o nome deste fundador?

**CH:** É Chogyam Trungpa Rinpoche. Era uma pessoa incrível que escreveu muitos livros, em inglês. Ele saiu do Tibete e ao mesmo tempo que Dalai Lama, ainda um jovem homem e líder de seu mosteiro. Veio à Inglaterra e se diplomou em Oxford e então foi aos Estados Unidos, mas sempre teve um profundo respeito pela Inglaterra. Então desistiu de ser monge, casou-se com uma garota inglesa, o que pode ser feito na tradição tibetana, e viveu uma vida

230 O PRESUNÇOSO BUDA

ocidentalizada durante um tempo, porque ele realmente queria entender a mente e o comportamento ocidentais e como funcionava a nossa sociedade, para entender como poderia ensinar o budismo para nós do ocidente.

**MP:** De que maneira em particular?

**CH:** Ele insistia em dar os ensinamentos em inglês, então quando se chega no nosso centro em Capham, fazemos nossos cânticos tradicionais tibetanos em momentos diferentes do dia e diferentes momentos do ano, e todos são traduzidos para o inglês. Quando ele começou a ensinar no ocidente era época dos *hippies*, mas ele sabia claramente que não queria seus estudantes "mergulhando" do exotismo do budismo tibetano. O primeiro livro que ele escreveu foi *Cutting Through Spiritual Materialism*.

**MP:** Então ele entendeu como a mente da sociedade ocidental é apegada!

**CH:** Realmente. Eu o encontrei rapidamente um ano antes de morrer. Devido a um sério acidente ele ficou parcialmente paralisado de um lado; mas era um professor maravilhoso, um homem muito poderoso e viveu por muitos anos depois do acidente.

**MP:** Como sua família viu sua mudança para o budismo?

**CH:** Eles infelizmente não estavam mais vivos, mas lembro-me do meu pai, que era fascinado pelo mundo natural e muito culto, dizendo para mim pouco antes dele morrer, "Acho que esses budistas têm algo...". Ele tinha removido um ninho de vespa no jardim e ficou encantado com a complexidade do ninho e descobriu que não queria destruí-lo. Poderíamos ter tido boas conversas se ele não tivesse morrido antes de eu me tornar budista.

**MP:** E sobre a sua formação?

**CH:** Formar-me como psicoterapeuta infantil foi para mim realmente um desafio. Comecei a estudar na Lowenfeld School que foi fechada quando estava no meio do curso. E aquilo foi terrível: não era reconhecido pelo ACP para que legitimassem o curso de psicoterapia infantil, por muitas razões. Então conseguimos um treinamento, criado por nós, cinco estudantes da Lowenfeld pelo ACP, com aulas de todas as escolas teóricas: um treinamento muito eclético. E foi assim que conseguimos terminar nossa formação. Foi uma época difícil para mim, eu estava separada do meu marido, era mãe solteira e uma das minhas crianças havia morrido de fibrose cística.

**MP:** Foi a experiência da morte que a levou ao budismo?

**CH:** Não conscientemente. A partir das leituras sobre o budismo comecei a achar os ensinamentos muito convincentes e atrativos e me lembro de ter pensado: "Finalmente, alguém concorda comigo". Agora não me conformo com a arrogância desse pensamento que o ensinamento budista concordava comigo! Para mim era como voltar para casa e descobrir o meu lugar.

**MP:** Aquilo também poderia ser um sinal da vida passada: aqui está você encontrando o seu outro *self* novamente, ou algo do gênero?

**CH:** Com certeza.

**MP:** Como você integrou o budismo em seu trabalho como psicoterapeuta infantil? Você usou as técnicas com as crianças? Mantém as duas práticas separadas, ou não?

**CH:** Meu primeiro trabalho foi no que se chama Child Guidance Unit em Brixton, e lá não tinha nada específico a respeito do meu interesse no budismo, que eu traria para a minha prática.

232  O PRESUNÇOSO BUDA

**MP:** Você acha que isso afetou o seu trabalho, então?

**CH:** Sim, na qualidade da atenção.

**MP:** Nina Coltart escreveu sobre isso (Coltart, 1992).

**CH:** Sim, concordei com ela assim que li aquele estudo. A forma da meditação que eu pratico e ensino – sou instrutora oficial de meditação em nossa tradição – chama-se meditação *Shamatha*, que é traduzido do sânscrito como "paz durável". Tem muito a ver com estar no presente, no lugar certo, voltando e voltando quando a mente se afasta, trazendo para o momento presente. É uma prática que vagarosamente suaviza a turbulência da mente e desenvolve a habilidade de estar presente no momento particularmente atento. Foi isso que eu trouxe para o meu trabalho. Tem uma outra prática na nossa tradição – a tradição budista *Shambhala* – que se chama *Tonglen*. Pema Chödrön escreveu sobre isso em diversos livros seus (Chödrön, 1968). *Tonglen* é chamado também de "Dar e Receber". É uma prática em que se coloca para dentro a negatividade, ao inspirar, e expira-se toda a bondade que se tem dentro ao focar na pessoa ou na situação que necessite disso.

**MP:** Mas isso implica em uma condição filosófica ou existencial muito forte, ou seja, que você tenha bondade internamente e possa expirá-la ao mundo, enquanto inspira a negatividade, não é?

**CH:** Concordo com o seu comentário sobre a forte condição de termos bondade dentro de nós e a base dos ensinamentos *Shambhala* é a existência da Bondade Básica em todos nós. Raramente, mas algumas vezes, na sessão com criança eu me pego fazendo *Tonglen* quase que automaticamente, inconscientemente. Foi bem mais tarde em minha carreira, quando estava trabalhando com crianças e suas famílias em uma unidade de queimaduras agudas, que usei *Tonglen* conscientemente (mas não formalmente).

**MP:** Você está descrevendo os processos de contenção e transformação das projeções dos pacientes dentro de você e por isso maior facilidade para oferecer algo de volta, que tenha perdido a qualidade de malignidade, e que adquiriu realmente qualidade de vida. Isso está próximo ao pensamento de Bion (1961).

**CH:** Sim, e eu tenho visto mais claramente em minhas últimas práticas no hospital, que minha principal tarefa era conter a dor e angústia parentais e minha prática budista foi muito útil para isso: ajudou-me a ficar próxima a eles. No hospital, onde as pessoas estão o tempo todo atuando, porque elas precisam, eu me sento lá com os pacientes sem tentar fazer qualquer coisa melhor, e minha prática de meditação ajuda muito.

**MP:** Presumivelmente essa é também a função dos nossos psicoterapeutas e supervisores, isto é, suportar o insuportável e somente isso já ajuda, não é?

**CH:** Sim, com certeza.

**MP:** Você já ensinou seus pequenos pacientes a técnica de Tonglen ou outras técnicas como essas de respiração?

**CH:** Não, *Tonglen* é ensinado no contexto do retiro, onde há continência, apoio e encontros regulares com o instrutor de medicação, porque é uma prática muito forte e pode ser bem desconcertante. Não é algo que se ensinaria a uma criança. Atualmente ensinamos meditação para crianças na nossa tradição e há muitas crianças na comunidade, que têm sido criadas meditando e focalizando na respiração de seu corpo. Mas não fiz isso no meu trabalho clínico.

**MP:** Não é muito comum encontrar psicoterapeutas que usam práticas budistas aplicadas diretamente às crianças e seus pais.

234 O PRESUNÇOSO BUDA

Geralmente é uma atitude mental que se leva ao trabalho. Embora, já disse isso, a prática do *mindfulness* tem sido usada no trabalho com crianças e adolescentes, como vemos em alguns diálogos neste livro. Agora, pensando na questão do ego, como você concilia a noção de ajudar seu paciente a desenvolver o ego *versus* a ideia budista de abandono do ego?

**CH:** É uma boa questão, e é o que tenho perguntado aos professores de meditação! Eu me lembro de ter levantado a mão e dito algo do tipo: "Meu trabalho como psicoterapeuta infantil é na verdade fortalecer o ego na criança, mas no budismo não se vê o ego como algo que precisa ser estimulado, não é?", mas a pergunta não foi realmente respondida, e acho que ele não entendeu que eu estava falando em termos do desenvolvimento infantil. Então, eu tive que trabalhar por mim mesma. Penso que a situação é a seguinte, como praticante budista, um dos trabalhos é a dissolução ou desmantelamento lento do ego, na compreensão budista da palavra "ego". Um ego saudável e atuante é bom do ponto de vista psicanalítico, e um ego forte não é bom do ponto de vista budista. A forma com que os budistas usam a palavra "ego" é comparável, eu acho, com o que os psicoterapeutas chamariam de defesas neuróticas, muitos sintomas neuróticos. Então, na prática budista, trata-se de dissolver lentamente um *self* falsamente concebido, penso.

**MP:** Quem sabe um *self* narcisista, como alguém descreveria?

**CH:** Sim, acreditamos que nossos problemas neuróticos localizam-se no *self*. Dá para fazer um estudo olhando para dentro de seu corpo e procurar o seu *self* e onde o *self* está. Realmente dá para procurar o ego em seu corpo.

**MP:** Onde você o encontrou?

**CH:** Lá não, encontram-se muitos órgãos; é uma compreensão profunda e gradual o fato de que, em certo sentido, eu não existo, e esse é um estado que dá para alcançar pela meditação.

**MP:** Os dois conceitos então são diferentes para os budistas e os psicólogos, não são?

**CH:** Exatamente! Na verdade, acho que para embarcar em uma jornada budista e ir descobrindo lentamente que nosso pensamento e a experiência de nós mesmos, como um *self* sólido e contínuo, talvez sejam equivocados, é preciso ter um ego forte e sólido no sentido psicológico. Caso contrário, poderia ocorrer um surto psicótico.

**MP:** Com certeza. É interessante que você usa a frase desmantelamento do ego, que foi usada por Meltzer para descrever autismo e psicose (Meltzer, 1975). Você usou o termo no sentido de descascar as camadas do nosso falso *self*, de nossos preconceitos, projeções e assim por diante, para chegar à natureza de nosso verdadeiro *self*, seja lá o que ele for, não foi?

**CH:** Sim, vendo através de todo o refugo que compõe a nossa ideia de nós mesmos.

**MP:** Você conhece a experiência que fizeram nas prisões indianas, com criminosos insensíveis com história de abuso, negligência e profundamente perturbados mentalmente, de forma geral? Uma esclarecida diretora da prisão ofereceu a eles a meditação *Vipassana*, um treinamento que levou dez dias. Muitos condenados conseguiram se conscientizar do que tinham feito, se arrependeram, sentiram remorso e tristeza pela dor e danos causados. Foi uma profunda mudança, de um estado mental de perseguição para um estado mental mais pensativo e reparador, usando a terminologia psicanalítica. Os efeitos e resultados alcançados foram além das expectativas. Tudo isso está documentado em um vídeo chamado *Doing Time, Doing Vipassana*. Fizeram esse experimento em prisões de outros países pelo mundo e, com um sucesso surpreendente, mesmo no ocidente, países materialistas. Suponho que minhas associações com o que você disse, referem-se a esse processo de remover as camadas do ego perturbado e neurótico para alcançar um ego mais genuíno e integrado.

**CH:** Como eu disse antes, existe um ensinamento muito importante no budismo *Shambhala* que é a Bondade Básica; na terminologia budista mais tradicional, a natureza de Buda em todos nós. Então o que temos visto como trabalho de meditação, tem a ver com a dissolução das nuvens que obscurecem o sol da nossa bondade inata, que fica lá como base absoluta, sem relação com qualquer outra coisa.

**MP:** Onde você localizaria a bondade, talvez no ego saudável?

**CH:** É muito difícil dizer; porque é uma experiência que vai além dos conceitos, é impossível encontrar palavras. É completamente básico. É cristão também, não é? Precisa-se acreditar nisso, se for um trabalho com prisioneiros, com pessoas muito perturbadas, com crianças etc., é essencial. Por exemplo, há alguns anos houve um caso de justiça – o assassinato de uma criança por outras crianças. Eu li um relato na imprensa, que descrevia o que aconteceu, quando o advogado de defesa de uma das crianças contava os detalhes no tribunal a respeito da vida familiar da criança. A criança começou a chorar. Isso, para mim, mostrou que no interior dessa criança desesperadamente doente, insensível, ainda existia um núcleo maleável que, sabemos bem, poderia ser acessado, tocado e trabalhado com, por exemplo, na terapia infantil.

**MP:** Sim, esse núcleo maleável é o que procuramos em nosso trabalho. Agora, seguindo para a próxima questão, ainda ligada ao ego e ao seu abandono, como você conceitualiza as diferentes versões da ideia de apego e a necessidade da criança estar bem apegada, com a ideia do desapego no budismo?

**CH:** Nossa, essa é uma boa pergunta, e não pensei muito sobre isso! Sim, o apego é essencial para se tornar uma pessoa, pelo ponto de vista psicológico. As crianças, que são reconhecidas como as reencarnações de *Lamas* encarnados, como Dalai Lama quando muito jovem, geralmente são levadas ao mosteiro com suas mães pelo menos no primeiro momento, antes delas serem gradualmente separadas. Seus pais são levados para morar perto do mosteiro, assim o relacionamento com eles não é rompido. Então esse apego é reconhecido como importante. A imagem da mãe é muito importante em determinadas práticas, onde se pede para incitar os sentimentos de amor em direção a qualquer pessoa no mundo que seja similar àquele que se tem por sua mãe.

**MP:** Isso não é a meditação *Metta* ou meditação Bondade Amorosa?

**CH:** Penso que sim. Os tibetanos não têm a ambivalência que nós do ocidente parecemos ter em relação às mães: simplesmente, total gratidão, honra e devoção. Eles não entendem como podemos ter dificuldades com nossos pais! Sim, então é preciso se apegar antes de desapegar, mais uma vez, como o ego.

**MP:** Como se aplica isso em seu trabalho com crianças?

**CH:** Penso que os ensinamentos de desapego são para os adultos. Há graus de apego para os adultos. Somos levados a desistir de determinado tipo de carência, de "grude" eu penso.

238  O PRESUNÇOSO BUDA

**MP:** Mas também podemos aplicar isso às crianças: a questão de dividir a mãe ou o terapeuta, por exemplo, e os sentimentos provocados pelos irmãos na terapia, não apenas em casa, quem sabe? Isso estaria ligado ao desapego quando pensamos em terapia com crianças? Ajudando-as a tolerar a existência de outra criança ou do pai ou de seja lá quem tire da criança a atenção total de sua mãe?

**CH:** Sim, eu acho. Não estão em conflito.

**MP:** Como você estabelece o conceito de estado de ausência de mente em seu trabalho com crianças?

**CH:** É muito difícil pensar e falar sobre estado de ausência de mente e existem graus: o vazio absoluto e o vazio relativo. É a iniciação de se ver através da ilusão de solidez e o efeito que isso provoca é de mais iluminação. Muita coisa que se costumava achar importante, não é mais. Para mim, esse é o início do estado de ausência de mente. Mas é um tópico imenso, impossível justificar no aqui e agora. O Sutra Coração descreve a essência disso.

**MP:** Isso não está ligado ao desapego e também ao enfrentamento da morte, a morte das nossas pessoas queridas e finalmente da nossa própria morte?

**CH:** As coisas que preocupam durante toda a vida da pessoa, param gradualmente de ser importantes e, na verdade, acabam ficando até engraçadas e isso é um tipo de iluminação. Conciliação com a forma como as coisas são.

**MP:** A sabedoria da vida. Em um nível mais pessoal: você já teve alguma experiência transformadora em particular ligada com sua prática budista?

**CH:** Bem, não exatamente, apenas uma experiência comum quando tenho momentos de estar totalmente presente, ali, mente e corpo completamente sincronizados. Essa experiência eu tenho praticando sempre. Durante um tempo eu pensava que todo mundo tinha experiências incríveis e eu não; mas o que que há comigo, deve ter algo muito errado comigo. Bem, não sinto mais isso.

**MP:** Com essas palavras de aceitação e desapego podemos encerrar com muitos agradecimentos, Caroline, por ter compartilhado sua experiência comigo e com os leitores.

## Referências

Bion, W. R. (1962). *Learning from Experience*. London: Tavistock.

Chödrön, P. (1968). *When Things Fall Apart*. London: Elements.

Coltart, N. (1992). *Slouching Towards Bethlehem*. New York: Guilford.

Meltzer, D., Bremner, J., Hoxter, S., Weddell, D., & Wittenberg, I. (1975). *Explorations in Autism*. Perth: Clunie Press.

Rinpoche, C. T. (1973). *Cutting Through Spiritual Materialism*. Boston: Shambhala Publications.

# 13. O que funciona para quem?

*Diálogo com Myra Berg*

*Nunca se afaste... Volte-se, como se sua experiência fosse tudo que você tem.*

**MP:** Estou muito agradecida por você ter concordado com o nosso encontro, uma vez que a outra gravação ficou com muitas falhas e impraticável. Talvez possamos começar novamente dizendo como você foi para o budismo, se você vem de família budista ou de outras religiões.

**MB:** Não tenho antecedentes religiosos e certamente não budistas. Penso que meu primeiro contato foi quando era adolescente; na verdade foi o próprio Buda, o ícone de Buda, sua calma, sabedoria e muitas associações que eu tinha com isso, então foi algo que me despertou, mas que não tinha dado prosseguimento. Então, quando eu fiquei mais velha fui a alguns países budistas e conheci os templos budistas.

242 O QUE FUNCIONA PARA QUEM?

**MP:** Em quais países você esteve?

**MB:** Ladakh ou Pequeno Tibete e Vietnã. Eu fazia artes marciais também e aquilo tinha algumas conotações zen, uma parte de meditação e um modo oriental de pensar; então, pouco a pouco, quando terminei a análise após minha formação como psicoterapeuta eu quis fazer algo no lugar, que me desse um certo espaço e que me fornecesse alguma instrução; então aconteceu de eu me deparar com um grupo de meditação budista, que ficava muito perto de onde eu moro e numa noite que estaria disponível. Então comecei a ir lá e fiz alguns amigos, que estão envolvidos com o budismo, frequentei o centro budista, com eles, e gostei do ambiente e das ideias, foi assim.

**MP:** Uma bela introdução, gradual como você disse, e que cresceu de dentro, lentamente. Quando nos falamos da última vez, você mencionou o Rugido do Leão, os Nove Portões, e sua abordagem; pode me dizer um pouco mais sobre isso?

**MB:** Sim, é um pequeno grupo budista chamado Longchen, é uma forma de budismo tibetano, que começou quando um *Lama* do Tibete chamado Trungpa Rinpoche veio para a Universidade de Oxford, escapando do Tibete e organizando um grupo de meditação com diversos seguidores. Ele já morreu, mas um de seus alunos foi designado por Trungpa para ser o líder do grupo de meditação da Grã-Bretanha e esse rapaz mora em Oxford e organizou diversos grupos; então as pessoas que nos ensinam são alunos dele e é bem hierárquico. Ele tem um grupo de estudos e o primeiro curso chama-se "O Rugido do Leão", que trata da essência da natureza de Buda, como o leão que ao rugir encontra como expressar-se. É uma iniciação em despertar o coração como a coragem do leão de desabafar, então é sobre a receptividade, e a visão de Longchen é sobre receptividade, compaixão e sabedoria. É um curso de três anos, que acabei de completar, e fazendo esse curso a pessoa vai para o próximo estágio que se chama "Visão compassiva infinita, o coração desperto". Para fazer isso, é preciso se refugiar nas Três Joias e eu ainda não fiz isso porque não me sinto pronta para o refúgio; sinto que não posso fazer isso no momento, então estou repetindo o terceiro ano; sei que tenho ainda muito a aprender.

**MP:** Leva tempo para digerir e assimilar esses ensinamentos, como acontece na nossa formação e análise, eles requerem crescimento interno ou jornada espiritual, não são cursos teóricos e não dependem só de leituras, é um processo que leva tempo.

**MB:** Isso mesmo, e não me sinto fazendo isso neste momento.

**MP:** Você tem uma forma nova de trabalhar com seus pacientes de psicoterapia, e me pergunto se você usa de alguma maneira a experiência meditativa em suas sessões com crianças.

**MB:** Bem, penso que muito disso é similar à análise no sentido de suportar coisas que são difíceis e ir mais devagar e não ter que fazer, então nesse sentido não seria nada diferente do que qualquer psicoterapeuta faz, mas eu adicionaria algumas coisas: não há tempo e nem lugar, e acho que isso não seria normal para qualquer psicoterapeuta psicanalítico, em que tempo e espaço são limites muito importantes. Então, dentro dos limites terapêuticos, que poderiam ser os normais, eu trabalharia diferente, especialmente porque vejo muitas crianças com traumas e traumas não têm o conceito de tempo e espaço. No "Rugido do Leão", existem Nove Portais: cada portal leva ao mesmo lugar, mas por diferentes acessos. O pensamento conceitual desmorona nos portais, então o tempo seria um conceito que desmoronaria: não existem coisas como tempo, nada de passado, presente ou futuro.

## 244 O QUE FUNCIONA PARA QUEM?

**MP:** Você está falando sobre a natureza do inconsciente, em que o tempo não existe, é isso?

**MB:** Sim, tenho ficado muito mais em contato com isso e tenho muitas maneiras de pensar sobre isso, coisa que eu não tinha com minha formação de terapeuta tradicional e análise. Então com meus pacientes, existe um jeito de pensar sobre o não tempo e ser guiada pelo não conhecimento e um sentido de que as coisas não são fixas ou determinadas ou estruturadas.

**MP:** Você consegue pensar em uma vinheta em que isso se manifeste em alguma sessão com criança? Como esta ideia de não tempo e não espaço se aplica em suas sessões com crianças, por exemplo?

**MB:** Procuro trabalhar intuitivamente e com o que aparece, não planejo nada. Eu poderia dizer alguma coisa ou dar uma ideia que não resultasse da transferência ou contratransferência, nem de uma emoção ou reação corporal e sim de um processo de pensamento. Outra coisa sobre os Portais é que os pensamentos não existem no tempo, eles vêm e vão; então procuro situações que a criança possa trazer um conflito, por exemplo, e eu diria que todas as coisas passam. Considerando que eu saiba intelectualmente antes, posso experienciar e pedir que elas façam alguma coisa, como parar por alguns minutos, como se estivessem meditando realmente, e pensar no que elas estariam conversando e o que sentiram no corpo, buscando um preenchimento com esse conteúdo.

**MP:** Então você faz com que elas sintam e pensem sobre o corpo delas.

**MB:** Sim, bem, sempre fiz isso e sempre me interessei pela sensação corpórea e sempre achei que não existe separação entre corpo e mente. Vejo uma criança sentada e percebo seus sentimentos e observo o que acontece com o seu corpo e pensamentos sem necessariamente ter que falar ou agir. E preciso ver os pais. Isso é bem parecido com o que chamamos de observação psicanalítica.

**MP:** É muito interessante.

**MB:** Algumas crianças não conseguem fazer isso e é muito interessante quando não conseguem e interrompem, mas quando conseguem, mesmo que por dois ou três minutos, elas percebem que aquela sensação em particular mudou, não é a mesma. Tudo é fluido e quando elas têm sentimentos fortes que não conseguem administrar, sentem que tudo está fixo, imóvel. Isso as ajuda a serem mais realistas e também a se separarem dos sentimentos, relaxar. Os sentimentos, sensações vêm e vão e voltam e vão.

**MP:** Com que idade se consegue fazer isso?

**MB:** Qualquer idade depois dos oito ou nove anos, não somente adolescentes. Mas se houver uma criança de seis anos dá para fazer, porque é experimental, então qualquer pessoa que entenda a língua, pode fazer. Encaixaria em qualquer jogo ou fala que a criança estiver fazendo na sessão. Tenho visto jogos repetitivos de diferentes maneiras porque como não há passado, presente ou futuro e nada é sempre o mesmo, mesmo que a pessoa faça a mesma coisa, digamos três vezes, é diferente e se move, tem fluidez. Posso pensar: "Bem, esse jogo parece igual, mas será igual mesmo?" e "quais as diferenças que podem haver lá?".

**MP:** Esse é um pensamento bem psicanalítico, porque apesar da aparente uniformidade e repetitividade da ação ou do jogo mais tedioso, sempre tem alguma coisa minimamente diferente e nova, seja no modo de ser da criança, em suas projeções ou na mente do terapeuta.

**MB:** Bem, se for repetitivo e como o –K (Bion, 1962), antipensamento, a contratransferência do terapeuta seria o desejo de dormir de tédio, e tentaria mobilizar a criança a sair daquilo e ir para outra coisa, o que algumas vezes também faço.

**MP:** Especialmente com crianças com autismo ou no espectro; mas o que você diria para a criança quando isso ocorre?

**MB:** Eu diria: "Isso parece tedioso para se fazer várias vezes; eu gostaria de saber se é útil para você, se eu deixar você fazer de novo e de novo, é útil"?.

**MP:** E a resposta da criança?

**MB:** Algumas vezes se afastam e mudam e algumas vezes elas me ignoram completamente e continuam do mesmo jeito. Bem, posso comentar o que sinto ao ser ignorada. Geralmente as crianças do espectro não mudariam facilmente. As que mudam irão eventualmente começar a perceber isso nelas mesmas; algumas discordariam de mim e perguntariam o que fazer, então teríamos algo para dizer e ajudar a criança a tomar consciência dos meus pensamentos e dos pensamentos dela; então as coisas se desbloqueiam. Tenho também feito treinamento EMDR e usava isso quando emperrava com alguma criança: gosto de ser um pouco eclética e assim não me entedio com as mesmas interpretações que me deixariam louca, então é bom ter algumas técnicas que posso usar se necessário.

**MP:** O que funciona e para quem é uma abordagem básica e tão necessária, com uma população infantil que está mudando tanto hoje em dia! São raros os pacientes que respondem às interpretações analíticas tradicionais. Agora, pensando na ideia de desenvolvimento do ego e o não-ego budista, você poderia expandir essas ideias?

**MB:** Algumas vezes eu luto para colocar juntos psicanálise e budismo. Algo como o ego: no budismo tenta se perder o ego, enquanto na psicanálise, não. Eu luto com isso, mas agora uso palavras diferentes. A palavra ego no budismo penso que seja igual à palavra narcisismo na psicanálise. E eu chamo o ego psicanalítico, nos termos budistas, de algo como genuíno e receptivo. Mas esse é meu jeito pessoal de pensar no ego. Tento lidar com essas duas ideias conflitantes e procuro uma ponte para os dois significados. Se a consciência for expandida pela meditação e se o senso dos limites de finitude for perdido, o que inclui o ego e narcisismo, é possível então sentir realmente a interconectividade com o universo: isso seria o coração desperto: o coração sem fronteiras.

**MP:** Ah, entendo, você sempre tem experiências tão profundas e desenvolvidas?

**MB:** Não, nunca tive, entendo tudo isso intelectualmente e faz muito sentido para mim e eu acho que é verdadeiro, mas estou consciente de que quando as coisas começam a se expandir, percebo minhas angústias e fico assustada, sim, com medo de perder meus limites: acho que vou me desintegrar. Sei que é isso o que se busca, mas tenho medo de quebrar e não de voar... não tenho força ou coragem suficiente ainda.

**MP:** Isso faz parte da prática, não é? A prática de que você não vai morrer, quebrar, enlouquecer, se perder, presumivelmente. Quando eu tive a fugaz experiência do não-eu, foi uma experiência de consciência da amplidão e de algo maior do que eu; longe de ser um sentimento catastrófico, foi muito agradável para mim.

**MB:** Acho que vem naturalmente, não é algo que se tem controle. Relaciona-se com a ideia de Esher Bick sobre a formação da segunda pele (Bick, 1969) e com a psicoterapia. Encontro o medo

248  O QUE FUNCIONA PARA QUEM?

da loucura, catástrofe e fragmentações em alguns pacientes adolescentes e em alguns pais. Minha consciência me ajuda a trabalhar com isso, para entender e não ficar frustrada, irritada ou com sentimento de rejeição. A meditação ajuda a me manter funcionando de modo seguro, porque dá para ir somente até onde eu posso ir e isso significa confiança em si mesmo e em sua própria mente.

**MP:** O que você me diz do apego que adotamos no desenvolvimento infantil e a ideia do não-apego budista?

**MB:** Onde começamos do domínio humano – se pensarmos nos seis domínios no budismo – não somos Budas e a ideia da iluminação é que se consegue o desapego, no sentido de interconectividade, que somos todos parte de um estado interconectado com a não separação; mas isso é futuro, ainda não chegamos lá. Não somos *Bodisatva*, não somos iluminados, então somos apegados e é por isso que ainda estamos no domínio humano. Dentro de nós, todos temos aspectos de Buda, mas muito nublados como uma nuvem de poeira, distorcidos, ilusórios e assim por diante. Então, o que fazemos ao meditar é ordenar isso, como fazer uma boa limpeza e isso libera a natureza de Buda que é desapegada por natureza. Então, não é algo que tentamos fazer; o apego irá decair naturalmente, enquanto o ego precisa apegar e crescer forte. Acho que existe uma diferença entre apego e conexão e acho que, enquanto na psicanálise eles usam a palavra que significa muitas coisas, no budismo são um pouco mais precisos. Apego é se prender e prender-se promove o ego e promove o egoísmo e os interesses próprios, enquanto a conexão é um outro aspecto: a pessoa precisa estar conectada a um professor para aprender e isso seria mais como a relação analista-paciente. Chamo isso de conexão ao invés de apego, porque acho importante diferenciar a qualidade do apego.

**MP:** Mas somos apegados emocionalmente aos pais ou analista, não somos? É diferente do apego enquanto condição de estar agarrado, a que o budismo se refere, não é isso?

**MB:** Também é como as posições esquizoparanoide e depressiva (Klein, 1942), em que o esquizoparanoide faz as coisas para o seu próprio bem, para se esquivar; sobreviver é o motivo frequente para começar a estudar o budismo; a posição depressiva traz a ideia do relacionamento entre duas pessoas, um objeto inteiro, tem a capacidade de se preocupar com o outro e então seria mais como a ideia budista de conectividade e a relação com o professor. Assim, esperamos que nossos pacientes estejam mais na posição depressiva, como o guru budista diria: seria bom se você estiver mais nesse estado conectado do que em um estado de apego, mas reconhecemos que você está no domínio humano, como um ser humano, e vai oscilar. Acho que isso é igual em ambos. Eu não tinha pensado muito sobre isso antes, então a pergunta foi boa para que eu pensasse.

**MP:** A direção que nosso diálogo tomou é muito interessante e eu também estou aprendendo muito.

**MB:** Minha ideia sobre esses dois pontos é que teriam que trabalhar juntos, de outra forma não existiria a ideia de holístico e preciso descobrir como eles fazem isso.

**MP:** Como você pensa no apego e na conectividade em seu trabalho com crianças?

**MB:** Não quero que elas se apeguem a mim, mas quero que fiquem conectadas a mim, usando as técnicas normais de interpretações de transferência, se eu sentir que elas conseguem, e comentam as coisas, mesmo que chamem isso de "bobagens" – que

250 O QUE FUNCIONA PARA QUEM?

eu acho que é como ser verdadeiro e que promove a conexão. Não quero promover emaranhamento e "grude".

**MP:** E se uma criança se emaranhar em sua relação de objeto e reproduzir isso na transferência, como você lidaria?

**MB:** Eu faço um comentário sobre isso e uso a técnica de Anne Alvarez e tudo o que ela descreve em seus estudos: "É difícil acreditar; sobreviver suportando". Refiro-me a ocupar uma posição que seja o oposto da mais escancarada. "É difícil acreditar que sobreviveremos a esse longo intervalo" para chamar a atenção para a realidade do intervalo (separação) e também reconhecer a dificuldade do paciente com a separação. Acho isso muito útil. Falaria, por exemplo, sobre a persistência do paciente no final das sessões e dele não querer ir embora: "Sei que você não gosta de ir, mas é importante encerrarmos, porque sem um fim não teremos começos e sem começos não estaremos no mundo real e não acontecerá nenhum progresso".

**MP:** A noção de tempo vem, então, para o trabalho.

**MB:** Não, não é a noção de tempo e sim de começo e fim; existe o aspecto do tempo, mas o aspecto real é a ideia de que não podemos ter tudo o tempo todo. Mas podemos ter confiança, confiança de que nos veremos na próxima semana. Isso é muito mais do que um conceito de tempo. A realidade da situação não tem a ver com tempo e sim com perda, separação e como ajudar a criança a lidar com a separação e isso também não tem nada a ver com espaço. Podemos nos sentar juntos e estarmos em espaços diferentes ou podemos estar muito conectados mesmo estando bem distantes.

**MP:** Bem, com essa questão sobre tempo e finais, precisamos concluir esse diálogo tão esclarecedor, agradecendo muito a Myra e desejando felicidades ao longo do caminho.

## Referências

Bick, E. (1968). The experience of the skin in early object relations. *International Journal of Psychoanalysis*, *49*, 484-486.

Bion, W. R. (1962). The theory of thinking. In *Second Thoughts*. London: Maresfield Reprints.

Klein, M. (1942). *Amor, Culpa e Reparação*. Nova York: Delta Books, 1975.

# 14. *Mindfulness* e meditação no consultório

*Diálogo com Ricky Emanuel*

*Há apenas dois dias em que as coisas são impossíveis –
ontem e amanhã.*

—Dalai Lama

**MP:** Ricky, obrigada pelo encontro para conversarmos sobre suas ideias a respeito de psicoterapia e meditação, sabendo que você tem meditado há muito tempo e está interessado em escrever sobre psicoterapia e ideias budistas.

**RE:** Não pratico budismo, mas pratico meditação e me interesso pelo pensamento e constructos mentais budistas, não pela religião.

**MP:** Como a meditação entrou na sua vida?

**RE:** Assim que entrei na universidade fiz meditação transcendental, mas não continuei.

254 MINDFULNESS E MEDITAÇÃO NO CONSULTÓRIO

**MP:** Você tem um mantra, então?

**RE:** Sim, Fiz por um tempo e depois deixei. Fez parte de tudo que estava acontecendo nos anos 1960 e 1970. Como voltei recentemente, não consegui me lembrar, mas como você sabe sempre me interessei por isso, especialmente na intersecção entre psicoterapia e meditação. Gosto muito do livro de Epstein, *Thoughts without a Thinker* (Epstein, 1996), acho um livro brilhante.

**MP:** É inspirado nas ideias de Bion, não é? Mas, por favor, me conte mais.

**RE:** Os pensamentos existem antes do pensador; não existe essa coisa de pensador, que é a ideia de não-*self* no budismo; pensamentos existem e os pensamentos referem-se a experiência emocional no geral. A ideia de Bion é que os pensamentos referem-se a experiência emocional e que o processo de pensar precisou ocorrer para lidar com o que ele chama de pressão do pensamento, que se refere ao processamento das emoções. Então, a emoção está no cerne das coisas na ideia de Bion e do ponto de vista da neurociência é verdadeiro: as emoções são o aspecto central do ser e estão embasadas no corpo. Os pensamentos são coisas em si mesmas, passageiros, mudam, e o pensamento sem o pensador significa que nosso sentido de identidade fica preso ao processo de pensar quem pensamos ser. E ainda, quem somos muda a todo minuto e essa é uma ideia budista: transitoriedade, impermanência.

**MP:** Realmente e é também o não-*self* como você mencionou.

**RE:** O ego e o não-ego passam. No livro de Epstein, a ligação entre ego e narcisismo é a de que estamos todos muito apegados a quem pensamos que somos e nos agarramos a essa ideia de quem somos em determinadas identidades: sou psicoterapeuta, sou budista, sou judeu, e todas essas coisas. Então acho que é bem compatível com a psicoterapia, embora eu nunca tenha lido qualquer texto budista, o *Dharma*; nunca estudei o budismo como tal. Tenho ido a conferências, mosteiros, ouvido pessoas, mas penso que acaba se transformando em um interesse em *mindfulness* e obviamente *mindfulness* é um aspecto da meditação, um aspecto do budismo. Então não acho que é o budismo; mas *mindfulness* está crescendo enormemente. Conheci uma pessoa em uma festa em Nova York, era uma garota que estava fazendo um tipo de budismo com canto, não me lembro, fui com ela a uma de suas reuniões, não gostei: cantos em frente a um ídolo, para mim foi muito bizarro, por ter me feito lembrar da minha herança judaica, e não foi absolutamente nada bom. Então, quando fui ao mosteiro Amaravati, de jeito nenhum me curvei à estátua de Buda. Eles explicaram que eu não estaria me curvando a um deus, mas que seria um ato de devoção, de agradecimentos e gratidão, e eu entendo que isso está entranhado há gerações, mas a ideia de me curvar para uma estátua está fora de questão para mim.

**MP:** Entendo que posa ser difícil com todos os rituais e orações, faz lembrar do catolicismo para mim também! Mas aproveito a simplicidade e os aspectos essenciais dessa espiritualidade.

**RE:** Um dia decidi que teria que começar a meditar novamente, isso requer disciplina, então comecei e tentei diferentes tipos, porque acho que é muito fácil se prender na meditação: torna-se um ritual em si mesmo.

**MP:** Imagino que você focalize na respiração quando medita e isso não é tarefa fácil para a mente, não é?

**RE:** Sim, a mente dispara e esse conceito eu uso muito na psicoterapia: isso da mente ir-se e trazê-la de volta.

256  *MINDFULNESS E MEDITAÇÃO NO CONSULTÓRIO*

**MP:** Com as crianças também?

**RE:** Com crianças, com qualquer um, porque acho uma das coisas essenciais para se prender ao processo mental e voltar ao presente: o desejo de viver mais no presente, acho que é bem budista.

**MP:** Certamente, somente o presente existe, eles dizem. O passado já foi; o futuro ainda não chegou.

**RE:** As ansiedades normalmente são sobre o futuro e as queixas sobre o passado, então ajudar as pessoas a perceberem, como se faz na meditação, é parte do que faço na psicoterapia. Uso um tipo de estrutura de meditação em que a pessoa percebe que se afastou. Algumas pessoas não percebem que se afastaram, que agora estão no passado ressentidas ou então no futuro.

**MP:** Na terapia trabalha-se com o passado; é um trabalho feito com as queixas do passado para poder voltar ao presente, não é mesmo?

**RE:** É preciso prestar atenção nisso, mas gosto da ideia de Bion do passado se reapresentando no presente; ele divide essas palavras de uma forma incrível: representa e reapresenta; o passado reapresenta. É preciso ficar atento ao passado pois é ele que afeta sua habilidade de viver o presente, não o passado por causa do passado; por isso que gosto da palavra reapresenta. O passado é representado, em outras palavras é o passado reapresentado no presente. Quando se está preso no passado, então é preciso olhar para os ressentimentos, já que não se pode estar no presente.

**MP:** Bem, sim, em terapia trabalhamos com o *hic et nunc*, isto é, o aqui e agora da sessão e como o passado é trazido para o presente na sessão, não é? Mas talvez isso se aplique mais aos adultos do que às crianças.

**RE:** Adolescentes, não: trabalho muito com transtornos alimentares em adolescentes e eles têm muitos pensamentos no futuro, de como eles serão; serão gordos ou magros e tem muita pressão da escola em termos: "se eu não conseguir minhas doze estrelas A, não vou conseguir ficar em forma, e não vou entrar na universidade, e não vou conseguir emprego", estão muito voltados para o futuro. Acho que a pressão sobre os jovens é imensa e existe insegurança quanto ao trabalho, e nós vivemos em uma época em que existia trabalho. Os jovens não estão nessa posição; são contratos com prazo fixo e de curto prazo e não em empregos permanentes. Quando um programa ou um projeto termina, então é preciso buscar um novo emprego.

**MP:** De alguma forma isso faz com que o jovem viva mais no presente de um jeito paradoxal.

**RE:** Possivelmente, mas é uma terrível insegurança, por exemplo, é difícil conseguir uma hipoteca com esse sistema.

**MP:** É um treinamento para a impermanência; eu gostaria de pensar em uma outra questão agora: você usa o *mindfulness* em seu trabalho, não é?

**RE:** Cada vez mais: é mais difícil com as crianças, e eu faço algumas respirações com elas, quando têm pânico e as ajudo a focar em onde elas estão. O que acho muito interessante é que nós, pessoas que meditam, gostamos dos sentimentos que a meditação produz; deixa as pessoas calmas. Se a pessoa foi muito traumatizada, estar em uma situação em que se sinta calma, significa que não está alerta: é o que ela experimenta. Manter-se em movimento e

258   MINDFULNESS E MEDITAÇÃO NO CONSULTÓRIO

falando e manter-se falando e pensando: a imagem é como andar de bicicleta: quando se para de pedalar, vem a queda. Manter-se em movimento etc., e parar de pensar, de falar e toda essa atividade, faz pensar na perda de uma segunda pele, e é um sentimento muito perigoso. Foi o que escrevi no meu trabalho sobre o Vácuo (Emanuel, 2001), que foi muito importante para mim, ter tentado falar do nada, que é o que no budismo chamam de vazio: que as coisas emergem do estado de ausência de mente, como fonte da criatividade. Nossos pacientes não conseguem aguentar aquele sentimento, então penso que a calma vem associada com vazio e perigo. Uso o *mindfulness* cada vez mais – sempre fazemos isso, por ser parte da nossa formação como psicoterapeuta, e é por isso que acho tão fácil incorporar, para conseguir prestar atenção no que está acontecendo.

**MP:** Você usa ativamente com crianças? Como você usa o *mindfulness* com crianças?

**RE:** Com adolescente é bem similar ao uso com adulto; por exemplo, uso com em adolescentes com transtorno de alimentação: a tendência é aderirem uma mentalidade que lembra a estrutura de uma gangue, com organização narcisista: eles acham que não merecem ter comida; são gordos etc., têm muitas ideações negativas na mente. Suponho que uma mudança na atenção é o que a meditação fornece, ou seja, um padrão. Na meditação, há um deslocamento da atenção, em que se percebe que a mente está em toda parte, e pode-se trazer a atenção de volta para algo que seja escolhido.

**MP:** É isso que você chama de *mindfulness*?

**RE:** Esse é um dos aspectos de *mindfulness*: o deslocamento da atenção; mas é preciso perceber primeiro. Na semana passada, atendi uma garota de quinze anos e perguntei se ela percebia que sua mente havia ido embora; aquela era a primeira sessão e ela descreveu que sua mente estava num lugar muito negativo: ela não existia; não merecia aprender; estava cheia de ressentimentos e cheia de ódio. Perguntei se ela podia perceber quando sua mente estava naquele lugar e ela disse que não; ela simplesmente estava naquele lugar. Então a primeira coisa a fazer é levá-los a perceber que a mente está naquele lugar, que é o *self* observador, como se denomina em psicanálise, que é o que ocorre na meditação quando se percebe que a mente flutuou. Aí está a chave, eu acho. Não é só a questão da oscilação da mente ou de quantos segundos foi a respiração. É desenvolver a capacidade de perceber.

**MP:** E não se identificar com os pensamentos, negatividade e assim por diante, como dizem os budistas; não ser o pensamento e sim poder observá-lo.

**RE:** Mas as pessoas são tão identificadas com isso, porque o senso de identidade está ligado àquele pensamento: "sou anoréxica; sou diferente de outras pessoas; sou uma criança sexualmente abusada". É muito difícil apaziguar essa identificação.

**MP:** Se você tiver uma criança ou adolescente observando aquele estado de espírito e então a criança pode não se identificar com aquele estado de espírito, o que houve com ela? Ah, claro: estado de ausência de mente!

**RE:** Esse é o problema: exatamente a falta de uma identidade e "o que está lá?". Phil Mollon não é budista, mas ele faz terapia energética psicanalítica, a técnica *Tapping*. Ele faz algumas perguntas que considero muito úteis, que eu uso muito, por exemplo: "Você continuaria sendo você mesmo se não tivesse os seus problemas? Você estaria seguro se se livrasse de seus problemas? Você merece

260 MINDFULNESS E MEDITAÇÃO NO CONSULTÓRIO

ficar livre de seus problemas?". Todas dizem respeito à identidade. Fiz essas perguntas àquela garota na semana passada e a resposta dela foi: "Não, não, não", ela não seria ela mesma, não seria seguro e ela não merece isso. Assim, dá para ver que ela está nas garras de forças poderosas, que exigirão que ela se alie com sua identidade como anoréxica e que ela não sabe, caso não seja esta, então quem ela é. O problema é exatamente esse, e é aí que está o vácuo.

**MP:** E como você também disse no seu estudo, o vácuo não é o nada, não é o vazio, como dizem os budistas; é um espaço onde muitas coisas podem acontecer, não é?

**RE:** Exatamente, mas é preciso tolerá-lo; é uma capacidade negativa. Então, penso que Bion é muito casado com esse tipo de pensamento. Tenho para mim que ele é o salvador da psicanálise; se ela tivesse parado na visão de Klein eu consideraria muito limitada. Foi a maneira com que ele trouxe essa forma de pensar para a psicanálise, ele abriu perspectivas que as pessoas não tinham, mas que outras tradições tinham, e os budistas tinham. Penso que foi o jeito como ele trouxe para a psicanálise. Sinto que eu ficaria o resto da minha vida analítica compreendendo Bion. Ele foi influenciado por esse pensamento em sua tenra infância na Índia com uma babá indiana. Fizeram um filme sobre ele: Martha Harris e Don Meltzer, nunca vi e não sei bem o que aconteceu com o filme que mostra seus primeiros anos na Índia. O budismo é uma maneira de ser capaz de citar verdades essenciais, e para mim é mais confortável fazer esse processamento por meio do enquadre psicanalítico, do que fazer parte de um mosteiro budista ou de uma tradição budista. Mas tenho grande afinidade com isso, mais do que muitas pessoas, mais do que com o judaísmo. Não estabeleço nenhuma relação com isso.

**MP:** Talvez as tradições místicas no cristianismo, sufismo e judaísmo tenham algo em comum com o budismo, exceto por falar em Deus, o que o budismo não faz.

**RE:** Penso que todas as tradições místicas se encontram. Fiquei interessado pela tradição da Cabala, pela tradição mística judaica; a tradição hindu e a Cabala são talvez as tradições mais antigas, exceto a ideia que eles têm do Criador, e nesse sentido sou muito mais parecido com os budistas, por não precisar desse Criador. Não sei até onde vai a preocupação dos budistas, se eles têm um Criador em pensamento, talvez você saiba.

**MP:** De fato, não sei: eles acreditam na reencarnação de formas e esferas diferentes, mas não sei nada sobre o início de tudo. Preciso perguntar a algum amigo budista qualquer hora.

**RE:** Sim, você deveria perguntar. Evito essas questões, sou voltado às ciências, sou mais um cientista e cada vez mais ateísta, sem necessidade da ideia de um deus. Acho as ideias de deus muito difíceis.

**MP:** O que você acha que acontece quando morre? A pessoa morre e acabou?

**RE:** Bem, não sei, mas acho que somos reciclados de alguma forma, mas o conceito de reencarnação não é muito real para mim, talvez seja para você.

**MP:** Na verdade, não; sou mais agnóstica, embora a ideia de reencarnação me fascine: brinco com a ideia de que em uma vida anterior eu era tal pessoa ou aquela, mas realmente, bem no fundo, não sei. Mas se somos reciclados de alguma forma, então é a energia que é reciclada, não é?

262   *MINDFULNESS* E MEDITAÇÃO NO CONSULTÓRIO

**RE:** Bem, precisa ser, porque a matéria não pode ser criada ou destruída; então você volta seja como for, se você for cremada ou enterrada etc., os átomos voltam ao universo e há apenas uma quantidade fixa de matéria, e matéria não pode ser criada ou destruída, apenas transformada; então nesse sentido, existe uma reciclagem.

**MP:** Sim, mas a pergunta é: no início, quem criou a matéria ou como ela apareceu e de onde? Em outras palavras: quem criou o criador?

**RE:** Claro, é uma grande questão, mas há sempre a questão do que veio primeiro; precisamos ser capazes de pensar e criar um deus; isso me parece uma necessidade infantil de sentir que existe alguém, que esteja no comando. Detesto quando olho para aquelas pessoas rezando quando vão para a guerra e pedindo ao seu deus para protegê-las, massacrando seus inimigos, e os inimigos pedirão ao seu deus que massacre o outro lado: é ofensivo. Então, não gosto disso e o budismo liberta você de tudo isso.

**MP:** E livra você da culpa, da culpa do pecado original no cristianismo. O budismo não promove nenhum sentimento de culpa.

**RE:** Apenas responsabilidade. Existe uma tremenda necessidade de culpa a ser considerada, que acompanha nossos pacientes e está ligada a fantasias agressivas ou perversas. Voltando ao que estava dizendo, eu usaria o *mindfulness* com pacientes de diversas formas: como conceito, ou seja, na forma mais genérica de trazer de volta ao presente, viver o presente. Mas com respeito às técnicas atuais, algumas vezes uso a respiração quando se está lidando com pacientes em pânico.

**MP:** Você pede para uma criança de sete anos fazer a respiração?

**RE:** Por exemplo, um garotinho que estava indo muito mal na escola, e um dia veio me ver: ele tinha esquecido o casaco da escola e estava ficando muito angustiado com o que aconteceria com ele quando chegasse na escola. Então usei a técnica da respiração, que chama técnica da clavícula, que estimula pontos de acupressão que se conectam com os nervos simpáticos e parassimpáticos. Com isso, integro a visão da neurociência, assim, se esses pontos forem pressionados aqui na clavícula, eles estimulam o sistema nervoso autônomo, o sistema nervoso parassimpático, que é o sistema de tranquilizar e suportar, opondo-se ao sistema do medo de luta--fuga, isto é, o sistema simpático. Então eu poderia dizer à criança: "você está muito preocupado de voltar à escola, então vou te mostrar uma coisa que é como um primeiro socorro, e é um jeito que vai te acalmar e assim estará em uma situação diferente quando for para a escola". Então eu o ensino e pergunto: "quer experimentar isso agora?". E elas geralmente querem e algumas crianças ficam imediatamente calmas com isso; é uma técnica de respiração muito poderosa e elas gostam.

**MP:** É a respiração com pressão?

**RE:** Sim, respira-se metade para dentro e metade para fora, respira-se completamente etc., com as mãos cruzadas, é um pouco da técnica EMDR. Isso acalma rapidamente. Então, quando há pânico eu digo: "Quando você estiver indo para a escola, faça isso e você entrará na escola sem essa angústia". É muito básico.

**MP:** Eles voltam dizendo que ajudou?

**RE:** Sim, dizem, alguns gostam e outros odeiam pelos motivos que eu disse: eles não querem se acalmar. Com adolescentes pedimos que façam a verificação corporal básica para trazê-los para o presente. Pedimos que sentem, concentrem, prestem atenção, por

264　*MINDFULNESS* E MEDITAÇÃO NO CONSULTÓRIO

exemplo, na parte do corpo que toca a cadeira. Agora, dependendo do paciente: com anoréticos não podemos pedir que pensem nas pernas, porque eles são muito fóbicos; suas ideações sobre suas pernas não podem ser focadas. Eles podem se concentrar nos pés. Então descobrimos isso perguntando: "que parte do pé está no chão agora?". Isso os assenta e então dá para ver se eles ficaram conscientes da respiração. Algumas vezes conseguem e outras não. É uma questão de desvio de atenção: somente um aspecto do *mindfulness* é desvio de atenção, então se diz: "Quando você perceber que está em um lugar negativo, tenta dar um nome ao lugar que está na sua mente". Assim, por exemplo, uma garota que costumava ruminar muito diria que ela estava no lugar merecido; "não mereço comer; não mereço gostar da comida" e assim por diante. Ao usar alguns aspectos do *mindfulness*, o desvio de atenção acontece, como poderia acontecer na meditação quando se percebe que a mente se foi e voltará com o mantra, respiração, ou seja lá o que for, o que é em si algo muito para se retornar. O outro aspecto da prática de *mindfulness* tem sido a capacidade de aprender a rotular alguns lugares por onde a mente tem ido e as preocupações, tais como: o local de exame, o lugar das "gordices", o lugar de sexo, o lugar da avidez e assim por diante. Quando se está com esse jeito ruminativo de pensar, nomeia-se os lugares de ruminação; então se pergunta ao paciente para dar uma ideia do que é o pensamento. Esse é um aspecto diferente do *mindfulness*: ser capaz de observar que lugar é aquele que a mente insiste em ir – assim como o desvio de atenção já mencionado. Isso é psicoterapia desenvolvimental.

**MP:** É um tipo de meditação budista: perceber que a mente se afastou do objeto da meditação e nomear a atividade que a mente desempenha, tais como: pensar, planejar, relembrar, temer, e assim por diante, antes de trazer para a mente o objeto de meditação escolhido. Agora, pensando no apego na psicologia ou psicoterapia e no desapego estimulado pelo budismo, os dois parecem completamente opostos, não parecem? O que você pensa sobre isso, Ricky?

**RE:** Penso que seja mais a negação disso, a ideia de identificação com ideias tais como: "Sou gordo, sou uma porcaria, sou um inútil". Estava conversando com uma garota sobre sua personalidade, que pareceu se desintegrar quando ela foi para a escola secundária, porque ela era muito feliz na escola primária; quando ela foi para a secundária, encontrou muitas turmas legais, e ela entendeu que precisaria se ajustar aos requisitos exigidos. Assim, ela tentou se metamorfosear, que é o lado negativo do desapego, em termos de se livrar daquilo que ela sentia ser sua essência e tornar-se o que o grupo queria que ela fosse. Então, isso é um uso muito perverso do desapego, eu acho, no seguinte sentido: "vou me tornar aquilo que todos querem que eu seja".

**MP:** Este é um vértice interessante do desapego e é realmente criar um falso *self*, não é?

**RE:** Sim, mas então, existe um *self* verdadeiro? Nick Carroll fala de ilusão e que são todos autoconstruídos. Bion fala sobre invariantes na transformação matemática e o invariante que não muda na transformação; diz respeito ao que permanece o mesmo na pessoa e que é sua essência. Do ponto de vista budista, são todos provavelmente ilusões. A garota-camaleão que acabo de mencionar, que muda conforme esperam que ela o faça, reclama agora que ela não tem nada absolutamente nada. Esta é mais a experiência do vazio persecutório, do que uma experiência de estado de ausência de mente criativa em potencial.

**MP:** Sim, vazio de pensamentos que agitem a mente; então o vazio no sentido budista de amplidão e não de buraco negro de nada e desespero, você quer dizer.

266   *MINDFULNESS* E MEDITAÇÃO NO CONSULTÓRIO

**RE:** Sim, exatamente isso o que tentei dizer no meu estudo "Vácuo" (Emanuel, idem), que é muito diferente daquele estado negativo e é o vazio do *self*, *anatta*. Então, a ideia de desapego é muito complexa, porque poderia ser dito que a garota estava desapegada de seu sentido de *self* quando foi para a escola secundária; isso foi catastrófico para ela porque significou abandonar completamente tudo sobre ela, sua autenticidade.

**MP:** O *self* da garotinha da escola primária, presumivelmente.

**RE:** Sua autenticidade ficou perdida quando ela tentou se ajustar mudando de acordo com quem ela estivesse. Os adolescentes põem à prova diferentes maneiras: sendo rebeldes e assim por diante, mas se se perde a essência, pode ser realmente catastrófico, como foi para essa garota.

**MP:** De que forma você aplica o *mindfulness* com seus pacientes?

**RE:** Nós – um pequeno grupo da Tavistock – pensamos bastante sobre as contraindicações do *mindfulness*, que tem sido tão popularizado e também de certa forma um pouco banalizado. Supondo que aconteça nos primeiros tempos com a psicoterapia, pensava-se que poderia ser útil para todos, mas não é. Muitas vezes as pessoas descobrem que não as ajudou. Quais são os pré-requisitos necessários para o *mindfulness*? Recentemente dei um curso no Anna Freud sobre mentalização e fiquei muito impressionado – inesperadamente – com o que eles têm feito: falavam de *mindfulness*. Do meu ponto de vista, é preciso ter capacidade para mentalizar, que é a capacidade de dar sentido a uma experiência emocional; é preciso ser continente e receber seja lá o que se esteja recebendo. É preciso estar no que eles chamam de estado de não-mentalização, estado de não-pensamento, e temos muitos pacientes que estão no estado de não-pensamento, e eles não podem usar o *mindfulness* pois é preciso ser capaz de observar o que se tem na mente: pensamentos, sensações, respiração, presente; é necessário um ego observador ou consciente e ser capaz de ficar com alguma coisa. Agora, muitos pacientes nossos não conseguem ficar com um pensamento, não ficam com um sentimento; estão no modo ação e completamente dominados pela estrutura superegoica ou julgadora. É preciso ser capaz de passar pela experiência e percebê--la. *Mindfulness* requer a capacidade de se perceber.

**MP:** Enquanto você falava, eu pensava nos meus pacientes e quais deles se beneficiariam ou não com o *mindfulness* e me perguntava se o *mindfulness* seria impossível de ser aplicado em pessoas muito perturbadas, a menos que fossem capazes de observar e pensar em suas experiências ou se é realmente negativo e contraprodutivo em si.

**RE:** Tenho uma paciente que tinha transtorno alimentar, quando propus tentar algumas respirações muito simples e consciência corporal, o que fez com que ela experimentasse um pouco de calma, levando-a a um tremendo pânico, porque aquilo significou estar desprotegida e sem controle; ela não podia ficar calma, ficou muito brava e disse: "não quero isso e não vou mais fazer" e se sentiu muito perseguida. Para ela isso foi ruim. Ela tem que estar alerta e isso é como uma segunda pele; voltamos para Ester Bick (1968). O que ocorre se as defesas da segunda pele, sendo que a hiperatividade é uma delas e estando em constante movimento, o que acontece quando isso cessa? Existe uma real ameaça de desintegração, uma ameaça real de fragmentação e isso é extremamente persecutório; é algo desse tipo. Essa garota é dançarina e mantém--se coesa pelo movimento e sua mente está constantemente ocupada, então ela não quer parar, não pode parar; por isso *mindfulness* é contraindicado para ela.

268    *MINDFULNESS* E MEDITAÇÃO NO CONSULTÓRIO

**MP:** É como se tirasse dela suas defesas, deixando-a sem nada, não é?

**RE:** Exatamente, penso que é preciso construir primeiro, se isso for possível, uma capacidade de pensar sobre sua experiência e estar com suas emoções.

**MP:** Construir um ego?

**RE:** Penso que sim: um ego observador, um núcleo, algo neste sentido. Muitos dos meus pacientes não têm isso. O que aprendi no curso de mentalização foi que não é bom tentar fazer qualquer coisa com alguém que não está mentalizando, além de tentar fazê-lo mentalizar novamente e existem técnicas para se fazer isso, porque não se pode dar uma interpretação, não se pode dar uma compreensão, não se pode fazer nada se eles não têm como processar algo que estão recebendo; então é preciso fazer coisas mais básicas para reiniciar o computador, se preferir, reiniciar para prosseguir; isso é muito útil.

**MP:** Ou criar uma capacidade se eles nunca tiveram; fazer psicologia desenvolvimental como chamam no Anna Freud, para construir o que nunca esteve ali, isto é, uma capacidade de pensar, um tipo de ego.

**RE:** Exato. Vem do Centro Anna Freud e Anne Alvarez tem desenvolvido muito isso e penso que fazemos muito isso; precisamos fazer o trabalho desenvolvimental primeiro, pois a capacidade para o *mindfulness* implica em algum desenvolvimento cognitivo. CBT é o mesmo; requer capacidade de pensar com antecedência. Nesse treinamento, eles incluem o *mindfulness* como parte do pacote de mentalização. *Mindfulness* não é pensar em uma experiência emocional e sim ter consciência das emoções, não pensar a respeito, não tentar processá-las. Mentalização é um tratamento que inclui psicanálise, interpretações de transferência, contratransferência e *mindfulness*: eles acreditam que é aí que a mudança acontece, mas dizem que não se pode ir lá, até que essas estruturas, ou seja, a capacidade para pensar, esteja colocada. Uma vez que esteja colocada, então pode-se ir para a transferência como um lugar de mudança. Eles reconhecem algo, o que penso que sempre falhamos, que é nos precipitarmos muito e assumirmos que aquela pessoa consegue processar as interpretações da transferência, quando não consegue. Anna Alvarez falou sobre isso muito bem.

**MP:** Aqueles pacientes precisam ter a mente formada e quando trabalhamos com crianças no espectro autista, sabemos que elas não têm a mente formada para poder pensar convencionalmente.

**RE:** Isso mesmo: uma mente diferente que não mentaliza conceitos. Mark Epstein diz que pode-se usar o processo todo de *mindfulness* de uma forma defensiva, que não atinja a essência da patologia, e por isso Epstein quis incorporar a metodologia budista com a psicanalítica. Acredito que algumas vezes as pessoas usam esses caminhos como estruturas de defesa, escondendo muita psicopatologia, é por isso que acho que as duas abordagens são necessárias. Por exemplo, estar totalmente ligado ao modo budista pode ser uma forma de defesa de vida; Mattie Harris costumava dizer o mesmo sobre psicanálise, que ela gostaria de formar analistas para serem pessoas que não pensam que análise é uma alternativa de vida. É o mesmo tipo de coisa: é preciso ser capaz de viver a vida e não ficar no modo de retraimento psíquico defensivo.

**MP:** Sim, é um uso limitado que funciona como pseudoproteção e não com um verdadeiro crescimento.

**RE:** Então, acho importante pensar na complexidade disso e que o *mindfulness* não serve para todo mundo. Temos um programa em

270  *MINDFULNESS E MEDITAÇÃO NO CONSULTÓRIO*

nossa clínica de transtorno alimentar – é um programa baseado em pesquisa chamado "O Alimento e Eu", que é um programa de alimentação consciente, mas descobrimos que só serve para pacientes que já começaram a fase de recuperação. Não é útil quando a pessoa está na fase obsessiva, negativa, destrutiva, dominada pelo superego; somente quando há algum espaço na mente para uma perspectiva alternativa, é quando a mentalização pode funcionar, porque queremos que a mentalização permita diferentes perspectivas: esta é a minha mente e esta é a sua e não é igual a minha. O budista diria ser necessária uma estrutura mental para que se consiga aplicar o *mindfulness*, isso realmente não sei; imagino que eles poderiam dizer que essas estruturas podem ser ilusórias e precisam ser desmanteladas, para que uma sintonia possa ocorrer

**MP:** Acredito, com o que tenho aprendido sobre o budismo, que eles pensam que a pessoa precisa ser capaz de pensar e não ser ingênua ou indecisa para conseguir meditar, e isso não significa que alguém não seja digno de compaixão ou amor, mas não consegue ter consciência de si próprio.

**RE:** No meu estudo sobre "Vácuo", menciono a "nuvem do desconhecido" que Bion citou do cristão místico Mestre Eckhart, e eu digo que precisamos ter um sistema de continência para sermos capazes de tolerar aquele nível de desconhecimento, para conter a "nuvem do desconhecido", a capacidade negativa. Essas estruturas, que dizemos serem tão necessárias para este estágio de *mindfulness*, eu imagino que os budistas diriam que seria preciso desmantelá-las.

**MP:** Imaginaria assim: No caminho espiritual, os pacientes precisam abandonar o ego, que foi fortalecido na terapia, mas só depois de ter sido firmemente estabelecido. É aí que o caminho espiritual decola com um entendimento da mente humana muito profundo e no domínio do desconhecido e do místico, eu diria.

**RE:** Isso é bem esotérico e muito poucas pessoas conseguiriam chegar lá. Suponho que seja o que Bion chamaria de "estar uno a si mesmo", que ele usa a palavra *atonement* como a palavra *at-one--ment*, o que é muito perspicaz. É a mesma palavra. Há um novo livro de Michael Eigen chamado *Kabbalah and Psycho-analysis*, ele disse que encontrou Bion quando estava em San Francisco antes de morrer, e que Bion disse a Michael Eigen: "Você sabe algo sobre a Cabala (que faz parte da tradição mística judaica)?". Michael Eigen disse: "Saber sobre, não, não posso saber sobre, sei dela". Saber sobre alguma coisa é muito diferente de saber de alguma coisa. Bion disse: "Sim, o mesmo é verdadeiro para mim, mas é a base de todas as minhas formulações psicanalíticas". Ele percebe a Cabala como a estrutura mística mais desenvolvida. Ele conhecia as tradições orientais: citou muitas delas: "sem memória e desejo" é uma ideia bem budista. A tradição cabalística é a tradição espiritual mais antiga e vem do mesmo período da tradição hindu, e Bion disse que essa era a base de seu pensamento psicanalítico. Sua ideia de "O", o incognocível, a "Divindade", ideia bem cabalística. Há essa ideia na Cabala tanto do completo nada, um tipo infinito de espaço como o universo e o ponto absoluto, que é tanto minúsculo quanto imenso. Bion foi muito influenciado pela Cabala em seus escritos. Você o conheceu, Maria? Apenas estar em sua presença era uma experiência incrível: fui a um evento de três dias com ele na Tavistock, quando estava iniciando minha formação como psicoterapeuta infantil: foi uma experiência extraordinária e muito frustrante também. Lembro--me dele dizendo: "As pessoas me perguntaram como reconheço a verdade", e ele começou a fazer associações livres sobre aquela questão e falou um pouco sobre isso. Meltzer escreveu brilhantemente um artigo chamado "The diameter of the circle" no livro *Sincerity* (Hahn, 1994), que busca examinar como Bion pensava: é um texto fantástico que mostra como Bion começaria um assunto, dizendo: como você reconhece a verdade disso, e ele começaria olhando por aqui e iluminaria por ali – esses são vértices ou perspectivas múltiplas de Bion – e então ele continuaria dizendo, digamos, Alexandra Palace e abordaria o mesmo assunto a partir de Alexandra Palace e depois olharia de lá e assim por diante, e se houvesse sentido naquilo que ele estava fazendo, seria que ele iluminava de várias perspectivas e aquilo parecia ganhar vida na mente, porque ele oferecia tantas formas diferentes de olhar que a dimensão do problema tornava-se clara. Bion diria que a resposta mata a pergunta, e ele queria deixar sempre a questão em aberto; abertura, abertura, abertura o tempo todo. Não gostava de fechar questão; se houvesse qualquer tentativa de fechar questão, ele a abriria novamente. Na verdade, é o que a mentalização faz. É preciso ser capaz de discernir as invariantes no objeto, na qual não muda.

**MP:** Então essa é a verdade, isto é, o que não muda mesmo olhando para o objeto de diferentes vértices?

**RE:** É até certo ponto. Na maioria das vezes, eu ficava completamente perdido quando estava com ele, por causa do sentimento de frustração: será que o que ele está falando agora tem a ver com aquela pergunta? Muitas pessoas saíam muito frustradas e pensando: "Será que o rei está de roupa? O que ele fala faz sentido? Está tentando ser um místico? Estaria tentando complicar as coisas ao máximo?". Era muito frustrante, como é a sua escrita. Aquela era uma experiência muito comum: as pessoas saindo das conferências, dizendo: "O que é isso?". Quando ocorria uma apreensão, talvez uma ou duas vezes por dia, "eu senti" "entendi", então é como uma outra dimensão: dava a sensação de alguém que era um gênio. Poucas vezes estive na presença de um gênio, e eu senti que ele era um gênio, seja lá o que isso signifique. Mas na maior parte do tempo era incrivelmente frustrante, mas valia a pena deixar-se tocar e não pensar demais; e aí é onde acho que ele era um místico, totalmente místico. Não acho que ele se considerava como tal. Francesca Bion publicou livros de suas conferências na Tavistock; ele era uma presenta incrível.

**MP:** Isso é muito esclarecedor, Ricky, mas agora para finalizar este diálogo tão interessante, quero perguntar se alguma vez você teve alguma experiência especial ou mística.

**RE:** Bem, sim, tive uma experiência inacreditável de beleza cósmica e unicidade, uma vez quando fui a Creta durante as férias da primavera, na época em que eu era mais jovem. A beleza da primavera com flores incríveis fez com que eu vivesse uma interconectividade com tudo. Isso é o que eu posso dizer: um estado em que se pode experimentar a partir de intensa meditação, eu diria agora.

**MP:** Bem, embora você não se intitule um budista, acho que você incorpora, em seu pensamento e em seu trabalho clínico, a realização da acepção budista sobre as ideias de apego, não-*self*, vazio, e *mindfulness* no sentido tanto de mente plena como de mente vazia[1] – no sentido de vacuidade mental – e como você mostrou claramente em seu livro sobre o Vácuo (Emmanuel, 2001). Com esse cunho místico, podemos encerrar, agradecendo muito a você e desejando sorte na sua jornada de meditação e como psicoterapeuta tão original.

## Referências

Bick, E. (1968). The experience of the skin in early object relations. *International Journal of Psychoanalysis*, *49*, 484-486.

Emmanuel, R. (2001). A-void – an exploration of defenses against sensing nothingness. *International Journal of Psychoanalysis*, *82*, 1069-1084.

Epstein, M. (1996). *Thoughts without a Thinker: Psychotherapy from a Buddhist Perspective*. London: Duckworth.

Hahn, A. (1994). *Sincerity and Other Works: The Collected Papers of Donald Meltzer*. London: Karnac.

## Nota

1. *Mind-full* e *mind-less*.

# 15. Vagal *superstars*

*Diálogo com Graham Music*

> *Podes conter-te diante dos sofrimentos do mundo,*
> *que é algo que tens liberdade de fazer e corresponde à tua*
> *natureza, mas talvez seja esse autocontrole*
> *o único sofrimento que poderias evitar.*
>
> —*Kafka (1917-1918)*

**MP:** Bem, Graham, não conheço o seu interesse pela meditação, se ela vem da prática budista ou se de uma forma mais genérica de *mindfulness*?

**GM:** Não sou budista, mas primeiro me interessei pelo pensamento oriental quando estava na escola, coisa típica de adolescente. Quando fui para a universidade, minhas paixões intelectuais eram mais sobre política. No entanto, tive um professor de sociologia fantástico, Bob Witkin, que tinha muito interesse na experiência estética e também no que pensaríamos em termos de lados dominantes, hemisfério direito oposto ao esquerdo, levando a diferentes maneiras de compreender o mundo. Na verdade, ele me introduziu aos primeiros livros sobre hemisférios direto e esquerdo e isso foi em 1977. Quando apresentei minha tese sobre análise Marxista do sistema de educação, como se fazia naquela época, costumávamos nos reunir em sua casa e ele me ajudou a fazer ligações entre Marx, pessoas como Theodore Adorno, como também o trabalho de Suzuki. Isso me capturou, mais intelectualmente, mas também conheci muitas pessoas na universidade que estavam praticando. Por muitos anos e várias vezes, eu começava e interrompia a meditação, mas estava sempre lá, juntamente com outras formas de pensamento espiritual, o que não implicou em absorver todos os sistemas de crença.

**MP:** Você vem de família judia, não é?

**GM:** De fato, pelo menos em termos de origem étnica. Minha família praticava minimamente, não era comum. Por exemplo, eu era um garoto judeu cujo pai tinha criação de porcos, terrivelmente não *kosher*.

**MP:** Você não está dizendo metaforicamente, está?

**GM:** Não, literalmente. Então, essa foi a origem do meu interesse em meditação e eu acho que tive um relacionamento ligeiramente diversificado com meditação e com o pensamento oriental. Houve períodos quando eu tinha vinte anos, que eu ia a retiros, mas então eu tinha uma recaída para a adolescência e fazia escolhas de vida ligeiramente maníacas.

**MP:** Retiros budistas?

**GM:** Sim, mas eu não fazia muita coisa por um longo tempo, apenas ocasionalmente eu conseguia permanecer. Fiquei assim por algum tempo, mas nos últimos anos tenho praticado regularmente, diariamente, eu acho.

**MP:** O que trouxe isso à tona?

**GM:** Sempre me interessei pela interface entre a psicanálise e o budismo, algumas vezes de uma forma bastante intelectual e cerebral. No entanto penso que existem ligações profundas entre as duas práticas, quando feitas com profundidade e integridade. Curiosamente quando vim para o treinamento na Tavistock, eu sabia que não iria me adaptar facilmente com a maneira pós-kleiniana de pensamento e fui falar com Nina Coltart para que ela me ajudasse a encontrar um analista e, é claro, acabamos falando sobre a relação entre associação livre e meditação. Sempre procurei manter o pensamento terapêutico e esses outros, mas com o tempo isso foi se perdendo, mas sempre me interessei por pessoas que conseguiam, em algum grau, uma integração. Penso que Bion conseguia, certamente alguém deve ter falado nisso, mas também me interessei por outros pensadores e tradições. Michael Eigen, por exemplo, nos Estados Unidos, fez realmente grandes ligações entre sua prática psicanalítica e suas crenças espirituais.

**MP:** Ele é chamado de analista místico, eu li em algum lugar.

**GM:** Ah, entendo.

**MP:** E quando foi que você decidiu tornar-se psicoterapeuta?

**GM:** Suponho que sempre estive interessado, mas pensei seriamente sobre isso quando tinha uns vinte anos, depois de ter feito as viagens comuns de adolescente e depois ter trabalhado, no meu caso para uma autoridade local: acabei cuidando de um bloco de acomodações onde colocavam pessoas, que hoje não seriam colocadas juntas. Eram pessoas que não recebiam casa permanente; foi

## 278 VAGAL *SUPERSTARS*

um tempo de muito preconceito. Eram acomodações de prostitutas, traficantes, jovens que saíam das prisões, jovens mães solteiras, pessoas com graves deficiências de aprendizagem; a maioria deles atrasava o aluguel etc., um tipo de lata de lixo para aqueles que eram considerados moralmente ofensivos, de alguma forma. Uma parte do meu trabalho era cobrar o aluguel, olhar os cômodos, mas eu também tinha um papel de aconselhar e as pessoas vinham conversar comigo e eu acabava sendo o porto seguro delas. Aquilo foi interessante, mas eu tinha 23, era um bebê e aquelas pessoas viviam questões realmente complicadas. O que me tirou daquele mundo – eu tinha pensado em fazer um curso de trabalho social com orientação psicanalítica na época, tinha um homem lá que ficou vinte anos no Friern Barnet, que sofria basicamente de esquizofrenia paranoide, e costumava entrar na sala e se preocupar com as diferentes máquinas que o estariam gravando, espiões e essas coisas. Então um dia ele não apareceu: ele costumava ser pontual como um relógio com o seu aluguel e eu sabia que algo tinha acontecido. Curiosamente, mesmo aos vinte e três anos, eu tinha percebido que ele precisava de ajuda, e já tinha ligado várias vezes para a assistente social dizendo: "Veja, não tem ninguém cuidando dessa pessoa; ele não tem ninguém nessa vida; isso não é nada bom". Mas, de qualquer forma, o encontrei morto em seu cômodo.

**MP:** Ah, que choque!

**GM:** Aquilo foi um trauma tão grande para mim que mudei meu rumo em um ano. Não havia qualquer apoio, ninguém sabia o que fazer, ninguém para ajudar a dar sentido a isso. Lembro-me de ter ido ao funeral, eu era a única pessoa lá.

**MP:** Que história triste!

**GM:** Então saí de lá e fui trabalhar em um antiquário, mas mesmo assim eu lia Freud na hora do chá e da batata frita às 7h30 da manhã nos mercados das pequenas cidades do norte, depois que tinham comprado minhas mercadorias; as coisas orientais também me interessavam: lembro que li Rumi e comecei a fazer pequenos cursos e também passei horas agradáveis.

**MP:** É interessante: como antiquário, o passado já o interessava, na história ou nos móveis, e então você se dirigiu para a história das pessoas, das crianças e assim por diante.

**GM:** Como o interesse de Freud pela arqueologia. Durante aquele período fiz coisas como um curso de arte terapia; introdução à psicologia, ao lado de outros tipos de busca e mesmo assim sempre os achei muito ligados. Depois, passei por uma crise na minha vida pessoal, já com quase trinta anos, o que levou à minha terapia: fiz também outros cursos, fui para o Instituto de Psicoterapia e Estudos Sociais, o que é mais integrativo e politicamente orientado; então fui ao Minster Centre que é uma terapia com base corporal muito mais integradora e humanista: tinha muito de transpessoal e espiritual, assim como terapia corporal e pensamento psicanalítico. Achei o trabalho com o corpo muito mais útil do que as ideias espirituais em termos da prática terapêutica e depois vim para cá, mais tarde, fazer o curso de observação e então a formação em psicoterapia. Foi realmente assim minha trajetória.

**MP:** Psicoterapia entremeada com o caminho espiritual desde muito cedo. Diga-me, como sua inclinação espiritual afeta seu trabalho com crianças e adolescentes agora?

**GM:** Tem tomado todo esse tempo desde a qualificação, eu acho, para que eu realmente pense que existem sérias possibilidades de integração, embora sempre tenha sentido que algo sobre o

280 VAGAL *SUPERSTARS*

processo de associação livre era muito parecido com a observação de pensamentos na meditação, especialmente estando consciente dos estados corporais. Sempre achei isso muito útil em termos de contratransferência.

**MP:** Pode falar mais um pouco sobre este ponto?

**GM:** Quando estava praticando a meditação, me senti muito mais consciente das minhas respostas às outras pessoas, então eu conseguia saber mais facilmente se as sensações despertadas em mim eram como se eu estivesse me sentindo mais entediado e apático, ou se eu estava empaticamente desperto.

**MP:** Na verdade, na prática da meditação ficamos muito conscientes do corpo-mente. Compartilho com você essa ideia do corpo na contratransferência e o aumento de sensibilidade e consciência promovida pela meditação.

**GM:** Penso que é mesmo um aprendizado incrivelmente poderoso. Mais recentemente, uma das coisas que mais me interessaram de novo e que me deram um pouco mais de esperança de que tudo possa se integrar um pouco mais, foi o movimento *mindfulness*. Como você sabe, sou muito interessado em neurociência, apego, pensamento desenvolvimental e muitas pessoas que estão buscando essa área, têm encontrado realmente coisas muito estimulantes e interessantes sobre o cérebro, como você sabe, e padrões de apego. Algumas delas, que pesquisaram o cérebro, de repente se interessaram pela investigação de *mindfulness* e meditação e seus efeitos extraordinários sobre o cérebro, algumas vezes mesmo depois de curtos períodos de tempo. Assim, de repente pensei, existem conexões importantes aqui e isso é muito estimulante e a quantidade de pesquisa que tem acontecido é extraordinária.

**MP:** A maioria na América, não é?

**GM:** Sim, quase todas na América, aqui temos algumas como a terapia cognitiva baseada em *mindfulness* (MBCT) que tem uma base de evidência impressionante para a prevenção de recaída de depressão. Tem muitos cursos baseados do modelo MBSR de Jon Kabat-Zinn que tem predominado. De qualquer forma, como me interessei pelo *mindfulness* e o cérebro, encontrei todas essas conexões extraordinárias, que tem ligação com o trabalho que eu estava fazendo com as crianças, que não estavam necessariamente sendo alcançadas com o trabalho interpretativo: trabalho muito com trauma, com crianças que já estiveram no sistema de saúde e cujos sistemas nervosos autônomos são frequentemente hiperestimulados, tão estimulados que impedem de absorver o que dizemos para eles. Eles realmente precisam de um lugar seguro dentro deles mesmos, antes de começarem a pensar em qualquer outra coisa. São crianças que já provocam profundos efeitos nas pessoas próximas, nos cuidadores, professores e todas aquelas pessoas que acabam por ficar em um estado terrível. Fiquei muito interessado em algumas pesquisas, por exemplo, do Davidson, sobre como as crianças que são mais confiantes e sociáveis têm maior ativação pré-frontal esquerda e crianças mais deprimidas, com sintomas neuróticos, têm maior ativação pré-frontal direita.

**MP:** Em adultos, não é?

**GM:** E nas crianças também: encontraram em crianças de berço em estados de repouso; mas essa mudança acontece também quando se faz o curso de *mindfulness*, ocorre uma mudança para a esquerda em termos de certas áreas do córtex pré-frontal. Então, mesmo que o *mindfulness* aconteça no hemisfério direito, existem certas áreas, que têm a ver com sentir-se melhor, que são afetadas pela meditação. Todas essas fantásticas ligações estão acontecendo!

**MP:** Então muito mais pode ser feito com as crianças.

282 VAGAL SUPERSTARS

**GM:** Sem dúvida nenhuma, e muitas pessoas estão fazendo coisas muito interessantes com as crianças. Todas as rigorosas pesquisas sobre *mindfulness* e sua efetividade como modalidade terapêutica, são feitas atualmente com adultos, mas há crescentes números de métodos experimentais de trabalho que estão começando a ser pesquisados com crianças. Existem algumas pessoas nos Estados Unidos, como Susan Kaiser Greenland, que têm desenvolvido *mindfulness* com crianças; ela é uma em muitas que descreveram técnicas e exercícios. Tem sido adaptado cuidadosamente para crianças: não é possível sentar e meditar por meia hora com as crianças, mas é possível tocar o sino da meditação e pedir que sentem-se sossegadamente, ouçam e que levantem a mão quando o sino parar. Isso acontece para ajudá-las a desenvolver a capacidade de concentração, que está muito ligada com o funcionamento, e muitas crianças com as quais mais nos preocupamos lutam com seu funcionamento: esta é uma área que não pensamos muito na psicoterapia psicanalítica infantil.

**MP:** Como você aplica isso em seu trabalho clínico? Você faz exercícios de respiração com as crianças?

**GM:** Ok, vou chegar nisso em um minuto. Encontro pessoas como o psiquiatra Daniel Siegel, que se interessa muito pelo cérebro, que está muito interessado no apego e depois se interessou por *mindfulness*, alguns de nós psicoterapeutas psicanalíticos – alguns terapeutas infantis e outros de adultos – formaram um grupo mensal que se encontram para pensar na interface entre a psicoterapia psicanalítica e *mindfulness*. Isso tem acontecido há cerca de dois anos. Sentamos juntos por um tempo e depois conversamos sobre como usamos *mindfulness* no nosso trabalho, direta ou indiretamente. Damos um pouco de coragem uns aos outros. Alguns do grupo são mais ativos, fazem intervenções da consciência corporal; outros apenas usam para si mesmos.

**MP:** Isso é fascinante!

**GM:** Há um novo curso sendo definido aqui, chamado Terapia Psicológica com Crianças, Jovens e Famílias, um curso com o objetivo de treinar as pessoas para alguns trabalhos CAMHS, que estão se expandindo hoje em dia. Esse curso precisou ser mais curto do que o de psicoterapia infantil, muito mais eclético, mas com um núcleo de psicanálise, então eles têm supervisão, aprendizagem e teoria da psicoterapia infantil.

**MP:** Talvez queiram se contrapor à formação e sua abordagem genérica do IAPT (Aumento do Acesso a Terapias Psicológicas).

**GM:** Exatamente e faz com que as pessoas saiam com outros ângulos de visão, com algo que se pode chamar de baseado em evidência ou que é quase baseado em evidência. Então decidimos trazer o *mindfulness* para isso no segundo ano. E assim durante um ano, a cada quinze dias, que equivale a oito semanas de terapia cognitiva ou redução do estresse com base em *mindfulness*. E assim eles vivem a própria experiência, fazem, praticam em casa e têm algumas ferramentas básicas para aplicar esse pensamento. Além disso, eles precisam fazer suas próprias terapias; são formados principalmente no pensamento psicanalítico, mas também com alguma aplicação sistêmica e um pouco de CBT. *Mindfulness* está lá experimentalmente, em primeiro lugar. Eles têm experiência de um curso de oito semanas, ganham algumas habilidades práticas e pode haver alguém que queira fazer o curso completo.

**MP:** Você conhece alguém que dá treinamento em *mindfulness* para ensiná-los, ou você mesmo que dá o curso de oito semanas?

**GM:** Não, trouxemos uma pessoa para fazer isso, Bill Young, um psiquiatra infantil, que na verdade formou-se aqui há muito tempo. Não sou qualificado e nem tenho ainda experiência suficiente para ensinar. Fiz o curso de oito semanas com uma pessoa de Cambridge; foi organizado por Ricky Emanuel para clínicos no Hospital Royal Free. O professor foi Michael Chaskalson, que também trabalhou ao lado de John Teasdale e Mark Williams. Então, foi o que eu fiz, e tenho praticado regularmente, mas minha prática precisa ser aprofundada para eu poder ensinar, comecei agora fazer a formação para professor.

**MP:** Você está falando agora de prática de meditação ou *mindfulness*, e qual a diferença que você faz entre os dois?

**GM:** *Mindfulness* é parecido com o início de uma longa jornada de meditação, eu acho; está muito mais baseado nos elementos do aprendizado, de como prestar atenção, focar, mudar a atenção. Os exercícios são bem básicos, e começam com consciência corporal; as pessoas têm duas semanas, mais ou menos, para fazer suas próprias práticas, depois começam a trabalhar a respiração, ouvir os sons, observar os pensamentos, e esses tipos de exercícios; elas recebem também muitas dicas e truques como respirações de três minutos, que se pode fazer a qualquer hora do dia; às vezes faço entre um paciente e outro. Por exemplo, a pessoa senta-se por um minuto e presta atenção nos pensamentos e sentimentos; depois concentra-se na respiração por um minuto, e depois no corpo, respirando durante um minuto, apenas pequenos intervalos no dia. *Mindfulness* não é a mesma coisa que as longas práticas de meditação, em que as pessoas alcançam mais profundidade, mas para proferir o treinamento de *mindfulness* e para fazer o treinamento de *mindfulnes*, é necessário fazer a própria prática.

**MP:** Você diria que talvez *mindfulness* ensine mais técnicas?

**GM:** Sim e não: existem também técnicas na meditação, assim como há técnicas em psicoterapia infantil; quando flui, não se trata de técnicas e penso que aprendendo a sentar-se, se interessar e ficar alerta em como está a respiração; isso não é realmente técnica, é um estilo de vida, um modo de ser, eu acho. Assim, as pessoas que tem grande entusiasmo por *mindfulness* e que o desenvolveram neste país, originalmente em Bangor, e então Cambridge e Oxford, elas são muito afiadas e praticam seriamente com regularidade. Então é preciso que esteja integrado na personalidade. Talvez com as crianças seja necessário desenvolver técnicas para ajudá-las. Penso que existem duas formas de intervenção com as crianças: ambas trabalhando diretamente com as crianças, individualmente e em grupos, e também trabalhando com os pais ou cuidadores, ajudando-as a desenvolverem mais consciência, o que por sua vez deve permitir que as crianças sejam mais autorreguladas.

**MP:** Você quer dizer mais autorreguladas como os adultos e mais contidas ao lidar com crianças?

**GM:** Sim, isso será transmitido às crianças. Comecei agora um workshop semanal aqui, para psicoterapeutas infantis e outros em formação, sobre a implicação clínica do apego, neurociências etc., e esta manhã, por exemplo, tivemos uma apresentação de uma pessoa que trabalha muito mais corporalmente com crianças traumatizadas. Ela estava dirigindo um grupo com alguns exercícios básicos de sensibilização somática: como você sente o seu corpo quando está estressado, isso faz uma boa ligação com as práticas *mindfulness*, eu penso.

**MP:** É fascinante, essa abertura para o corpo e a meditação quebra o gelo de alguma forma.

**GM:** Estamos no começo e ainda não tem muitos que fazem isso.

**MP:** Há anos, Ricky Emanuel convidou um psiquiatra indiano para falar sobre o experimento que fizeram na prisão da Índia, em que ensinaram meditação *Vipassana* durante onze dias para as pessoas mais insensíveis, sentenciadas a muitos anos de prisão. O filme que fizeram agora chama-se *Doing time, Doing Vipassana*. Os resultados foram inacreditáveis: alguns prisioneiros deixaram de se sentir perseguidos e paranoicos e se responsabilizaram pelas ações do passado e quiseram reparar. Foi muito comovente ouvir e assistir ao vídeo.

**GM:** Interessante. Não sei muito bem como ou onde aplicaremos tudo isso. Penso que uma grande diferença entre psicoterapia psicanalítica infantil e esta forma de trabalhar é que, assim como é preciso estar um pouco mais ciente das questões corporais e do sistema nervoso, também é preciso estar preparado para ser algumas vezes mais diretivo. Acho que é um grande desafio para um psicoterapeuta psicanalítico.

**MP:** É assim que devemos ser com os pacientes do NHS, pois é raro conseguir fazer a pura psicoterapia psicanalítica no NHS. Precisa de muita adaptação, oferecer um trabalho prático, conselhos e sugestões práticas, embora ainda sejam psicanaliticamente informados. É a natureza do nosso trabalho com essa clientela específica, hoje em dia.

**GM:** Com certeza, é preciso aconselhar e eu acho que a pesquisa em neurociência está fornecendo uma ponte. Há novos entendimentos agora, do sistema nervoso autônomo, por exemplo, descrito na teoria *Polyvagal*. O argumento básico de Steven Porges (2001) é que existem dois ramos do nervo pneumogástrico, um muito primitivo, que compartilhamos com as vértebras e que é o último recurso mais defensivo, consistindo de um colapso metabólico completo, um congelamento, defesas frouxas. Depois temos o sistema nervoso simpático com respostas de reações do stress, respirações curtas, aumento da frequência cardíaca etc.

Mas se o sistema nervoso parassimpático estiver funcionando bem, a mielina "ativa" do nervo pneumogástrico estará disparando impulsos. Isso vai do tronco cerebral, isto é, do cérebro primitivo, aos músculos faciais, coração, vísceras internas, especialmente do estômago. O nervo pneumogástrico ventral é cheio de receptores de oxitocinas que nos fazem sentir bem; então, quando nos sentimos bem, relaxados, amando, confortáveis e felizes, esse nervo dispara seus impulsos e a pessoa se sente mais à vontade, se sente bem melhor, e assim por diante. É isso o que vemos em meditadores a longo prazo. Pode ser medido olhando a variabilidade da frequência cardíaca. Pessoas traumatizadas tem variabilidade cardíaca limitada e tendem a ser muito menos flexíveis. Dacher Keltner (2009) descobriu que existem algumas pessoas que têm tom vagal extraordinariamente mais alto, grande variabilidade na frequência cardíaca, e ele as chama de "vagal *superstars*". Ele poderia contar pessoas como Dalai Lama tal como um vagal *superstar*! Por exemplo, aqueles que meditam muito, talvez mais de dez mil horas, não se perturbam com estímulos como barulhos: o reflexo ao sobressalto não responde, mesmo que a consciência esteja completamente presente.

**MP:** Sim, existem pesquisas fascinantes sobre o efeito da meditação no cérebro.

**GM:** Em um grau menor, eu penso, queremos tentar trazer algo assim no nosso trabalho com as crianças.

**MP:** Como você traz isso para a sala de consulta quando trabalha com crianças traumatizadas, adotadas, com as quais sabemos que você tem tanta experiência? Como o seu conhecimento das neurociências afeta seu trabalho clínico, terapêutico com essas crianças?

**GM:** Trago muito isso para os pais e cuidadores, preciso ser muito psicoeducacional agora, mais do que costumava ser, e eu diria: "Olha, quando se tem o tipo de trauma que ele teve, então há uma parte do cérebro muito primitiva que irá acender facilmente e ele estará hiperalerta, com a resposta de reação ao estresse muito ativada. Quando isso acontecer, ele não será capaz de absorver nada, não te ouvirá, não será capaz, ele não estará apenas sendo teimoso. Podemos trabalhar juntos para tentar encontrar um jeito de acalmá-lo". Uso muito esse tipo de linguagem. Quando estou com as crianças naquele estado, algumas vezes preciso trabalhar duro para ficar comigo mesmo, quem sabe tentando tomar consciência da minha respiração e minhas tensões.

**MP:** Não se estiverem destruindo o lugar, imagino?

**GM:** Não, se estiverem destruindo o lugar é preciso fazê-los parar. Se forem muito desregulados, é preciso se aproximar bem de onde estão e então tentar acalmá-los. Portanto, muito disso tem a ver com a regulação emocional e não tem muito o que fazer com *mindfulness*, em um certo nível.

**MP:** O que você faz na prática?

**GM:** Eu faço o que muitos de nós fazemos, que é tentar falar no mesmo nível que eles e tentar acalmá-los. Isso é regulação emocional, nem tanto *mindfulness*, mas tem um ou dois garotos com quem tenho feito exercícios básicos agora, principalmente ajudando-os a serem um pouco mais conscientes dos estados somáticos. Alguns estão completamente fora de si – e pode bastar sentar por alguns instantes, para colocá-los com os pés no chão. Isso é mais fácil com adolescentes uma vez que, como eles conseguem sentar-se, é possível fazer com que fiquem parados, que percebam as sensações que podem ter e quem sabe levá-los a fazer um exame corporal, esse tipo de coisa.

**MP:** Você faz isso na sessão e em seguida os leva a um exame corporal?

**GM:** Faço isso com poucos, quando sinto que meu modo tradicional de trabalho não está funcionando; se eu sinto que a psicoterapia infantil está funcionando com um garoto, então não faço nada mais. Certamente, eu tentaria levá-los a um lugar – seja lá o que isso signifique – em que ficassem mais responsivos, menos excitados e mais calmos, pois sinto que não consigo fazer qualquer trabalho terapêutico, a menos que cheguemos a isso. Agora tenho feito perguntas curiosas sobre o corpo, por exemplo: "Você está um pouco mais calmo agora, o que está acontecendo com sua respiração? Como está seu coração?", e esse tipo de coisas. Isso é menos ameaçador; na verdade, é um pouco como a terapia cognitiva comportamental.

**MP:** Isso parece essencial antes que possam desenvolver o pensamento.

**GM:** Sim, embora, é claro, alguns garotos pensem demais, então é preciso trazê-los de volta.

**MP:** Chamo isso de hiperatividade da mente: mente de borboleta, como uma paciente minha chamava isso.

**GM:** Concordo, é uma bela descrição. Tinha um livro interessante há alguns anos chamado *The Mind Object* (Corrigan & Gordeon, 1995), que tratava das ideias de Winnicott (1958b) sobre a mente e sua relação psique-soma e demonstrava que muitas crianças não têm um objeto externo confiável para identificar-se e assim desenvolvem uma confiança exagerada em suas mentes. Winnicott, eu acho, sabia de tudo isso que conversamos hoje.

**MP:** Assim como Freud, que tinha tudo isso em seu pensamento, e agora nós desenvolvemos e expandimos alguns pontos básicos que ele já havia feito, em sua época.

290 VAGAL *SUPERSTARS*

**GM:** Certamente. Em *mindfulness*, há uma experiência que é um pouco parecida com o que Winnicott descreve como o alojamento da psique no soma.

**MP:** Eles chegam juntos, não é?

**GM:** Bem, se você se sente segura, como Winnicott diz, ou contida no sentido de Bion, então psique e soma não estão separados da forma como sempre vemos depois de algum trauma, estresse e ansiedade.

**MP:** Mas em termos de origem, mente e corpo nascem juntos: acredito que o feto em formação no ventre, já tem uma experiência emocional ali, embora seja mentalizada somente muito tempo depois.

**GM:** Seguramente. Mas acho que a "mente borboleta", como você a descreve, acontece quando alguém não se sente relaxado, à vontade ou seguro, quando ainda não está integrado; então a mente vai embora em seu próprio curso e há menos autoconsciência corporal e menos relaxamento.

**MP:** Pensando em questões mais teóricas, tais como apego e desapego, ego e não-ego, e assim por diante: como você concilia o que parece se opor à psicanálise e ao budismo?

**GM:** Não sei se consigo conciliá-los, mas penso que vivemos em mundos muito diferentes daqueles das pessoas educadas nas tradicionais culturas budistas. Por exemplo, em uma entrevista com Dalai Lama, alguém perguntou sobre pessoas que realmente não gostam delas mesmas, e ele olhou completamente espantado e disse que não conseguia acreditar que existissem pessoas que não gostassem de si mesmas. Então, de certa forma vivemos em outro universo. Penso que essa questão do apego/desapego é muito interessante porque em um nível parecem opostos, mas não conseguimos nos mover para o desapego, não-ego etc., essas trajetórias clássicas budistas, prematuramente. Primeiro é preciso ter algo de bom dentro de si com o que se possa contar. A ideia de desapego pode, eu acho, ser usada como um tipo de defesa maníaca. Tenho visto muito disso nos círculos *New Age* e também em retiros de meditação e nos finais de semana de psicoterapia humanista; sempre que a pessoa parece muito frágil, evitando aquilo que não consegue administrar, usando ideias de desapego, fico preocupado. Suponho que o que tentamos fazer, fundamentalmente, na psicoterapia infantil e na ajuda para que as pessoas tornem-se pais, é para que as elas tenham o firme sentido de apego ou que tenham um bom objeto interno, seja em que língua for. Somente assim podemos começar a pensar nessas outras coisas espirituais como o desapego, de outra forma, a pessoa está numa corrida para o nada, eu acho. Então, eu na verdade não concilio, mas penso que na psicoterapia começamos de um nível inferior ao de tantas pessoas e professores espirituais. Acho que a saúde psicológica de muitas pessoas que começam nesses caminhos, é muito mais vulnerável do que outras que começam no caminho espiritual, digamos, no oriente. Alguns desses centros orientais de meditação espiritual no ocidente atrairão as pessoas que estão muito à margem, são muito frágeis e procuram desesperadamente por um lugar. Então, a ajuda/trabalho psicológico tem que ser básico e há perigo quando ideias espirituais e meditação são usadas para encurtar caminho.

**MP:** Concordo inteiramente com você, encontramos pessoas bastante problemáticas nesses mosteiros e lugares religiosos orientais. Pode ser muito perigoso, realmente. Portanto, um apego psicológico adequado precisa existir, antes de abraçar o caminho espiritual e de desapegos.

**GM:** Se pensarmos na teoria do apego ou se pensarmos em Winnicott, na verdade, uma vez que exista segurança interior ou se

292 VAGAL SUPERSTARS

saiba que a mãe está ali, então pode relaxar e deixar ir; como prova do que digo, não estamos prontos para essa espiritualidade até que estejamos seguros internamente.

**MP:** É como a chupeta: a pessoa se solta quando tem uma boa mãe interior.

**GM:** Sim, e outro perigo é que as pessoas tornam-se obcecadas com ideias de que não conseguirão uma integração; voltamos para a mente-objeto e a mente borboleta. Tanto numa boa terapia como em *mindfulness*, vejo um movimento em direção a sentir-se mais confortável consigo mesmo, capaz de esquecer de si um pouco mais. Muitas dessas pessoas – penso nos adultos – que vêm até nós para terapia, são incrivelmente ego-centradas por terem pouca coisa boa internamente e na medida em que ficam mais saudáveis, com sorte, tornam-se menos narcisistas, menos ego-centradas, e conseguem se desapegar um pouco mais.

**MP:** Alguém falou sobre a ligação excessiva com o ego sendo um estado de mente narcisista, ou seja, neurótico, *versus* um sentido de si mesmo mais relaxado e bem-humorado, livre do próprio ódio que causa impacto no povo oriental, como você mencionou antes, sobre Dalai Lama.

**GM:** Esse é um caminho um pouco superficial de compreensão, mas é o meu jeito.

**MP:** Penso que é um ponto de vista que muita gente compartilha: o budismo e a psicanálise dão diferentes significados às mesmas palavras, aos mesmos termos: até mesmo Dalai Lama fala da necessidade de um relacionamento saudável entre mãe--filho. Quando descobriram que ele é a reencarnação de um *Lama* anterior e foi levado para viver em Potala, seus pais também se mudaram nas proximidades, porque ele tinha cinco anos mais ou menos, naquela época. Ele manteve a simplicidade, o frescor e a espontaneidade de uma criança, no entanto seu pensamento é altamente sofisticado (Goleman, 2003).

**GM:** Ele é uma pessoa notável, realmente.

**MP:** Em um nível mais pessoal, você já teve alguma experiência mística ou iluminada que poderia compartilhar comigo e com os leitores?

**GM:** Na verdade não, tive algumas experiências que chamo de sentir-se abençoado, suponho, mas não me considero possuidor de grandes revelações espirituais ou algo próximo de uma iluminação ou estado de consciência. Acho que não.

**MP:** Há uma pergunta que tem a ver com o desapego, que é o estado de ausência de mente: como você vê essa ideia de vazio no seu trabalho?

**GM:** Acho que volto muito a Winnicott, e também, como muita gente, a Bion. Com Winnicott penso naquele adorável ensaio: sobre a capacidade de estar sozinho (Winnicott, 1958a). Durante muito tempo ponderei o que as diferentes palavras significavam; seja a dificuldade em ser, ou a solidão, ou "na presença de", mas acho que ele realmente entendeu o estar só. Aquele sentido de ser é o pré-requisito para algumas coisas que você mencionou sobre Dalai Lama: a ludicidade, abertura, curiosidade e um caminho livre de angústias de ser. Obviamente, quando trabalhamos em terapia e com crianças, é claro, ficamos bem conscientes da transitoriedade das coisas, e dessa mistura peculiar estados de graça, mas ao mesmo tempo consciência do vazio das coisas. O que eu penso é que estão juntos, mas não sei como traduzir para a linguagem da terapia.

**MP:** Bem, muito obrigada, Graham, por tudo isso, gostei muito de conhecer um pouco mais seus pensamentos e projetos.

## Referências

Corrigan, E., & Gordon, P. E. (1995). *The mind object: precocity and pathology of self-sufficiency.* New Jersey: Aronson.

Goleman, D. (2003). *Destructive Emotions and How Can We Overcome Them: A Dialogue with the Dalai Lama.* London: Bloomsbury.

Kafka, F. (1917-1918). *Collected Aphorisms.* n. 103. Trad. M. Pasley. London: W. W. Norton.

Keltner, D. (2009). *Born to Be Good: The Science of a Meaningful Life.* New York, London: W. W. Norton.

Porges, S. W. (2011). *The Polyvagal Theory: Neurophysiological Foundations of Emotions, Attachment, Communication, and Self-Regulation.* New York, London: W. W. Norton.

Vipassana Research Institute (1997). *Doing Time, Doing Vipassana.* www.prison.dhamma.org. DVD disponível no e-mail: bookstore@pariyatti.org

Winnicott, D. W. (1958a). *The capacity to be alone.* In *The Maturational Processes and the Facilitating Environment.* London: Karnac.

Winnicott, D. W. (1958b). Mind and its relation to the psyche-soma. In *Through Pediatrics to Psychoanalysis: Collected Papers.* New York: Basic Books.

# 16. Jung e Buda

*Diálogo com Jackie Van Roosmalen*

*Conceda-me a coragem para mudar*
*Aquilo que pode ser mudado*
*Força para suportar o que não pode*
*Ser mudado*
*E sabedoria para saber a diferença.*[1]
—*Reinholt Niebuhr*

**MP:** Jackie, é um prazer conversarmos por telefone, tão pouco tempo antes do Natal. Fiquei particularmente intrigada com sua experiência como mediadora e uma das últimas psicoterapeutas infantil formadas na Sociedade de Psicologia Analítica, isto é, S.P.A., formação Junguiana, antes de ter sido interrompida.

**JVR:** Sim, me formei nos anos 1990 e fui qualificada em 2006. Minhas parceiras foram Joanna Goldsmith e Alessandra Cavalli. E, sim, eu fiz análise Junguiana.

**MP:** Acredito que não exista grande diferença da outra formação originada por Anna Freud e Melanie Klein, está correto?

**JVR:** A principal diferença é que o modelo de Michael Fordham sobre o *self* primário é central. Essa é a ideia de que cada indivíduo é antes de mais nada um *self* primário, uma unidade psicossomática, um todo. Esse *self* relaciona-se com o meio ambiente e com os outros, a partir de uma dinâmica que Fordham chamou de "deintegração". Reintegração é o processo pelo qual essa experiência é aceita e integrada. A partir da dinâmica de deintegração e reintegração o mundo interno, que está baseado na experiência, se desenvolve; um ego e objetos internos desenvolvem. Um exemplo é o do bebê, que sente fome, chora como uma forma de sinalizar sua fome (deintegração) e a mãe responde alimentando e acalmando o bebê. O bebê reintegra a experiência da fome sendo atendida, assim como a experiência de ser acalmado.

**MP:** É fascinante.

**JVR:** Sim, faz muito sentido para mim e faz a ligação com as noções de "não manifesto", que não está formado, apesar de presente. Meditação, para mim, é o processo de prestar atenção no que está presente ainda em formação, ou seja, o que vem antes ou atrás de um pensamento ou sentimento, o que é "pré-mente", se preferir.

**MP:** Conte-me mais o que vem à sua mente sobre meditação e seu trabalho com crianças.

**JVR:** Suponho que o que é central para mim e na minha meditação no momento, é a relação entre o observador, a experiência, e o "mim", que não é nenhum desses e sim algo que vem antes, um *self*. Onde está localizado? No corpo? Na mente? Em ambos? Em nenhum? Por exemplo, pegue o sentimento da dor: existe um mim que sente, observa e está localizado no meu corpo, e também a deixa ir embora. Mas também há algo que é ambos, que está presente e não no mesmo nível como sentido na experiência. Então há uma relação entre o sentimento, aquele que o sente, e que está presente e não é parte dessa dualidade. Esta consciência me ajuda a não me identificar com um determinado pensamento ou sentimento.

**MP:** Você está falando do ego observador e de como a meditação ajuda a desenvolver isso, presumivelmente?

**JVR:** Sim, e isso pode ser muito útil para introduzir essa perspectiva para os jovens que se sentem oprimidos pelo tumulto interno.

**MP:** Em terapia, nosso ponto de foco é a compreensão da relação com o outro. Mas, conte-me, há quanto tempo você medita?

**JVR:** Comecei e parei diversas vezes desde que era adolescente, mas eu não tinha uma prática disciplinada e formal. Mais recentemente, há cerca de três ou quatro anos, comecei de novo e agora pratico todas as manhãs, embora não tenha certeza se o que faço é de fato meditação, eu tento, eu pratico!

**MP:** Como aconteceu de você recomeçar?

**JVR:** Descobri que precisava desse contato no meu dia a dia. Contato com o meu *self* e com a simplicidade do agora. Há muito mais de quem somos como seres humanos do que pensar e fazer. É o que está por "trás" disso, "não manifesto", isso é o que realmente somos. E vou confiar e contar mais com isso.

**MP:** E também sua experiência Junguiana e sua condição espiritual integram-se perfeitamente com seu interesse meditativo, não é?

298   JUNG E BUDA

**JVR:** Sim, sou muito interessada no "momento presente". Não interpreto muito do jeito intelectual. Meditação me ajuda a ficar presente numa troca emocional, estar ciente e notar no momento aquilo que estou sentindo e na contratransferência. E também o que a criança pode estar sentindo e chamar a atenção para aquela mudança momento a momento.

**MP:** Você descreve para uma criança o sentimento que você observou e que ela pode estar sentindo?

**JVR:** Vem à minha mente um garoto de sete anos, com quem estou trabalhando no momento, e que sofre de um transtorno muito raro, que pode ser fatal. A história dele é de automutilação e tem estado preocupado com pensamentos de morte e de morrer.

**MP:** Provavelmente ele está consciente de sua condição precária de vida e morte, não é?

**JVR:** Sim, e seus pais, compreensivelmente, têm mesmo dificuldade para dar qualquer tipo de limite e mostrar autoridade, porque sua mãe tem estado aterrorizada de medo de perdê-lo. Ele acabou sendo muito manipulador na família e desempenha o papel de vítima.

**MP:** Estou pensando na deficiência secundária, termo usado muito claramente por Valerie Sinason (2010) em seu trabalho com crianças e adultos com deficiência mental, em que o ambiente agrega à incapacidade física ou invalidez original, uma deficiência secundária, que ocorre devido a um modo emocional de não continência relacionado à condição física primária.

**JVR:** Esse garoto me associa com "a doença" e me odeia. Ele refere-se a mim como sua doença: tenta me manipular se machucando para se vingar de mim, às vezes. Decidi logo no começo ser clara sobre os limites no trabalho e não ser flexível da forma como sou com as outras crianças com quem trabalho. Por exemplo, se outras crianças quiserem entrar na sala com suas mães, tudo bem; mas com ele, eu digo: "É assim que eu trabalho: você entra na sala sozinho. Não precisa trabalhar comigo, a escolha é sua, mas se você concordar então é desse jeito que eu trabalho". Coloquei uma posição bem forte porque senti que ele precisava saber exatamente onde estavam os limites. Nunca mudei isso e foi por isso que ele começou a me odiar. Ele gritava, berrava e me amaldiçoava, dava soco em si próprio repetidamente e se recusava a entrar na minha sala. Mas também mostrou curiosidade sobre o que havia na sala e sempre que alguém passava ao lado dele, ele parava com suas explosões. Por isso me senti razoavelmente confiante de que em algum nível ele estava escolhendo sua posição. Agora já superamos isso: ele não me odeia mais o tempo todo; sente-se seguro para brigar comigo e agora ele sabe, com a experiência, que ninguém vai morrer com sua raiva e ódio. Ele e seu "objeto" não são tão frágeis quanto ele temia.

**MP:** Muito interessante você ter tomado posição diferente com esse garoto que é tão doente.

**JVR:** Acho que foi porque ele tentou mudar as regras do jogo e ser o chefe, e ele precisava saber que o chefe aqui sou eu e sou bastante forte para aguentar o que ele joga em mim; ele não ia me prejudicar e não ia morrer, nem eu. Tem sido um processo difícil, e foi difícil gostar dele; agora está mais fácil. Em termos de meditação, o que eu estava pensando era entrar em contato com o que estava por trás de seu comportamento, antes da doença, seu *self* que fez com que ele se comportasse nessa forma, ele poderia ter manejado de modo totalmente diferente; diz-se que o *karma* é criado pelo jeito que a pessoa responde aos eventos da vida. Constantemente especifico coisas como: "Veja o que está acontecendo agora", e falo alto, me perguntando o que pode ter feito com que ele se comportasse

300 JUNG E BUDA

naquela maneira. Dessa forma, é importante que ele saiba que estou pensando nele e que estou dialogando comigo mesma, tentando achar sentido para seu comportamento e o que está levando a isso. Por exemplo, eu diria: "Você está aqui hoje porque concordou em se encontrar comigo, ainda que me odeie bastante e isso porque não estou fazendo o que você gostaria que eu fizesse. Você está muito bravo comigo porque eu não concordo com você, e você acredita que se machucando eu vou concordar com você e vou mudar". Eu me tornei a pessoa que ele ama odiar, e me parece essencial que ele passe pela experiência.

**MP:** É interessante ver os seus limites com ele e eu mesma me pergunto se, por você ter decidido ser inflexível com ele, você esteja assumindo a posição da realidade, a realidade da doença dele, uma realidade que não pode ser mudada.

**JVR:** Sim, penso que sim e – não tenho certeza – também senti que o comportamento dele foi manipulativo e apenas para o bem dele, porque ele tinha aprendido a fugir para conseguir o que queria. Então senti que o que ele precisava era de uma abordagem, que de certa forma era bem comportamental.

**MP:** É aí que penso que precisamos adaptar nossa técnica às necessidades e singularidades dos nossos pacientes individuais: a técnica também pode mudar, quando as coisas mudam, devido ao desenvolvimento da criança e ao processo terapêutico que segue. Certamente tenho uma experiência com um garoto de sete anos, perverso, violento, e onipotente, que reage com agressão às palavras e interpretações. Afirmo repetidamente que sou eu quem mando nas nossas sessões e que ele precisa observar certas regras; de vez em quando isso tem promovido eventualmente um jogo simbólico.

**JVR:** Penso que isso não esteja longe do pensamento analítico; está alinhado com ele. Acho que é analítico, mas colocamos na prática ao invés de falarmos sobre isso. Quando trabalho com adolescentes, o valor da meditação parece especialmente relevante, possivelmente porque existem muito mais momentos de quietude: não estão correndo pela sala, brincando ou agindo como garotos mais novos fazem; os adolescentes falam mais e refletem mais.

**MP:** Você se vê falando ou fazendo com eles meditação ou coisas meditativas?

**JVR:** Sim, muito. Depende da pessoa e do quão disponível está para apreender nesse sentido, mas normalmente aí entra a relação em que banco o silêncio, estou finalmente sintonizada com a qualidade do silêncio e em como isso muda; então ponho em palavras e quero saber, naquele silêncio, se o jovem está sentindo algo similar ou diferente e sigo a pista do que eles estão pensando. Fico muito interessada em saber o que vai na mente deles sem censura. Eu digo: "Não importa o que seja, perceba o que vem à mente". Isso me faz lembrar muito a relação bem precoce mãe-bebê notando pequenas coisas e colocando em palavras. Adoro esse aspecto do trabalho que é tão importante, penso eu.

**MP:** E eles te acompanham, contam o que vem em suas mentes?

**JVR:** Estou pensando em um garoto, ele tem treze anos, e acabei de fazer a avaliação dele para psicoterapia. Vem de família muito carente, com histórico de abuso sexual. Então é uma situação, uma família bem complicada. Ele não mostra nenhum sintoma, vai bem na escola, tem amigos, mas o pedido de terapia veio de uma agência especializada, que queria que ele fizesse trabalho preventivo. Assim, ofereci uma avaliação de terapia prolongada. Ele fica a maior parte do tempo em silêncio na sala; é um menino muito doce e simpático, mas não sabe o que sente ou pensa ou quer; não sabe quem ele é, e isso é muito difícil. Ele não sabe o que

302  JUNG E BUDA

fazer com o tempo e espaço oferecidos a ele. Por um lado, me sinto pressionada a trabalhar o abuso sexual, mas na verdade isso não está presente na sala, em sua mente, entre nós. O que combinamos foi que juntos iríamos começar a conhecê-lo prestando atenção naquilo que viesse à sua mente e em qualquer sensação que ele tivesse no corpo. Dessa forma, *mindfulness* tem sido realmente muito útil. Para perceber se existem tensões e sentimentos em algum lugar de seu corpo e se aquilo pode se tornar pensamentos. Acho que ele me acha completamente louca, do tipo de projeção "mas que diabo você está fazendo?". Eu converso bastante porque ele é muito quieto, e ele não fica em silêncio como que para negar, ele é quieto de forma imatura.

**MP:** Ele parece ser uma criança sem identidade, alvo perfeito para abuso, e uma vítima, não é?

**JVR:** Isso mesmo, e ele é o tipo de criança que se comunica com a família provocando sentimentos neles, por exemplo, ele tenta assustá-los pulando de trás da porta. O que eu falo para ele sobre isso é: "Talvez você queira notar o que você os faz sentir", na esperança que ele possa ver o que ele gera nos outros. Eu digo: "Você pode achar estranho prestar atenção nas coisas que vêm à mente ou notar seu corpo físico, mas não acho que quando você era bebê todos prestavam atenção em você, nos seus sentimentos e experiência. Agora é a chance de você começar a se conhecer".

**MP:** Ele está indo na terapia, não é?

**JVR:** Está indo e tem dado seu consentimento, mas parece que não tem muita escolha porque todos da rede querem que ele faça terapia. Então é complicado e parte do meu trabalho é fazer com que ele tenha voz e escolha, o que inclui: "Não quero mais fazer isso". Mas não estamos nem perto disso.

**MP:** Percebi isso e talvez ajude se ele disser: "Não quero mais ser abusado". Você estava falando antes sobre mães e bebês, pode falar mais sobre isso?

**JVR:** Na minha meditação e prática de *mindfulness*, a ideia não é parar os pensamentos, mas trazer de volta a atenção, digamos, por exemplo, ter consciência da respiração. Assim, quando um pensamento entra na sua mente, você vai notá-lo e trazer o foco de volta, e isso pode levar à uma apreciação de que os pensamentos vêm e vão e que a mente está correndo e assim por diante. No trabalho terapêutico, estou interessada em alguém mais consciente de seu próprio processo de pensamento ou de sua quietude. Tenho notado com os adolescentes que os movimentos sutis ou mudanças sutis de sentimentos, um gesto, um contato visual pode ser notado e mencionado. Prestar muita atenção e responder a essas nuances, como a mãe faz com o bebê, permitirá que o jovem desenvolva essa capacidade de se sintonizar.

**MP:** Qual seria o propósito de ajudar as crianças a desenvolverem esse nível de consciência do corpo e mente?

**JVR:** Isso os ajudaria a ter o senso de quem eles são ou que eles são; de que aquilo sou eu, e é isso que estou sentindo, e esse é meu corpo nesse momento; também que eles entendam que o momento vem e vai e que nada dura. Se têm uma experiência muito ruim ou se estão com sentimentos assoberbantes, eles saberão que tudo tem um início e um fim. Desenvolverão uma ligação e assim irão aprender a não se identificar com isso. Pode-se desenvolver um senso de si mesmo fora daquele sentimento e não precisar se identificar com certos estados da mente.

**MP:** Esta é uma tarefa difícil que temos que lidar durante toda a nossa vida. As crianças seguem você nisso, não é?

304  JUNG E BUDA

**JVR:** Sim, na minha experiência alguns seguem.

**MP:** Alguma outra vinheta vem à sua mente?

**JVR:** Terminei agora um trabalho com uma garota que acabou de fazer 18 anos. Ela tinha sido encaminhada por transtorno de estresse pós-traumático, traços obsessivos, depressão severa e automutilação. Estava tomando doses altas de medicamentos antidepressivos. No trabalho terapêutico que fizemos, usamos a prática *mindfulness*. Ela falava do conflito em sua mente – teve um relacionamento abusivo com sua mãe por muitos anos – e, embora não tivesse mais contato com ela, aquele conflito ficou se repetindo internamente e também comigo em terapia. Aquele conflito estava muito presente em sua mente, em uma sessão específica, e era muito estressante para ela, provocando ansiedade e aquela batalha interna a estava consumindo. Ela conseguiu reconhecer que foi apenas uma batalha, porque ela escolheu pegar as armas em resposta àquela parte dela mesma que estava escolhendo a briga. Quando ela conseguiu reconhecer que ela era responsável pela luta enraivecida dentro dela, decidiu abaixar as armas simbolicamente e não responder, porque entendeu que é preciso dois para brigar. Então ela decidiu não responder àquela parte dela, que procurava briga ou que continuava brigando. Assim, veio uma imagem de uma lagoa em sua mente e ela disse que na superfície a água era muito instável e turbulenta e que se ela se permitisse afundar, a água lá no fundo estaria calma. Ela havia encontrado a paz. Usamos essa imagem repetidas vezes, quando ela repetia o padrão de abuso ou conflito com sua mãe interna. "Estou na água turbulenta, preciso afundar, me deixar levar e afundar até sentir paz na lagoa". Aquilo funcionou para ela e foi muito comovente. Foi incrível trabalhar com ela. Trabalhei com ela durante dezoito meses, mas quando o trabalho começou a chegar ao fim, ela foi capaz de experimentar um amplo espectro de sentimentos e recuperar a felicidade, depois de ter sentido medo, duvidado de si mesma e dor. Não era mais uma vítima.

**MP:** Isso é fascinante: que linda maneira de oferecer psicoterapia e meditação juntas. Jackie, você usou *mindfulness* em outro contexto?

**JVR:** Estou coordenando um grupo *mindfulness* na escola de enfermagem do município onde trabalho. Nos reunimos uma vez por mês durante cinco meses. Há um membro do grupo que tem dificuldade com respiração e estava muito nervosa por ter que prestar atenção na respiração porque temia que aquilo traria um ataque de asma. Ela conseguiu observar seu medo quando ele emergiu e a experiência vivida desse medo em seu corpo (aceleração do ritmo cardíaco), trouxe o seguinte pensamento: "Vou ter um ataque de asma" etc. Ficou espantada quando seu seio paranasal desobstruiu! Ela não tinha tentado fazer nada e nem mudar nada; estava simplesmente no momento presente. Isso aconteceu em duas ocasiões diferentes.

**MP:** O que você pensa sobre apego e desapego, Jackie?

**JVR:** O que penso sobre isso é simplesmente não ter apego a resultados, ou a um futuro ou passado. Prestar atenção ao momento presente é o que importa; é apenas neste momento que alguma coisa é real. Estamos constantemente nos reinventando, tentando nos conhecer, dando sentido à Vida: a única verdadeira experiência é Agora. Ideias, teorias, organizações são ilusórias, e de alguma forma também os pensamentos e sentimentos. O paradoxo é que o tratamento psicoterapêutico é mais valioso quando leva o paciente a conhecer o conteúdo de sua própria mente, o que se sente e o que pensa. No entanto, o que é até mais importante do que isso é a capacidade de perceber que mesmo que isso seja uma ilusão e para que realmente a pessoa se conheça, é preciso soltar os sentimentos e pensamentos!

**MP:** Sua opinião sobre essa questão é muito original e incorporada na profundidade de sua abordagem filosófica de vida.

**JVR:** Bem, a prática da meditação me ajuda a aprofundar minha consciência e fortalecer minha capacidade de observar a mim e aos outros. Tenho percebido que estar simplesmente consciente, presente no momento, com o foco em ser, ao invés de fazer, tem em si um profundo efeito. Valorizo cada vez mais que somos limitados naquilo que podemos fazer por alguém, como terapeutas, que não podemos curar ou mudar ou aliviar o sofrimento. Mas, estar com alguém com sua verdadeira expresão, mesmo que seja expressão de dor ou raiva ou medo etc., pode permitir uma transformação que vem de dentro da pessoa e possibilitar o potencial natural para cura que está em todos nós. A partir da prática da meditação, fico mais habilitada no consultório para orientar meus pacientes adolescentes, e os pais em particular, para observar seus pensamentos, sentimentos e respostas como elas surgem, em nossa relação sem julgamentos, sem tentar controlar ou alterar nada, mas simplesmente perceber. Desta forma, podemos começar a conhecer "o verdadeiro *self*".

**MP:** Bem, com este comentário de esperança, podemos nos despedir agora, muito obrigada por esta conversa tão agradável e interessante.

## Referência

Sinason, V. (2010). *Mental Handicap and the Human Condition.* London: Free Association Books.

## Nota

1. A oração que se conhece é: "Conceda-me a serenidade para aceitar aquilo que não posso mudar, a coragem para mudar o que me for possível e a sabedoria para saber discernir entre as duas".

# 17. Sopa de macarrão birmanês com Buda

*Diálogo com Aye Aye Yee*

*Tenho também percebido que se deve aceitar os pensamentos que surgem dentro de nós por vontade própria, como parte de uma realidade. As categorias de verdadeiro e falso estão, naturalmente, sempre presentes, mas como não são vinculativas, ficam em segundo plano. A presença dos pensamentos é mais importante do que nosso julgamento subjetivo deles. Mas esses julgamentos não devem ser suprimidos, pois eles também existem e fazem parte da nossa integridade.*

*—The Vulnerable Saya U*

**MP:** Que coisa rara é poder encontrar você para falarmos sobre budismo e seu trabalho como psiquiatra infantil no *Child and Adolescent Mental Health Service*, tão movimentado e estressante, no leste de Londres, enquanto me oferece gentilmente uma deliciosa e

308 SOPA DE MACARRÃO BIRMANÊS COM BUDA

original sopa de macarrão birmanês com coco, em sua casa, prepara-do carinhosamente por você. Estamos também rodeadas de imagens de monges budistas, andando com suas tigelas na Birmânia e por ou-tras imagens e estátuas inspiradoras de Buda: esta é a casa de uma fa-mília com longa tradição budista, suponho. Você não se converteu ao budismo como a maioria das pessoas neste livro. Mas, conte-me mais sobre essa família espiritual tradicional e como você decidiu tornar-se psiquiatra infantil.

**AAY:** As pessoas que se submeteram a conversão ao budismo, como você diz, têm mais compreensão, leitura e conhecimento so-bre o budismo. Eu nasci numa família de muitos rituais e culturas e, por exemplo, meu filho que é um jovem muito inteligente e culto está questionando algumas tradições que temos e tem me pergun-tado porque fazemos e acreditamos em certas coisas e no próprio sistema de crença. Sempre me sinto incapaz de explicar a ele. Digo apenas que foi passado por gerações. Isso não foi o suficiente para o meu filho, que começou a estudar o *Dharma* em detalhes, e agora quando ele faz orações em páli, ele sabe exatamente o que são e que não está apenas recitando.

**MP:** É fascinante ver que a partir do seu filho você está tendo a chance de pensar mais e mais e buscar mais significados dos ri-tuais e orações budistas diários. Acho que isso não é diferente do que ocorre na tradição católica de onde eu venho, e como comecei querendo aprender mais sobre isso quando entrei na adolescência.

**AAY:** Eu percebi algumas coisas. Meu filho, quem eu observo desde cedo, tenho notado estar bem adiantado. Quando ele tinha cerca de dois anos, minha mãe o levava defronte a estátua de Buda em seu santuário em casa, na Birmânia, e recitava suas orações. Ele costumava repeti-las em sua linguagem recém-aprendida, en-quanto brincava e zanzava em volta da avó. Foi assim que nós e ele crescemos. Na minha família não comemos carne de porco ou de vaca pelas crenças supersticiosas, médicas e religiosas. Meu filho queria aprender a verdade sobre a prática anterior, então eu li e fui buscar mais explicações. Pesquisa também revela que abordagens espíritas aceleram a recuperação de doenças mentais.

**MP:** Onde você trabalhava quando foi habilitada pela primeira vez?

**AAY:** Em um grande hospital vitoriano em St. Albans, Napsbury. Portanto, para mim, era um modelo médico do princípio ao fim: quando vemos os pacientes, avaliamos o estado mental e então fazemos meditação. Naquela época, eu fazia meus turnos na psiquiatria de adulto e lidava com pacientes psicóticos, com transtorno de personalidade; como estagiária, você é elevada a lidar com o feijão com arroz da psiquiatria, sabe, com casos de psicose desenvolvida. Então eu nunca cheguei realmente a ter um profundo relacionamento terapêutico com os pacientes. Usar o modelo médico não coloca o aspecto emocional em primeiro plano, porque ficamos muito distanciados do paciente.

**MP:** Eles precisam de muita medicação, então.

**AAY:** Sim, mas, Maria, eu não sabia disso naquele tempo. Em 1994, eu vim aqui e comecei a trabalhar como psiquiatra infantil da equipe assistencial do Loxford Hall de 1997. Achei que psiquiatria infantil é uma situação totalmente diferente. É uma relação mais individual com a criança. Podemos vê-las, fazer avaliação mental, avaliação familiar ou outra avaliação, e após a avaliação recomendamos e providenciamos tratamento, que inclui fazer trabalho terapêutico com a criança também. Não é possível se desvencilhar totalmente dos próprios sentimentos em relação ao sofrimento da criança.

**MP:** Você não se envolve muito com adultos, não é? Aqui com as crianças e as famílias você fica mais envolvida.

**AAY:** Mais envolvida e não se pode dizer apenas medicamente. "É isso, já fiz, e não vou me preocupar mais com esse paciente"; não funciona assim na psiquiatria infantil. As histórias deles me afetam, penso muito nesses jovenzinhos que estão em situações horrendas. Tinha uma garotinha que vi, de um país africano, que se automutilava até um ponto em que não a controlavam mais na comunidade e ela foi acolhida em uma unidade especializada. Mesmo lá, não conseguiam contê-la. Ela foi mandada de volta para a comunidade e tivemos que levá-la de volta. Me senti muito frustrada, com raiva e com todas essas emoções. Então, esse é um exemplo de um dos meus casos, que ocorreram no início da minha vida como psiquiatra infantil, que realmente me afetaram e continuo pensando sobre isso.

**MP:** Então você está falando de uma profunda diferença no seu *self* profissional quando iniciou com as crianças e os jovens. Você ia continuar dizendo algo sobre meditação, talvez?

**AAY:** A prática meditativa torna-se muito importante, também quando faço meu trabalho e agora no meu dia a dia e também para eu me entender. "Esta ansiedade é minha ou a situação é essa?". Como dar um passo atrás e reavaliar a situação sem ficar tão preocupada e envolvida? Então, para responder novamente a sua pergunta, a meditação está me ajudando a ficar mais consciente, reflexiva em todo o processo da vida cotidiana e no meu trabalho também.

**MP:** Em seu trabalho com crianças, famílias e jovens, como você coloca o seu budismo, à parte de sua atitude de ser mais consciente, mais pensativa? Como o seu pensamento budista afeta seu trabalho?

**AAY:** Minha formulação e interpretação do caso não é realmente afetada pelas ideias budistas, mas como foi dito, estou sempre tentando trazer algum trabalho cognitivo e meditativo. Em alguns casos de adolescentes que sejam receptivos e cognitivamente maduros, garotos com dezesseis ou dezessete anos que são muito ansiosos, eu traria um pouco de meditação dizendo: "Bem, isso é um processo", e tento compreender seus pensamentos no aqui e agora e peço a eles que escrevam seus pensamentos. Eu diria: "Estes são seus pensamentos, eles são perigosos para você?". Estou pensando em um adolescente de dezessete anos que aproveitou bastante e agora já pode ir para a faculdade. Quando ele veio me ver, estava muito debilitado devido aos ataques de pânico; ele era agorafóbico, rígido e perfeccionista, mas era também um jovem muito talentoso. Ele conta que na primeira vez que teve o ataque de pânico, estava voltando de Londres por um dos túneis e estava com um amigo e sua família; de repente ele se sentiu muito preocupado de ficar preso no túnel. Daí para a frente seu pânico aumentou tanto que se ele sai para viagens mais longas, o pensamento de atravessar o túnel vem à sua mente e ele tem o ataque de pânico.

**MP:** Isso quer dizer que ele hiperventila e sente que não consegue respirar?

**AAY:** Sim, e tem também palpitações, fica trêmulo, sente que vai vomitar e acha que vai perder a consciência.

**MP:** Coitado, parece bem grave!

**AAY:** Sim, muito grave, e o que aconteceu foi que antes ele era muito estudioso, capaz, era um excelente judoca e jogador de futebol. Tornou-se muito incapacitado a ponto de não conseguir ir à escola. Inicialmente, por causa de suas ansiedades serem muito profundas, não dava para conversar com ele, nada fazia sentido para ele. Estava sempre preocupado com esses pensamentos. Em determinado momento da crise ele não conseguia nem dormir na cama dele: ficava tremento e chorando.

**MP:** Como uma criança aterrorizada!

**AAY:** Isso, como um bebê e foi dormir em um colchão no chão da cozinha. Fizemos muita terapia intensiva CBT, tentei trabalhar, nomeando com ele tudo isso num tratamento de um ano – primeiro semanalmente depois menos frequente. Ele foi muito receptivo à ideia da ligação mente-corpo: seja lá o que o corpo sinta, a mente interpreta como uma catástrofe: aumento do ritmo cardíaco, aumento na respiração, e a mente poderia reagir no modo de luta--fuga, como se ele estivesse correndo sério perigo.

**MP:** Presumivelmente correndo risco de morte?

**AAY:** Sim, morrer dormindo. Depois falamos de como a mente dá trabalho, sabe, como é um touro indomável.

**MP:** A mente é um touro indomável na metáfora budista?

**AAY:** Sim, e eu disse a ele: "Bem, ouça, se você deixar o touro indomável investir furiosamente, então ele fará, porque você deixou. Como vamos controlar isso?". Ele respondeu muito bem à essa analogia. É um processo lento porque as crianças que estão nesse estado de pânico, não conseguem pensar, então precisamos ir muito devagar. Eu disse a ele: "Sente-se ali e vamos pensar sobre os seus pensamentos", e é assim que introduzo *mindfulness*.

**MP:** Então você usa a prática *mindfulness* em seu trabalho com crianças?

**AAY:** Sim, introduzo a meditação, mas não consigo fazer isso com todas as crianças.

**MP:** Você pediu que ele se sentasse em uma cadeira, que fechasse os olhos e prestasse atenção na respiração, como se faz na meditação?

**AAY:** Pedi que ele relaxasse e que falasse por meio do relaxamento muscular.

**MP:** É como a meditação de varredura do corpo? Não é como fazem na ioga quando pedem para que se tensione cada órgão do corpo depois solte-os expirando?

**AAY:** Sim, a ioga também faz isso. Pedi que ele observasse seus pensamentos e que tipo de pensamentos ele tem depois do relaxamento muscular.

**MP:** Quais pensamentos ele compartilhou com você, Aye Aye?

**AAY:** Ele disse que muitos pensamentos vieram à mente, e eu perguntei como ele sentiu no corpo quando cada pensamento veio à mente. Ele disse: "Quando tenho esse pensamento, entro em pânico e minha temperatura sobe muito". Eu digo: "Não tente se livrar disso, fique com isso". Ele fez isso e dali a pouco ele disse: "Acabou, agora", mas depois ele teve outro pensamento e repetimos o mesmo processo, outras vezes.

**MP:** Pode me contar alguns pensamentos que ele teve?

**AAY:** Ele se preocupou em morar longe de casa quando fosse para a faculdade, ficasse doente e sozinho. Não o confortei em nada, porque se fizesse isso, iria reforçar suas preocupações. Preciso que ele entenda que os pensamentos são irracionais, que aqueles pensamentos não ficam e que eles vêm e vão.

**MP:** A esse respeito, existe uma forte ligação com a meditação budista e a noção de impermanência; é também um lembrete amigável que você me oferece, ao me ver com tantos problemas relacionados à dinâmica institucional, no meu trabalho. É uma lembrança preciosa, ser impermanente, e eu não preciso me apegar à angústia que isso causaria em mim.

**AAY:** E eu também agradeço muito por você estar na minha vida e compreender aquela experiência extraordinária e amedrontadora que tive uma vez durante a meditação. Às vezes precisamos ser lembrados. Aquele jovem iria para casa praticar o relaxamento muscular e *mindfulness*.

**MP:** *Mindfulness* consiste em prestar atenção aos seus pensamentos após o relaxamento muscular e deixá-los seguir, não é isso?

**AAY:** Sim. Esse jovem foi agora para a universidade, está morando em uma república longe dos pais; ele ainda tem ataques de pânico, mas sabe como administrá-los.

**MP:** Talvez ele precise fazer psicoterapia psicanalítica em algum momento, para ajudá-lo a compreender a origem dos ataques de pânico, ao cruzar o túnel e outros ataques, naturalmente.

**AAY:** Sim, provavelmente.

**MP:** É muito interessante a forma com que você combina o *mindfulness* que você adquiriu vinda das gerações de budistas em sua família, com o seu trabalho como psiquiatra infantil. Que jornada interessante tem sido, partindo de um estilo médico e automático de alguma forma, como você descreveu antes, a conexões emocionais corpo-mente, uma pessoa mais orientada, espiritual e filosófica. E com as crianças menores?

**AAY:** Não acho que posso usar essa abordagem, a menos que a capacidade cognitiva esteja desenvolvida, mas posso ajudar os pais e cuidadores a entenderem de onde a criança está vindo.

**MP:** Sim, ajudar os pais a ajudarem seus filhos pequenos, mas infelizmente até os menores de cinco anos, que costumavam vir para mim, não têm sido mais vistos na nossa clínica CAMHS. Pensando mais na metáfora do touro indomável, você o domina ao observá-lo?

**AAY:** Não, não se observa o touro indomável: ele precisa ser puxado e amarrado no pilar. Dessa forma, é possível reconhecer o pensamento, entendê-lo e dominá-lo: isso é um pensamento, ele não estará ali por muito tempo; ele vem e vai.

**MP:** Isso significa que o pensamento não afeta o estado corporal, não agita o corpo, ao perceber o pensamento indo e voltando?

**AAY:** Sim, apenas o reconhece; não se tenta interromper o pensamento, porque quanto mais se tenta, mais ansiedade vem e mais ele volta para a pessoa. É só deixar vir e ir, e voltar à respiração, e depois dessa prática durante um tempo, haverá um momento em que tudo estará em silêncio, e reconhecer esse silêncio é transformar-se nele.

**MP:** Muito interessante; mas, como você concilia a ideia de apego e desapego no budismo?

**AAY:** Penso que quando você diz apego pode significar um jeito diferente de apego. Quando falamos – como psiquiatras infantis – de apego entre mãe, filho, pai, os mais próximos etc., queremos dizer uma coisa. No budismo, esse apego talvez também seja parte disso, mas normalmente refere-se ao apego a esse mundo: queremos isso, queremos aquilo, e assim por diante, e então o sofrimento chega com esse tipo de apego. Não acho que o budismo ensine o desapego desse modo convencional, o que você acha?

**MP:** Acho que não mesmo: o budismo promove o apego saudável psicológico entre as crianças, pais, membros da família, os mais próximos, colegas. É o agarrar-se, o resistir, e aderir ao tipo de apego que é prejudicial e gera sofrimento a que o budismo se refere, como eu entendo.

**AAY:** Existe uma diferença entre estar apegado e estar muito apegado. É apenas meu ponto de vista, e talvez não esteja correto, uma vez que não conheço a teoria budista que fala sobre isso.

**MP:** Não existe ponto de vista errado ou certo: é apenas um ponto de vista. Como você aplica essa ideia budista de desapego em seu trabalho, por exemplo com o jovem que você mencionou anteriormente?

**AAY:** Eu o ajudo a não duelar com seus pensamentos: isso seria mais para não se ligar tanto, mas não que seja para negar os pensamentos.

**MP:** O que acha do sentido do *self*: em sua cultura a ênfase é colocada mais no sentido da comunidade do que no indivíduo, como nas sociedades ocidentais. Como você lida com isso, com a ideia de ajudar os jovens a desenvolverem um senso saudável de *self*?

**AAY:** Não é não-*self*; apenas existe não: Eu e Mim.

**MP:** Isso me confunde; pode falar um pouco mais?

**AAY:** Entramos em um estado de impermanência na meditação e na própria parte molecular que observamos: galapa é o menor átomo do que o corpo é feito. Imagine: o "Eu" torna-se uma percepção do "Mim" não real. Sou apenas um agregado de células, de galapas que tomam a forma de "Mim". A cada momento elas se desintegram e, quando se morre, torna-se parte do outro, isto é, da terra.

**MP:** Mas existe um *self* convencional e um mim, qual a diferença do *self* real, que é não-*self*, se entendi certo?

**AAY:** Bem, eu também preciso entender melhor e, no momento, não tenho nada mais a adicionar.

**MP:** Mudando para um nível mais pessoal, você já teve alguma experiência mística incomum no contexto da sua prática?

**AAY:** Tive uma experiência de intensa alegria uma vez, durante um retiro no International Meditation Center em Wiltshire. Eu estava deitada na cama depois de ter almoçado e tomado uma ducha e estava meditando, quando tudo pareceu se aquietar: Eu não estava pensando, não estava nem atenta na minha respiração, não estava dormindo, foi uma total quietude. Eu pensei: "Ah, será que é assim que a morte é?".

**MP:** Você disse morte?

**AAY:** Sim, porque estava tão tranquilo.

**MP:** E você gostou disso?

**AAY:** Bem, aquilo realmente me chocou.

**MP:** Você acha que a morte é assim?

**AAY:** Foi muito tranquilo, tão tranquilo que não tinha outra interpretação: normalmente encontramos paz no sono, depois de um dia duro, dormimos e sumimos completamente. Acho que meditação é quando se chega a essa quietude na mente, mas a morte deve ter um passo além e isso significa que não estamos incomodados com as dificuldades da vida cotidiana, com o sofrimento de todos os dias. Penso que todas as religiões nos preparam para a morte e morrer é a coisa mais assustadora da vida. Cristianismo, budismo etc. nos confortam dizendo que morrer é um processo normal, e que precisamos fazer mais coisas boas nessa vida, com a compreensão de que há o pós morte, é útil.

**MP:** Você acredita na vida após a morte, na reencarnação?

**AAY:** Sim, como budista, sim.

**MP:** Isso quer dizer que quando se morre a energia tomará uma outra forma; portanto devemos conseguir méritos nessa vida para reencarnar numa esfera mais alta?

**AAY:** A mente, a espiritualidade, a energia é o que se leva.

**MP:** É isso que acontece na vida, isto é, uma energia transformada? Mas o que fica de nós, então, se a alma for reencarnada em uma esfera menor da existência, vai para o reino animal? Você pode esclarecer isso para mim, Aye Aye?

**AAY:** Estive lendo sobre mente e matéria: a energia é como um carbono, que está sendo transportado para outra vida, outro ser, e não se sabe o que está acontecendo: tudo que está acontecendo é a interpretação do passado *Karma*. Isso é tudo o que sei até agora, bem, tenho me envolvido nisso mais graças à influência do meu filho. O filho liderando a mãe! Mas agora precisamos tomar a nossa sopa da Birmânia para nutrir nosso corpo depois dessa conversa.

**MP:** Sim, muito pragmaticamente, realmente: precisamos alimentar o corpo depois desse banquete espiritual. Muito obrigada: foi realmente um grande privilégio ser apresentada à tigela de esmolas desse livro, um gosto de sua experiência de vida como budista nativa e psiquiatra infantil: um encontro único com você, Aye Aye, *Sadhu, Sadhu, Sadhu.*

# 18. Da almofada ao divã

*Diálogo com Nicholas Carroll*

> *A sabedoria me diz que não sou nada,*
> *O amor me diz que sou tudo.*
>
> —*Nisargardatta Maharaj*

**MP:** Entendo que você é não sei se supervisor, como nós entendemos, acho que é quem faz aconselhamentos de adultos e psicoterapeuta psicossexual e eu gostaria de lhe perguntar sobre o impacto que tem tido sua meditação budista de longo tempo, em seu trabalho com adultos atendidos por você, e em particular com referência ao lado criança de seus pacientes. Antes disso, eu gostaria de perguntar se você vem de família religiosa e quando foi que você se familiarizou com o budismo.

**NC:** Fui educado como católico. Meu pai era agnóstico e minha mãe, católica não praticante, que costumava me levar à igreja aos domingos, porque ela achava que era o que tinha que ser feito. Quando

320 DA ALMOFADA AO DIVÃ

meus pais se separaram – eu tinha uns dez anos – minha mãe me mandou para um internato, porque ela queria que eu convivesse em ambiente masculino. Isso foi bem pensado e um cuidado da parte dela, mas ela não sabia exatamente para onde estava me mandando. Era uma escola dirigida por irmãos cristãos, antes do Concílio Vaticano II, e minha experiência foi de um lugar bastante brutal, com castigos corporais e sem muito a ver com Jesus e o amor ao próximo. Essa experiência obviamente me constituiu de várias formas. Tínhamos que ir à missa todas as manhãs, aos domingos tínhamos missa e à tarde uma bênção, assim como educação religiosa durante a semana. A mensagem era que a fé católica seria a única e verdadeira fé. Eu confiava e tentei estabelecer um relacionamento com Deus, mas depois de tentar até cerca dos doze anos, percebi que minhas orações não eram atendidas. Eu estava esperando que Deus dissesse "Olá" em resposta às minhas orações à ele! Mas ele nunca disse. Fiquei chocado quando descobri que tinha uma lista de livros proibidos que não se podiam ler, se fosse católico. Me senti insultado com o pensamento de que ninguém podia ditar o que era permitido ler, livros que estavam na verdade publicados. Fui entendendo cada vez mais que a escola era ofensiva e que os irmãos não eram realmente bem resolvidos e então decidi que o cristianismo não era para mim. Ao mesmo tempo havia aspectos na vida comunitária que eu gostava bastante, incluindo até mesmo alguns aspectos da celebração da missa coletiva, embora eu não entendesse o significado. Eu não gostava de algumas coisas chatas que eram até doloridas quando tinha que ajoelhar por muito tempo, um teste de resistência. Havia um órgão na capela da escola e um dos irmãos, que era muito musical, era um dos organistas. Durante a bênção, ele tocava a música adequada e depois, nos intervalos, tocava calmamente algumas improvisações em que ocasionalmente introduzia um tema de alguma música pop, até dos Beatles ou dos Beach Boys, algumas muito melódicas. Nenhum dos irmãos reconhecia esses refrões; mas como você pode imaginar, muitos garotos conheciam. Ficávamos nos cutucando uns aos outros enquanto mantínhamos a cara séria, nos divertindo com a incongruência.

**MP:** Ele não censurava como com os livros!

**NC:** Não, isso mesmo. Ao tentar estabelecer uma conexão com Deus, lembro-me de ter ido à capela da escola e rezado, prestando atenção e só ouvindo o silêncio, que somente muito mais tarde na vida percebi que pode ter sido a verdadeira resposta. As histórias na Bíblia me deram esperança de que haveria uma manifestação de algum tipo: um arbusto em chamas, talvez, ou um anjo ou algo assim, mas nada disso nunca ocorreu. Então perdi minha fé. Mas acredito que tenha absorvido muitas exigências morais da tradição.

**MP:** E o budismo, então?

**NC:** Veio muito depois, eu estava com vinte e poucos anos; houve um tempo na minha vida em que eu era um jovem muito confuso. Eu estava viajando num trem noturno de Moscou a Viena que peguei em Varsóvia, onde tenho família (minha mãe é polonesa). Compartilhei uma cabine com um velho professor austríaco que estava morando na China, ensinando antropologia quando a revolução comunista de 1948 começou. Ele teve a chance de escolher se saía ou ficava na China com sua esposa e família chinesas, mas se ele ficasse seria na condição de desistir de ensinar antropologia, que era considerado como uma matéria burguesa e concordar em ensinar alemão. Ele escolheu a segunda alternativa e estava indo pela segunda vez para casa em Viena, quando nos conhecemos. Eu achei fascinante tudo o que ele dizia e fiz centenas de perguntas a ele sobre sua viagem, sua vida e experiências na China, que até então era considerado um país exótico. Ele perguntou se eu era jornalista por mantê-lo acordado a noite toda com tantas perguntas. Achei o

322    DA ALMOFADA AO DIVÃ

que ele disse tão interessante que decidi aprender chinês para poder conhecer melhor a cultura, e ao voltar à Londres me inscrevi num curso noturno de mandarim no City Literary Institute em Holborn. Com um valor adicional seria possível escolher um outro curso e escolhi filosofia chinesa. O professor era um chinês que achei muito inspirador. Ele conhecia tanto a filosofia taoísta quanto a budista, e também estava familiarizado com o pensamento ocidental e, felizmente para os que o ouviam e eram ocidentais, falava muito bem o inglês. Embora eu tivesse lido muito, de maneira amadora e aleatória sobre filosofia, religião e psicologia, fiquei muito tocado com sua apresentação. Ele sabia e encarnava o que ensinava. Essa exposição dos ensinamentos da filosofia taoísta e budista me levou a começar a praticar com eles, e as duas tradições coexistiram em mim por muitos anos. As duas me inspiraram mas achei difícil conciliar suas diferentes ênfases. Para mim, o taoísmo era muito mais sobre cultivar e desenvolver a energia, de tal forma que circulasse no corpo e harmonizasse com o *Tao*. O caminho budista parecia mais cognitivo e também parecia ter uma relação menos amigável com o corpo. Era tradição mais reflexiva, e parecia não tão orientada para o corpo, embora na prática tem muita orientação corporal, mas de forma diferente.

**MP:** Então você começou a praticar meditação?

**NC:** Sim, eu tinha vinte e dois anos, portanto estou nisso há muitos anos. Inicialmente, aprendi com o que eu li nas traduções de Lu Kuan Yu de Ch'na dos ensinamentos zen, mas depois pratiquei em diversos grupos estruturados que ofereciam condições e orientação para ajudar nas dificuldades iniciais da prática. Quando comecei os cursos no City Lit, me senti numa montanha russa, alternando a grande excitação pela descoberta desses ensinamentos, com sentir-me abatido por perceber minhas deficiências em comparação com todos os mestres que eu estava lendo.

**MP:** Você foi para a terapia, então?

**NC:** Não, não fui para a terapia até muitos anos mais tarde; comecei meu treinamento com aconselhamento de casais, quando eu tinha uns trinta anos. Mas foi ao mesmo tempo em que comecei a aprender mandarim que comecei a me cuidar. Como resultado de um sonho, fiz treinamento como carpinteiro, inicialmente como marceneiro e fazendo acabamentos, depois como designer e fabricante de móveis. Isso finalmente resultou na execução da minha oficina e depois gerenciar uma pequena companhia de reformas, que apesar da pressão e compromisso com prazo que são exigidos no topo da minha busca "espiritual", forneceu minha renda para manter minha família, e depois flexibilidade para treinar como consultor e terapeuta. Foi uma fase de muito desafio na minha vida. Trabalhar como carpinteiro usando ferramentas era "treinamento de "fundação", pois diferente de um trabalho burocrático, no trabalho físico é mais imediato, tem-se um *feedback* quase instantâneo. Se não fazemos nada, nada acontece; se cometemos erro, descobrimos rapidamente; se fazemos alguma coisa boa, vemos bons resultados. Existe uma conexão causal muito clara entre intenção, ação e resultado. Era uma disciplina difícil, que é o que eu precisava por ser muito sonhador, sem falar na preguiça. Então o meu trabalho como carpinteiro foi uma forma de eu me treinar, percebo agora, que eu estava me desenvolvendo em muitos níveis, fisicamente, emocionalmente e de fato mentalmente.

**MP:** Um homem que venceu pelos próprios esforços, em outras palavras.

**NC:** Sim, em um sentido, e olhando para trás, foi um trabalho duro. Depois minha terapia pessoal foi com uma Junguiana, uma senhora muito fina, com a mente aberta, uma boa ouvinte, como são todos os bons terapeutas. Como é para muita gente, no início

## 324   DA ALMOFADA AO DIVÃ

foi uma experiência estranha, compartilhar minha vida em detalhe com alguém. Vindo de costumes europeus mistos e falando três línguas, minha vida tinha sido muita rica, mas foi também uma experiência muito solitária, porque não fui capaz de me identificar totalmente com algum grupo, sempre atento de como o mesmo evento poderia ser interpretado de várias perspectivas, todas diferentes, mas todas elas também "corretas".

**MP:** Como o budismo afetou o seu trabalho como terapeuta?

**NC:** O que a tradição budista me ofereceu foi um contexto abrangente ou uma estrutura de referência, que juntamente com a minha formação e prática, assim como com minhas experiências de vida, têm me ajudado a dar sentido à vida. Isso faz com que eu lide melhor, tanto cognitivamente como emocionalmente, com a complexidade, confusão e o desespero que os clientes trazem. Ajuda a fornecer um contexto e um ponto de referência para aquilo que ouço e experimento. Por ter tido experiência, processar e dar sentido ao meu próprio sofrimento me ajuda a processar o sofrimento dos meus clientes. Curiosamente, descobri que esse processar do sofrimento do cliente frequentemente ocorre paralelamente e em espelho ao próprio processo do cliente. Isso faz com que eu seja capaz de me envolver nisso que hoje em dia é conhecido como o processo de ruptura e reparação, mas vendo isso também como parte de um processo maior. Algumas vezes a reparação ou resolução não é necessariamente uma mudança das circunstâncias *per se*, mas uma mudança de percepção, uma mudança na relação com as circunstâncias, um movimento em direção a uma aceitação maior.

**MP:** Chama-se identificação projetiva, em que o terapeuta se permite experienciar plenamente o impacto emocional do(a) paciente e se colocar no lugar dele(a) temporariamente, de tal forma que a singularidade da experiência seja sentida no corpo e na mente. Então uma digestão progressiva e uma separação do paciente e do impacto emocional ocorrem no(a) terapeuta, que pode falar ou ficar em silêncio de tal maneira que já modifica silenciosamente o(a) paciente ou a relação paciente-terapeuta.

**NC:** Correto; mesmo se não se comenta explicitamente, a forma com que processamos nossa experiência, isso é comunicado ao paciente, inconscientemente e subliminarmente, de forma que possa confrontar, ou talvez ajudar a amplificar e facilitar o processo em que se encontram. Nesse sentido, somos o companheiro de viagem, pelo menos de parte da viagem, talvez melhor equipado do que o paciente, embora, é claro, nem sempre. Nisso, minha experiência de meditação tem sido extremamente útil, pois pela prática continuada de meditação somos expostos ao nosso "inferno" interior muito diretamente, e por causa da natureza solitária da meditação, talvez mais até do que em terapia. Isso pode causar o sucesso ou o fracasso de alguém. Foi resultado das minhas experiências de meditação que me levaram ao aconselhamento e à terapia, que finalmente me forneceu um veículo para elaboração do meu próprio processo de reparação, ao ajudar os outros. As experiências me deram grande resiliência e capacidade para enfrentar. Minhas experiências com meditação foram muito significarivas, uma experiência de renascimento. Eu tinha trinta e três anos naquela época.

**MP:** Pode dizer um pouco mais o que aconteceu com você nessas experiências de renascimento?

**NC:** Estou um pouco relutante, se posso ser sincero. Não as compartilhei muito. São bastante pessoais e não tenho certeza se será útil compartilhá-las em detalhes. É melhor a pessoa fazer sua própria jornada do que ouvir as experiências do outro. Tem me tomado muitos anos para eu me recobrar delas, porque sempre há a tentação de fazer alguma coisa, de identificar com elas,

326 DA ALMOFADA AO DIVÃ

considerando que todas elas são na verdade uma série de experiências que ficam na memória, que, embora sejam imensamente significativas e informativas, posteriormente, podemos deixá-las.

**MP:** Uma dor física e emocional, está me parecendo!

**NC:** Sim, como em qualquer investigação mais profunda de nossa psique, existe muita dor, e ela é física e mental. Se perseveramos e se temos a sorte de passar pelos perigos com êxito, isso pode resultar em experiências maravilhosas que nos informam a relação entre consciência e fenômeno. Temos uma experiência direta da relação íntima e inseparável entre os fenômenos físico e mental, que é na verdade uma manifestação mente-corpo. Mais importante ainda, observar a condição natural de todos os fenômenos e sua transitoriedade, pode levar a uma indagação muito profunda sobre a natureza da existência em si. No meu caso, isso aconteceu por meio de uma quietude cada vez mais profunda, acompanha por um movimento correspondente de energia no corpo, o que finalmente se manifestou como um calor intenso. A continuada quietude da atenção, mantendo uma presença não reativa, foi essencial, pois isso foi o que permitiu a realização do processo natural, fazendo com que a energia na forma de calor se movesse e circulasse mais livremente pelo corpo.

**MP:** Você quer dizer que sentiu o calor queimar?

**NC:** A sensação física era a de calor, que é convidativa a que se reaja, que se envolva, desejando que continue ajudando a seguir em frente. Mas qualquer envolvimento mental intencional ativo, tem efeito oposto, retarda o processo e tudo para.

**MP:** Talvez seja como um orgasmo que não vem?

**NC:** Sim, talvez. Como a mente volta para a quietude, a energia gradualmente move-se de novo, para parar outra vez no corpo só bem depois, quando há o envolvimento com ela, e então, mais uma vez, a pessoa precisa deixar seguir, novamente liberar o processo. É um processo cativante e se bem-sucedido, eventualmente leva à perda da identidade do nosso sentido de *self*, o que então resulta em uma experiência que somente pode ser descrita como uma expansão repentina da consciência, em que, como consequência, sua expansão para o espaço, terminando no que pode apenas ser descrito como ir além, sobre o qual e do qual nada pode ser dito. Segue-se uma contração gradual da consciência e uma volta ao corpo, que é experienciado como uma unidade mente-corpo completamente integrada, podemos falar aqui em encarnação, encarnar no corpo, unida e interligada com o sentido de unidade com tudo. Ingenuamente, eu pensei que estivesse iluminado, mas gradualmente comecei a entender que isso era simplesmente um "pico" poderoso da experiência, ou como a psicologia budista descreveria, uma experiência de absorção; iluminação em si, pelo menos na compreensão budista, do ser algo mais.

**MP:** Estou pensando em *Thoughts without a Thinker,*[1] de Esptein. Bem, isso é muito interessante, porque eu pergunto normalmente às pessoas no final desses diálogos, se elas tiveram alguma experiência mística e você acabou me contando.

**NC:** Os poderosos efeitos dessa experiência mantiveram-se por muitos meses e, um ano ou mais depois, aconteceu o que eu descreveria como "pós-choque". A analogia que vem à mente é como estar a vida toda num quarto escuro, então, de repente, o quarto se ilumina, revelando brilhantemente o conteúdo do quarto. A iluminação é maravilhosa – não se está mais na escuridão. Mas o que é revelado não é bonito. Isso é o pós-choque. Isso é

328   DA ALMOFADA AO DIVÃ

confrontado com deficiências individuais, egoísmo, tudo que se sabe, mas que na verdade não se quer ver. Uma exposição total que em termos Junguianos seria chamada de sombra. Não podemos escapar da verdade de uma realização profundamente desesperada das nossas deficiências, com muita humildade.

Depois de atingir o profundo desespero, vem, inesperadamente, um fluxo de bem-aventurança de aceitação e perdão amoroso, uma extraordinária sensação de ser aceito completa e incondicionalmente, como se é, uma completa fusão e dissolução, dando origem às lágrimas à sensação de ser abençoado. Essa experiência me colocou numa encruzilhada. Foi tão tentador atribuí-la como uma experiência de Deus, como essas experiências geralmente são. A questão era que eu não acreditava em Deus e eu queria ser capaz de resolver a questão e entendê-la totalmente em termos não teístas. Relutei com essa experiência por algum tempo e finalmente decidi deixá-la sem resposta. Eu simplesmente não sabia.

Foi um bom avanço. Iria levar o resto da minha vida para entender o que aconteceu, compreender a experiência tanto cognitiva quanto experimentalmente, sabendo que no fim, o âmago está além das palavras, um mistério inefável, que pode ser "conhecido" apenas indiretamente. Isso foi uma compreensão e experiência que tenho amadurecido desde então. Qualquer entendimento cognitivo ou baseado em crença é essencialmente uma re-presentação, e como tal é retirado "daquilo que não tem nome". Com esse tipo de experiência, o que acontece com algumas pessoas é que elas confundem a re-presentação, isto é, suas ideias ou crenças sobre sua experiência, com a própria experiência direta e imediata. Após alguns anos, o que foi uma forma de recuperação e reorientação, interessei-me pelo mundo do aconselhamento e terapia, e me envolvi em uma nova jornada de aconselhamento, terapia psicossexual e terapia do trauma. Nunca me senti capaz de compartilhar minhas experiências de meditação, primeiro porque eu não sabia como articulá-las ou apresentá-las, e também porque não me senti suficientemente distanciado delas; não as havia integrado suficientemente; e segundo, porque não era a coisa certa a se fazer no meu mundo profissional, pelo menos não no amplo universo da psicodinâmica e psicanálise em que me encontrava, então achei melhor se fosse recebido nos círculos Junguianos e, naturalmente, nos transpessoais.

**MP:** Fui recentemente a uma reunião junguiana onde chamavam de British Association of Psychotherapy – agora é Federação e as pessoas conversavam livremente sobre misticismo e espiritualidade. Para mim foi um deleite.

**NC:** Minhas experiências não são, naturalmente, únicas. O que elas fazem, porém, é informar profundamente e afetar a percepção da vida e de si mesmo. O que aprendi é que ficamos melhores para administrar e viver a vida no mundo, se nos permitirmos estar abertos para o mundo, e aceitar tudo que experimentamos, seja prazeroso ou não, se em uma almofada, no divã ou ainda em nossas vidas diárias. Se quisermos sentir o sabor da verdadeira paz, precisamos nos permitir conhecer os horrores, assim como a beleza do modo como as coisas são.

**MP:** Na noite passada fui ouvir Jon Kabat-Zinn falar sobre *mindfulness*, e ele disse algo no mesmo sentido, isto é, que sentamos na almofada, meditamos e pensamos que vamos relaxar bastante, mas então começa o inferno; experimentamos o universo todo na almofada: Buda, o mal e o inferno. Meus infernos, os experimentei no divã, que naturalmente acompanhou minha vida naquele tempo, mais do que a almofada; mesmo assim o que apareceu na almofada foi também difícil, mas foi mais curativo para mim e claramente numa dimensão diferente.

330 DA ALMOFADA AO DIVÃ

**NC:** É uma jornada bem individual. Pessoalmente não vejo conflito entre os ensinamentos budistas e a terapia. O budismo é muito mais claro em suas afirmações e na importância que dá à ética e à moralidade, como base para a prática e investigação. O budismo também foi a primeira fonte de inspiração para a atual popularidade de *mindfulness*, que agora é encontrado em tantas modalidades terapêuticas. O budismo tem um sentido claro de propósito e direção, cuja finalidade é a realização. As terapias ocidentais são bem mais diversas, com diferentes objetivos e metodologias. O que a psicoterapia ocidental tem é um entendimento muito bom do processo desenvolvimental e dos tipos de apego e seus efeitos sobre o indivíduo. Ambas as perspectivas, a budista e a psicologia ocidental, pelo menos a princípio, têm o mesmo espírito de mente aberta para investigar, bem como o objetivo compartilhado de aliviar o sofrimento. As duas "tradições", se é que se pode chamar assim, complementam-se muito bem uma à outra. As terapias ocidentais têm um entendimento muito bom do processo relacional. A abordagem budista, embora relacional em muitos aspectos, é essencialmente individual. Ambas as "tradições" têm uma série de habilidades diferentes, mas complementares, que parecem agora cada vez mais informativas umas às outras. Para mim, sinto que tenho administrado gradualmente a integração da minha compreensão e prática das perspectivas budistas com as terapêuticas psicológicas ocidentais. Acho que a combinação das duas oferece uma visão bastante abrangente ou estrutura com a qual viver e trabalhar.

**MP:** Você conhece Nina Coltart; ela sente bem parecido: não há conflito entre as duas tradições. Bem, penso na questão do apego e o fato de que somos bem apegados a muitas pessoas ou a muitas coisas na vida, para sermos capazes de atuar bem como seres humanos, ainda que o budismo estimule o desapego.

**NC:** Acho que é importante entender que as questões nucleares dos ensinamentos budistas destinam-se principalmente aos adultos; não é uma imposição para que crianças pequenas se separem dos pais! A ideia de deixar o mundo para levar uma vida monástica, para tornar-se um *sannyasin* ou *samana* (rendido/sem-teto), é preciso uma ordem superior de maturidade.

**MP:** Mas isso também transcende à vida comum, porque podemos ser budistas e ainda assim levarmos uma vida comum de sacrifícios sem nos unirmos à ordem, não é?

**NC:** Estamos falando da tradição clássica, porque não há dúvida de que a vida ideal apresentada no ensinamento budista é também chamada de vida "sagrada", que é a vida monástica; uma vida de renúncia. A renúncia pode ser praticada na vida de sacrifício, naturalmente, mas o desafio de ser um praticante que se sacrifica, é que está constantemente confrontado com os apegos; então, se alguém for casado, tiver família e trabalho, é claro que terá seus apegos e envolvimentos com tudo isso. Há algo mais extremo na vida monástica, porque há a renúncia formal de todos os compromissos mundanos quando aceitamos os preceitos, equivalente ao monasticismo cristão, com a aceitação dos votos de pobreza, castidade e obediência. O espírito e a ênfase na formação monástica budista, e de fato na prática leiga, é que são realizadas voluntariamente; é um ato de escolha. Aceitar os preceitos monásticos é uma expressão consciente de escolha. Considerando que os monges e freiras cristãos, por exemplo, há muitas vezes um compromisso vitalício de obediência incondicional ao seu superior, na tradição monástica budista a pessoa passa por um período de formação básica, de cerca de sete anos, mas depois disso, ela é um agente independente, alguém que pode ir de um mosteiro para outro, ou mesmo optar por uma vida reclusa, por exemplo. Parece ser muito mais do que uma escolha, mas é importante lembrar que em todos os tempos o monástico é dependente do apoio leigo, ou pelo

332 DA ALMOFADA AO DIVÃ

menos esse é o caso nas antigas tradições, tais como *Theravada*. Mas falando nas questões nucleares da prática budista de desapego, não estamos falando apenas do desapego de matérias e posses, estamos na verdade falando sobre o desapego das emoções e estados da mente; de sermos capazes de nos soltar de tudo que chega no consciente, seja um fenômeno físico, emocional ou mental. Agora, isso se aplica à prática da vida de sacrifícios também: diz respeito ao soltar-se, não tanto do que decorre ou acontece em nossa consciência em si, mas da relação que temos com aquilo que decorre ou acontece, ou seja, nosso apego ou aversão em relação a isso; pois no pensamento budista, a raíz do sofrimento é vista como apego, ou anseio. A pessoa pode ir ao extremo da prática do desapego, e a ênfase nos ensinamentos budistas está na prática do Caminho do Meio: de não ir aos extremos, ou ao ascetismo excessivo ou ao excesso de indulgência. Sempre tentar alcançar o meio, não algum tipo de acordo insatisfatório, mas conseguir o equilíbrio certo, e cada um de nós precisa encontrar o equilíbrio para nós mesmos.

Na prática budista, desapego é essencialmente não reatividade, e com isso não quero dizer sem reação *per se*, pois isso é impossível, mas literalmente não re-agir, não reagir impulsivamente ao estímulo, estímulo que pode ser prazeroso, desprazeroso, ou neutro. Estar atento, não reagir, mas preferencialmente respondendo da melhor forma possível. É perceber nossas preferências: gosto disso, não gosto daquilo; quero isso, não quero aquilo. Não é negando que chegamos ao que sentimos, é mais sobre como desenvolver um relacionamento mais amplo para esse apecto instintivo: eu gosto, não gosto, em direção a essa reatividade movendo-se em direção a algo ou se afastando de algo. Foi o que Freud quis dizer quando falou sobre o princípio prazer e dor: somos atraídos para o prazer e evitamos a dor. Esse é um *insight* que Buda teve, um *insight* que Freud teve. Podemos ver isso psicologicamente em termos da maturidade da pessoa e a capacidade de adiar o prazer. O mesmo princípio se aplica à prática espiritual; trata-se de aprender a adiar recompensas de curto prazo, para obter recompensas de longo prazo, que, na tradição budista é essencialmente a iluminação, ou realização. Mark Epstein destaca muito bem esses temas comuns tanto ao pensamento budista como ao Freudiano; vale a pena ler. Naturalmente, nenhum desses dois pensadores, Buda ou Freud, pode reivindicar a autoria dessa compreensão, porque é essencialmente o reconhecimento de um princípio universal comum a toda a vida: a aversão ao que é perigoso, e a atração pelo que é prazeroso. Desde os tempos remotos de como a vida tem evoluído, é uma questão de sobrevivência: é um movimento no sentido de que precisamos comer e do que possibilita a reprodução, e um movimento contrário a qualquer ameaça à existência. Todos temos essa camada instintiva de reatividade, e todos os níveis subsequentes envolvidos no desenvolvimento operam no mesmo núcleo dos princípios de gostar e desgostar; "em direção a" e "longe de". Da perspectiva das crianças, diz respeito ao atribuir sentido ao mundo, inicialmente tudo baseado na experiência dos sentidos; ir em direção à comida, calor e segurança e rejeitar sentimentos de fome, frio e ameaça; e o tempo todo tentando tirar conclusões, tentando dar sentido ao mundo. Não saber pode ser assustador para as crianças e para os adultos; essa experiência é do "terror sem nome", de Bion. Estamos próximos a isso todas as vezes que experimentamos uma ameaça à nossa existência, seja física ou emocionalmente. O que ocorre na prática budista, na verdade em qualquer meditação profunda ou na prática contemplativa, é que, em certo sentido, as pessoas se soltam da segurança e dos pontos de referência familiares e, naturalmente, algumas pessoas têm experiências difíceis na meditação: podem ficar perdidas, podem ter ataques de pânico. Perder a identidade é terrível porque nosso sentido de identidade é o constructo pelo qual damos sentido a esse corpo individual em um mundo cheio de ameaças. Isso nos leva ao sentido do *self*: todos nós precisamos

334  DA ALMOFADA AO DIVÃ

de um sentido de *self* para viver. Existem diversos equívocos sobre o conceito de não-*self* (*anatta*), um dos principais ensinamentos de Buda. É uma afirmação absoluta. Podemos plenamente acreditar na sua verdade à luz da psicologia ocidental e também na ciência que cada vez mais aponta para isso: criamos um constructo. Naturalmente, nem todos concordam com isso! Muito assustador.

**MP:** O falso *self* de Winnicott, talvez?

**NC:** Esse é um conceito muito bom, porque mostra que nós criamos um constructo, criamos uma personalidade que nos permite relacionar no mundo, mas isso pode substituir nosso senso intuitivo e o sentido de quem somos e como funcionamos; e isso tem um significado diferente daquele usado por Winnicott.

**MP:** Sim, ele acreditava que existe o *self* verdadeiro que é diferente do não-*self*.

**NC:** De fato, seu "*self* verdadeiro" não é igual ao não *self* budista. Outros exemplos bem mais elucidativos podem ser encontrados em formulações como estados do ego ou personalidades que ajudam a identificar diferentes partes da psique. São modelos muito úteis, porque estão próximos do conceito budista de "não-*self*". Somos um processo psicobiológico dinâmico que se torna mais complexo ao longo do tempo, uma interação de experiências e significados adquiridos pela influência do meio ambiente. Desenvolvemos uma série de "identidades" ou visões de mundo, não apenas de forma intelectual, mas como experimentamos nós mesmos em relação ao mundo, e isso está constantemente sendo reconstruído ou reorganizado com as novas informações que entram. Podemos falar de nossas diferentes partes, por exemplo, a parte criança ou a parte adulta e assim por diante, partes diferentes de nós mesmos que formam o "ser", como se dependessem do contexto e de todas as associações que possam surgir. Um exemplo muito simples pode ser de nós mesmos como adultos funcionando perfeitamente, ou razoavelmente bem, na vida e nos relacionamentos, mas quando nossa mãe vem nos visitar, dá-se uma regressão imediata; o que está associado com a mãe de repente aparece e invade e debilita o desenvolvimento mais maduro. A "criança" em nós emerge naquele momento e talvez nos torne irracionais, irritadiços, zangados, frustrados ou apenas reativos. Pelo lado positivo, talvez possamos ficar mais amáveis e gentis, mas normalmente haverá um grau maior de emotividade e correspondente aumento de irracionalidade, ou talvez de fato um desligamento, tudo provocado por associações incorporadas que temos com nossas mães.

Em muitos aspectos, acho que as psicoterapias corporais, aquelas que usam *mindfulness* e consciência corporal, sejam superiores à terapia da fala para acessar esses estados, especialmente motivando mudança naqueles níveis instintivos, por exemplo, aqueles afetados por trauma. A psicoterapia sensório-motora, por exemplo, focaliza os movimentos motores instintivos, que são nossa resposta de sobrevivência para a experiência de ameaça eminente. Se não processada, permanecem no corpo e sempre sabotam áreas mais elevadas do nosso funcionamento. O que precisa ser abordado é esse nível básico do trauma em torno do qual estabelecem-se padrões de reatividade. Ao falarmos, estamos sempre funcionando muito longe do local do trauma no corpo. Essas terapias orientadas para o corpo, e EMDR é uma outra, usam *mindfulness*, ou consciência corporal, o que ajuda a acessar respostas fisiológicas inconscientes ou implícitas, associadas ao trauma e ajuda a trazê-las para a consciência e assim à eventual resolução. Os resultados podem ser extraordinários: percebi que os indivíduos que meditam e são capazes de ter uma consciência corporal mais profunda e capacidade

## 336 DA ALMOFADA AO DIVÃ

para ficar em silêncio e observar, são os que experienciam recuperação mais rápida do trauma: notavelmente rápida e bem.

Em alguns casos, é possível acessar o núcleo do trauma em poucas sessões usando terapias orientadas para o corpo, que em casos similares posso levar, talvez, muitos meses ocupado com a terapia da fala. Agora sabemos que as terapias da fala não mudam a resposta traumática tão efetivamente quanto as terapias orientadas para o corpo, algo que posso agora dar o testemunho com minha própria experiência. O que acho estimulante é que recentemente essas duas modalidades terapêuticas, a orientada para o corpo e a orientada para a fala, estão juntas informando uma à outra e até somando, que é um reflexo do fato de que nós somos um organismo corpo-mente; e que o sucesso dos resultados dessas modalidades agora tem sido apoiado por duras provas do RCT, como é o caso do *mindfulness* e EMDR.

**MP:** E as neurociências estão considerando muito mais o corpo.

**NC:** Muito mais. Aprendizagem processual é o que aprendemos quando somos jovens, em relação com o primeiro cuidador durante nossos primeiros anos e os mais formativos. A maior parte aprendemos inconscientemente; é com o que crescemos, é o ambiente que internalizamos e que se torna nosso munto interior. Existem muitos pequenos traumas que afetam nosso desenvolvimento: os medos e ansiedades, e agora também sabemos que até mesmo no útero aprendemos com a forma com que a mãe lida com seus próprios medos e ansiedades. Sabemos também, com o trabalho de Allan Schore, como a mãe regula o nível de afeto da criança com a forma com que ela lida com seus afetos em resposta às suas experiências de vida e na verdade aquelas de seu bebê, e o bebê assimila a forma como sua mãe é, como ela se vê, fala, se toca, e assim por diante.

**MP:** Dessa maneira, o bebê desenvolve um ego saudável se as coisas vão bem.

**NC:** Sim, isso dita a saúde do ego: portanto, os dados genéticos da criança são afetados pela influência do ambiente. Agora conhecemos o efeito que o cortisol tem, por exemplo, que é produzido em situações de estresse emocional e físico, e como isso afeta a química do corpo da criança e realmente a "química" emocional da relação entre criança e mãe. Nos primeiros estágios da vida, todas essas experiências são registradas no inconsciente, que, graças à neurociência, sabemos agora que ocorrem principalmente no heminsfério direito do cérebro, que é onde o cérebro vai se desenvolver primeiramente, e que tem maior conectividade direta com o corpo.

**MP:** E quanto ao desapego e o não-ego nas crianças ou o lado criança dos pacientes adultos; como ficam as ideias de desapego e não-*self* em relação com o desenvolvimento da personalidade da criança?

**NC:** Bem, para desenvolver um sentido reflexivo do ego, é preciso ter um nível superior de desenvolvimento do que a criança tem. A criança no adulto, bem, estou pensando em um exemplo de uma pessoa adulta que foi abusada sexualmente durante muitos anos, quando criança e jovem menina. Isso tornou-se aparente quando foi fazer um tratamento de massagem em um *spa* já adulta, quando uma profunda memória somática do abuso sexual foi desencadeada, acompanhada por poderosa imagem visual do abusador. Essa foi uma experiência assustadora e totalmente inesperada, assim como foi também para a massagista, que ficou muito chocada quando a cliente deu o primeiro grito de terror quebrando bruscamente o silêncio da sala de tratamento. Inicialmente, a paciente não conseguia aceitar sua experiência, apenas quando

338 DA ALMOFADA AO DIVÃ

alguns *flashbacks* apareceram é que ela se convenceu que tinha sido seriamente abusada. Quando ela compartilhou isso com seus familiares mais próximos, foi veementemente negado por todos, por suas implicações, como infelizmente é tão comum nesses casos. Essa negação, naturalmente, efetivamente reforçou o abuso original ainda mais. Pensei que estivesse trabalhando com uma pessoa adulta no consultório, assim como com a criança que foi abusada, mas essa criança estava dissociada da adulta, ela tinha uma identidade separada. O trabalho era ajudar esta pessoa tão sensível a integrar de alguma forma essa parte dissociada dela, uma parte que, por muitos meses ficou trancada no armário do meu consultório onde ela se sentia segura. Agir como amigo e tranquilizá-la de que seria seguro entrar em contato com essa parte e foi um processo longo e penoso. Todas as experiências terríveis esquecidas, que foram lembradas pelo corpo com toda dor emocional e física associada, tinham vindo para a consciência, onde ela "sabia" que algo não estava certo. O desafio era passar por um processo reparador de re-integração dessa criança assustada, com a minha ajuda, um terapeuta do sexo masculino, e como tal, o próprio agressor em potencial. Então, essa pode ser uma experiência estranha e comovente no consultório: algumas vezes falando para o adulto; outras tranquilizando a criança, que é mediada por meio do adulto. Tem sido uma verdadeira curva de aprendizagem para desenvolver e gerenciar a relação necessária, sintonizar com as diferentes vertentes e dimensões dessa mistura complexa de diferentes partes do ego.

**MP:** O trabalho psicoterapêutico com bebês e crianças pequenas é tão fundamental para fazer com que esses traumas sejam resolvidos antes de se tornarem arraigados e afetar a vida da pessoa, produzindo assim um sofrimento muito profundo! Talvez seja o momento para meditação em sua ênfase no corpo físico, a criança e o adulto aparecendo juntos de alguma forma.

**NC:** Acredito que exista uma conexão: a ênfase em observar as sensações é um dos fundamentos básicos da meditação e devemos a Eugene Gendlin a possibilidade de reconhecer a relação das sensações com o conteúdo emocional e psicológico da vida da pessoa no ambiente terapêutico. Embora na minha opinião, devemos creditar a Jon Kabat-Zinn a propagação da prática de *mindfulness* nos ambientes médico e terapêutico. Gendlin, um filósofo e psicólogo que mora em Chicago, desenvolveu seu modelo terapêutico sobre o que havia aprendido em sua própria prática de meditação, usando o que ele chama de foco, em que o paciente é encorajado a prestar atenção e manter as sensações que surgem enquanto assiste os problemas dele ou dela, sem inicialmente dizer nada, a fim de capturar o pré-verbal do problema. Ele percebeu que se o paciente manteve as sensações por tempo suficiente, isso habilitou uma solução natural do problema. É como se as questões emocionais tivessem sido comunicadas por meio das sensações e seu significado tivesse, então, sido colocado em palavras depois.

**MP:** Como as emoções comunicam isso?

**NC:** Uma vez que o paciente identificou o problema, que quer focalizar o terapeuta pode sugerir: "Observe a sensação que você está tendo neste momento e fique com ela sem dizer nada, apenas permita-se experimentar a sensação e então observar o que surge; observe o que acontece quando você fica com a sensação". Isso ajuda o paciente a encontrar o que Gendlin chamou de "sentido sensual", quer dizer o sentido que surge por meio das sensações ou o significado de uma questão antes de verbalizada. Isso é basicamente uma forma de *mindfulness* na terapia relacional.

**MP:** Observe o que acontece quando você fica com as sensações, mas presumivelmente também em termos de observar os pensamentos?

340 DA ALMOFADA AO DIVÃ

**NC:** Bem, os pensamentos surgirão, mas aí há uma imposição: não ficar pensando nisso, antes de se permitir experimentar as sensações "todas", porque as sensações são verdadeiras e indicam imediatamente qual é o problema. Mas, e isso é importante, por ficar com as sensações por um bom tempo, permite-se que se passe por um processo de resolução. Geralmente evitamos que esse processo de resolução se realize, porque evitamos, subliminar e inconscientemente, o que é desagradável e, de forma fácil e rápida, somos pegos pensando, sem estarmos totalmente conscientes dos processos subjacentes das sensações que denunciam o pensamento. É aí que *mindfulness,* no contexto da terapia relacional, é usado diferentemente do que na prática da meditação, se for uma meditação calma (*samatha* em páli), que leva a um estado de serenidade, ou meditação por *insight* (*vipassana* em páli) que é mais focada no reconhecimento dos princípios universais da natureza do fenômeno *per se*, ao invés de resover os problemas da pessoa.

**MP:** Impermanência, sofrimento etc?

**NC:** Sim, a natureza mutável de todos os fenômenos, *insight* que, com todas as suas implicações, de fato é uma das chaves para a verdadeira sabedoria, como entendido na tradição budista. *Mindfulness* como exemplificado pelo método de Gendlin é, até onde eu sei, a primeira explicação explícita de *mindfulness* focado nas sensações como parte de um processo psicoterapêutico relacional. Ele desenvolveu o que chama de psicoterapia orientada pela focalização, que descreve como um método experiêncial, que também inclui a interpretação dos sonhos, para que ele também use o foco e o "sentido sensual", para compreender os sonhos. Ele desenvolveu essa forma de psicoterapia com seus alunos de graduação. Jon Kabat-Zinn, baseado em sua própria experiência com a meditação com instrução budista, começou a aplicar *mindfulness* aos pacientes aos seus cuidados no University of Massachusetts Medical Centre, onde era diretor. Ele viu como a prática de *mindfulness* poderia ser ensinada de forma estruturada para grupos de pacientes, para ajudar a trazer a cura. Realizou uma pesquisa empírica usando essa abordagem na psoríase, dores crônicas e depressão. Desenhou o modelo no qual MBSR (redução de estresse baseado em *mindfulness*) está baseado, e que agora está aprovado pelo NICE e usado no NHS.

**MP:** Isso é muito positivo, não é?

**NC:** Realmente, é maravilhoso. E foi levado adiante e aplicado na terapia cognitiva comportamental baseada em *mindfulness* por Mark Williams e outros em Oxford, com ótimos resultados. *Mindfulness* agora tem sido introduzida nas escolas, também com excelentes resultados em termos de melhor aprendizagem, comportamentos mais calmos e cooperativos, e sem perda da espontaneidade.

**MP:** Recentemente fui a uma conferência sobre *mindfulness* nas escolas com Jon Kabat-Zinn e outros, e foi inspirador e esclarecedor. Havia crianças das escolas primária e secundária falando sobre suas experiências de aprendizado e prática de *mindfulness*, e seus efeitos. Foi muito fascinante.

**NC:** É maravilhoso: faz bem para a saúde mental como também para a saúde física. Tem levado muitas pessoas para o mundo da meditação e potencialmente para uma reflexão mais profunda deles mesmos e dos valores de nossa sociedade. Estou pensando em uma outra paciente, que veio depois que terminou um longo relacionamento platônico, no qual ela havia sido incapaz de declarar seu amor. Após muitos anos de luta, ela teve coragem e declarou seus sentimentos e foi rejeitada. Ela veio falando de seu

342 DA ALMOFADA AO DIVÃ

"coração partido". Conforme trabalhávamos, colocamos o foco cada vez mais no que ela sentia como sendo uma incapacidade inata para tornar as coisas explícitas e expressar seus sentimentos. Sua família era dominada pelo medo de um pai bêbado e violento. Ela se enrolava na cama quando o pai chegava em casa à noite e ouvia quando o pai espancava a mãe e os irmãos mais velhos. Ela foi poupada dos espancamentos. Entrava em um estado de hiperexcitação e em seguida em um estado de hipoexcitação, em que ela paralisava, mal ouvindo o que acontecia. Esse modelo de trauma descreve os mecanismos fisiológicos de proteção instintiva que são ativados quando somos expostos a ameaça. A primeira reação é buscar segurança com o outro, é uma resposta social, ou seja, ser ajudada por alguém. Se isso falhar, reagimos com stress. Se falhar, nos paralisamos ou desmaiamos, ou nos dissociamos. Essa sequência é curiosamente explicada por Stephen Porges em sua teoria polivagal, um modelo que tem se tornado muito conhecido no estudo dos traumas. Na psicoterapia sensório-motora, conforme desenvolvida por Pat Ogden, o objetivo é identificar o movimento motor inacabado ou incompleto, associado com o trauma, que quando liberado leva a um "ato de triunfo" e resolução do trauma. O movimento motor inacabado ou incompleto é compreendido como sendo central no nosso funcionamento psicológico e emocional que foi dilacerado e "traumatizado". Por não ter conseguido progresso a partir da escuta e fala sobre suas experiências, mudamos o rumo e eu decidi usar a abordagem sensório-motora para acessar seus antigos traumas. Perguntei se ela estaria disposta a fazer uma experiência, que ela poderia interromper a qualquer momento, e reconstituir o que aconteceu quando ela era uma criança aterrorizada.

Eu a convidei a fazer isso com seu corpo no consultório. Ela concordou e timidamente ficou na posição fetal no divã, que eu espelhei o melhor que pude de minha poltrona. Ficamos ali por um tempo, e então pedi que ela se lembrasse da situação traumática, envolvendo todos os seus sentidos, visão, som, odor, sabor e toque; que efetivamente revivesse como tinha sido para ela, quando era uma menina assustada, paralisada pelo medo em sua cama de noite. Ela fechou os olhos enquanto se enrolava em sua posição fetal. Perguntei a ela como se sentia; ela disse, "salva, segura e protegida". Eu disse, "Muito bom, aproveite esse sentimento de segurança". Isso levou muito tempo, enquanto eu ocasionalmente checava como ela estava, fazia companhia a ela, por assim dizer. Quando pareceu a hora, eu então calmamente perguntei a ela em tom de curiosidade, que desvantagem ela teria em permanecer naquela posição. Ela respondeu que se sentia capturada e incapaz de se mover. Então perguntei, "Se seu corpo se movesse ou quisesse se mover, o que ele faria?". Ela respondeu: "eu abriria os meus olhos". Sugeri que ela fizesse isso, bem devagar, no tempo dela, o que ela fez quando se sentiu pronta. Depois de ter aberto os olhos, ela começou a olhar em volta bem devagar. Então sugeri, novamente com um tom de curiosidade na minha voz, que ela explorasse o restante de seu corpo para saber o que ele queria fazer. Vagarosamente, ela começou a sair da posição fetal, gradualmente se reorientando na segurança do consultório, no aqui e agora. Levou cerca de trinta minutos para que ela emergisse do estado fetal, guiada pelo sentido de seu corpo e não de seu pensamento e então, sentou-se ereta, ficou em pé e começou a esticar os braços, depois as pernas e em seguida o corpo, sentindo-se livre. O trauma foi resolvido de forma notável: surgiu ali uma pessoa diferente. No final da sessão, que foi mais do que a hora terapêutica tradicional, verifiquei os níveis SUD (unidades subjetivas de perturbação) e eles eram desprezíveis. Seis meses mais tarde, em uma sessão de acompanhamento, ela ainda estava bem. O que havia sido liberado a nível motor era seu congelamento. Essa paralisia no nível sensório-motor central teve impacto em fases posteriores de desenvolvimento, como a capacidade

344 DA ALMOFADA AO DIVÃ

de comunicar seus sentimentos a alguém significativo, por quem estivesse apaixonada. Isso aconteceu em uma única sessão, mas obviamente havia um contexto, uma preparação. Havia uma boa relação terapêutica, com a confiança necessária, mas a superação de seu antigo trauma de infância, aconteceu essencialmente na sessão. Ela é uma pessoa diferente agora, muito mais capaz de comunicar suas emoções, livre de seu "aprisionamento" emocional e sensório--motor.

**MP:** É fascinante, e eu penso nas experiências de renascimento experimentadas por tantos terapeutas. Testemunhei, pessoalmente, uma mulher com uma visível deficiência física, que ela sabia ser resultado de um trauma de nascimento, que foi desbloqueado pela terapia somática usando a técnica de renascimento. Isso foi feito em um dos finais de semana de Roger Wolger sobre vidas passadas.

**NC:** Bem, em um sentido, é uma forma de renascimento; a experiência da minha paciente de ficar aprisionada em uma reação traumática à ameaça, foi resolvida a partir do corpo, "usando" *mindfulness* de um adulto, sua capacidade de ficar consciente do que estava acontecendo em um contexto seguro. Esses resultados eficazes e extraordinários não são incomuns na psicoterapia baseada no sensório-motor ou em EMDR.

**MP:** Mas é preciso conhecer os detalhes da história anterior para conseguir chegar tão depressa ao trauma principal na vida de alguém, não é?

**NC:** É preciso conhecer a história, mas curiosamente, não precisa ser a história toda; na verdade não é necessário conhecer todos os detalhes do trauma, que podem ser difíceis compartilhar. EMDR também funciona bem com crianças e a estimulação bilateral (seja visual, auditiva ou tátil) ativa um processo de resolução similar. Eu pessoalmente vejo EMDR como uma forma de facilitar a meditação. Nessa terapia baseada no protocolo das oito-fases, tendo identificado a pior parte do trauma, colocamos as visões negativa e positiva do *self* provocadas pelo trauma na paciente, as emoções correspondentes que foram originadas e em seguida o nível de perturbação experimentada. Isso é seguido por estímulos bilaterais; com pausas no meio, durante as quais o paciente faz uma pausa, como se fosse tomar fôlego e ver o que vem a seguir. O que vem pode ser um pensamento, uma sensação física, uma memória associada ou até mesmo algo completamente aleatório e aparentemente sem ligação, um processo de associação livre. O paciente é capaz de achar uma solução para seu trauma a partir de um processo reflexivo integrado somaticamente, o que Francine Shapiro, a descobridora do EMDR, chama de AIP ou Processo Informativo Adaptável.

**MP:** Ambos os hemisférios, direito e esquerdo, estão envolvidos!

**NC:** Eu diria que sim, e que o "diálogo" entre os hemisférios promovem a solução do trauma. Existem diversas teorias sobre o que pode estar acontecendo, relacionadas com o funcionamento da memória e com a reprodução do sono REM, embora os detalhes exatos do que está acontecendo ainda não sejam conhecidos. O interessante é que existem muito poucos terapeutas usando o processo em si de estimulação bilateral. Não há interpretações, não há análise: é apenas o que aparece para o cliente seguido por um "vamos em frente com isso". Alguns indivíduos processam seus traumas somaticamente, como aconteceu com minha paciente que sofreu abuso, outros cognitivamente, e alguns com uma combinação dos dois; cada pessoa é diferente. As interpretações que as pessoas apresentam sobre suas próprias situações são sempre interpretações clássicas, "de livro", e elas não vêm do terapeuta; esse é o aspecto extraordinário para este tratamento. O que surge é um

346 DA ALMOFADA AO DIVÃ

genuíno e sincero *insight* do *self*, não apenas uma compreensão intelectual. Sempre me admiro com a sabedoria inata dos seres humanos e com a nossa capacidade de reorganizar e dar sentido a todas as informações que cada um de nós carrega. Entendemos que o terapeuta é apenas um facilitador e não o "conhecedor" de tudo. Isso abala qualquer tendência que podemos ter em direção à onipotência; o terapeuta tem realmente que sair do caminho.

**MP:** É um exemplo muito bom de abandono do ego.

**NC:** Sim, desapego da nossa importância. É um *insight* para o nosso ego saber o que ele, o ego, realmente é. É por isso que sou tão interessado nessas modalidades somáticas e com integração com a terapia pela fala, porque a combinação é muito mais eficaz.

**MP:** E elas parecem se assemelhar tanto com a meditação.

**NC:** Isso mesmo; valorizam a importância crucial do nível físico e as duas se integram muito bem. Acredito que a psicoterapia sensório-motora e EMDR, cada uma de forma própria, integram o verbal e o reflexivo, o conceitual e o interpretativo, junto com o somático, os sentimentos e o emocional.

**MP:** Como sua prática budista entra nisso, se é que entra?

**NC:** Acho que trata-se – conforme mencionei antes na nossa conversa – de atravessar o inferno de nosso próprio sofrimento enquanto indivíduos, sobrevivendo e desenvolvendo uma capacidade maior de tolerância das piores experiências. Saber que existe um recurso interno, permite que se absorva quase tudo, e isso, naturalmente, é a continência no processo terapêutico. Adquiri isso a partir da minha experiência de meditação e da minha vida pessoal. Os ensinamentos budistas e os *insights* ajudam, porque eles fornecem um modelo de vida que é visto como uma série de condições que aparecem e desaparecem e isso se aplica a todos os fenômenos, sem exceção. Há manifestações que emergem baseadas em certas condições; e como essas condições manifestam-se como resultado das condições, elas também se desintegram e se desfazem pelas mudanças das condições; é um processo de condições informando as condições subsequentes; um processo causal. Em experiências de meditação, a pessoa pode ver isso acontecer em um momento do presente atemporal, e pode então ver também que isso se aplica a tudo na vida da pessoa; é verdade o tempo todo. Isso revela que nada é fixo, nada é absoluto a respeito de quaisquer experiências: todas acontecem em um contexto mais amplo e atemporal. Quando se intui esse contexto maior, a pessoa encontra efetivamente um refúgio absoluto eterno e inefável.

**MP:** Fale um pouco mais sobre todas as coisas acontecendo em um momento presente atemporal.

**NC:** Tudo acontece no momento e o momento presente é atemporal. O tempo nasce no momento e passa no momento. Nós apenas juntamos nossas experiências ao conceito de tempo e espaço, graças à nossa memória do passado e à nossa imaginação sobre o futuro. Se olhamos para o fenômeno no momento ou olhamos para o momento presente: onde ou quando é o momento? É um ponto infinito; é atemporal. Aliás, curiosamente, vivemos no passado o tempo todo, porque nossa apreensão consciente do que experimentamos sempre ocorre numa fração de segundos após o evento, e sabemos disso pela neurociência.

**MP:** Você quer dizer que quando tomamos consciência do presente, o presente já aconteceu e acabou?

**NC:** Sim, então verdadeiramente falando, estamos sempre vivendo no passado; talvez possamos estar vivendo conscientes do presente, mas a consciência do presente está tão próxima quanto

348 DA ALMOFADA AO DIVÃ

conseguimos conscientemente nos aproximar do instante inefável da realidade, que acontece antes de se manifestar na consciência. Isso pode ser apenas intuído, ou conhecido intuitivamente, mas pode ser "conhecido" subjetivamente com absoluta certeza, o ponto absoluto de referência: mas isso é um mistério. Acho incrível, por exemplo, saber que minha intenção de pegar esta xícara, e colocá-la aqui, ocorreu antes de eu ter consciência de que faria esse movimento; meu corpo e cérebro, ou mente-corpo iria fazer aquele movimento, antes de "eu" ter consciência daquilo. Essa intenção de pegar a xícara foi feita antes de eu ter consciência de que tinha a intenção de pegá-la. Bem, então, onde está o *self* nisso tudo? Onde está a ação?

**MP:** Assustador! Mas a ação está lá porque você agiu, "queria colocar a xícara lá".

**NC:** Assustador, mas também potencialmente liberador e sim, o sentido de ação está lá, mas de fato, o quanto é real? Meu corpo-mente decidiu aquilo antes, então, onde está a ação? A ação é "minha"?

**MP:** Seu corpo já tinha decidido pegar a xícara, então a *a ação* está no seu corpo!

**NC:** Talvez, mas onde fica a ação no corpo, onde está o "eu"? Quando o corpo se desintegra, onde está o "eu", onde está a ação?

**MP:** Estou pensando no corpo que está aqui nesta sala e com quem você se identifica.

**NC:** Essa é a nossa confusão: nos identificamos com esse corpo, mas sabemos que o corpo não é o *self*. Isso é verdade: esse corpo é um conjunto de condições; não é o "meu" corpo. O "eu" que penso ter é essencialmente uma ilusão, que é um constructo. O sentido de um "eu" é mais verdadeiro do que o pensamento do "eu". É a identificação com esse corpo com todo o conjunto de parâmetros que nos dá o "eu", mas não existe o "eu"; é um constructo funcional e isso é o significado do não-*self*. É um constructo, uma reunião daquilo que na psicologia budista é referido como os cinco *khandas*, ou os cinco agregados: um corpo, com sensações, percepções, processos de pensamentos e consciência, que quando se reúnem constituem o corpo e mente; é um modelo bem simples, mas que capta os elementos-chave. Quando esses agregados estão juntos, temos um corpo e mente; mas, experimente retirar um só desses elementos e "você" não será como era. Então, o que é você? É um constante reunir-se e desintegrar-se, uma complexidade de elementos, até que todos se desintegrem. Mas nosso apego emocional a esse constructo nos dá um senso de identidade, e quando somos ameaçados, não é apenas nossa forma física que é ameaçada, mas também nosso sentido de identidade que é ameaçado; o qual protegemos desesperadamente.

Então, aonde o budismo vai além de qualquer modelo psicoterapêutico é que ele aponta para a natureza essencialmente transitória do *self*, na essência não-*self*. O *self*, ao mesmo tempo existe e não existe: por esses motivos vêm essas lindas formulações "nem existência, nem não-existência" ou "a forma é o vazio e o vazio é forma". Conceitualmente, isso não faz sentido, porque nossa mente pensante quer algo concreto, mas não há nada de concreto onde se segurar. E aí temos o âmago do ensinamento budista em poucas palavras: nada pode ser entendido apenas intelectualmente, mas sim experienciado intuitivamente, "conhecido" como a verdade, por meio de *insight*. É onde se pode encontrar uma re-união, ou reunir, a compreensão experimentada, juntamente com a compreensão intelectual. Isso é tão incrivelmente difícil de comunicar, porque é um *insight* intuitivo e não apenas um *insight* intelectual. É extasiante porque é uma reavaliação radical, uma mudança completa na perspectiva; porque ao invés de se ter um núcleo operando

## 350 DA ALMOFADA AO DIVÃ

princípios em nosso sentido de identidade, percebe-se de repente que há algo maior, que na tradição zen é chamado de: "nossa expressão original antes de termos nascido"; um estado *a priori* que poderia ser chamado de estado "não-vir-a-ser", do qual emergimos e para o qual retornamos, ao mesmo tempo.

**MP:** Estava pensando no inconsciente coletivo de Jung,

**NC:** Eu diria que que é quase isso, existe uma relação entre o inconsciente coletivo e essa experiência *a priori,* que apreendemos por meio de nosso heminsfério direito. Iain McGilchrist escreveu sobre isso de forma muito clara. Sinto que com a instrospecção meditativa nos movemos para essa nossa parte inconsciente e intuitiva, que é a direção certa a seguir, para que possamos ter algum senso do que está por trás, o que pensamos ser real. Para fazer isso, atravessamos nosso inconsciente e isso quer dizer atravessar todas as memórias inatas, aprendidas processualmente e implícitas; que incluem nossos medos, ansiedades, emoções, intuição, estruturas inconscientes de referência e associações, nossos traumas, tudo está englobado. Precisamos passar por todos esses elementos, um processo que Schore descreve no contexto da terapia, e eu traduzo como uma "reorganização do hemisfério direito". A resolução desses complexos emocionais permite maior integração e bem-estar, a partir do qual podemos chegar ao cerne da questão, à região latente da nossa existência.

**MP:** Você ainda está falando da pessoa, do ego, do inconsciente, não está?

**NC:** Não, não, estou falando sobre um organismo, "nós", que é uma expressão de algo "maior", que a partir do seu inconsciente tem acesso ao "todo", porque o que sabemos, é que o inconsciente – embora não totalmente compreendido ou conhecido conscientemente – conecta-se com o "todo". Por meio do nosso inconsciente coletivo, nos conectamos a um nível energético com todos os fenômenos tão sutis e mutáveis. Isso pode ser experimentado na meditação, quando o lado esquerdo do cérebro se acalma; quando simplesmente testemunhamos o que estamos experimentando e não estamos comprometidos com a atividade mental cognitiva. É então que existe o abandono do nosso sentido de identidade separada, e a energia que está envolvida na manutenção do senso de identidade em relação ao que experimentamos, a relação sujeito-objeto começa a se liberar. A energia requerida para sustentar esse senso de identidade é liberada e começa a fluir de tal forma que integra e conecta. Tudo isso ocorre quando entramos em profundos estados de meditação, que é onde experimentamos a repercussão desse processo, um estado de bem-aventurança na integração.

**MP:** Estar em uníssono com o universo, eu sinto...

**NC:** Nos primeiros estágios de imersão, conforme descrito na psicologia budista e confirmado por incontáveis meditadores, ainda podemos pensar reflexivamente sobre o que estamos experimentando, mas se formos mais fundo nas imersões, gradualmente nossos processos de pensamento ficam reduzidos e finalmente param; nos sentimos cada vez mais bem-aventurados; então a felicidade e os estados prazerosos começam a enfraquecer, deixando um estado de perfeita equanimidade ou quietude inspiradora, que nos possibilita "entrar" no que a psicologia budista descreve como domínios sem forma.

**MP:** Isso vai além de *samadhi*?

**NC:** Não, apenas estados muito profundos de *samadhi*, onde a personalidade não está lá, nem o funcionamento cognitivo; são os lugares sem forma, até os estados mais profundos descritos como

352 DA ALMOFADA AO DIVÃ

espaço infinito, consciência infinita, percepção do nada, não-percepção, que é até onde podemos ir no estado meditativo; é onde ocorre a "experiência", para usar um conceito que reúne tudo isso, o Mistério dos Mistérios, uma realização do Absoluto, que é essencialmente para onde toda a prática budista aponta e conduz e sobre o que nada pode realmente ser dito. No pensamento budista, nenhuma dessas experiências são, em si mesmas, realização de *insight*: mas possibilitam o *insight*. Essencialmente, é uma experiência de dissolução do ego, que então, por assim dizer, re-faz quando saímos desses estados e voltamos a nos localizar no tempo e espaço; mas com uma memória da experiência. Os efeitos de tais experiências modificam nossa relação com "nós mesmos". Podemos ver a partir do nosso ego; não vemos mais nosso "*self*" como o víamos, porque essas experiências são transformadoras. As experiências são tão imediatas e tão reais que não podemos negar sua verdade ou validade; mas apesar de tudo, continuam sendo experiências e no momento em que são experiências há uma relação sujeito-objeto entre o sujeito e o objeto e, por mais paradoxal que possa parecer, em última análise, o "Absoluto" é subjetividade absoluta. Essas experiências levam a uma nova perspectiva de vida.

**MP:** Minhas perguntas perderam o sentido agora, em vista dessa perspectiva ampliada da existência, e além da existência!

**NC:** O que considero belo é que não temos que acreditar em nada, nada disso. É preciso ter apenas uma mente aberta e indagadora, e querer a quietude e observar; o preceito é "ficar quieto", ou seja, desapegado, que está baseado em outras tradições místicas, assim como nos Salmos: "Aquiete-se e saiba que sou Deus". O que precisamos fazer é abdicar de conceitos que podemos ter de Deus ou do Absoluto, e entrar no estado de quietude; sem reagir àquilo que experimentamos da melhor forma possível; apenas voltando de novo e de novo para observar e testemunhar esse processo de vida com disposição de perguntar: "o que é isto?", uma atitude de curiosidade e interesse, mas sem reagir. A mente fará a parte dela: ela fará seus saltos e cambalhotas, será executada em jornadas, em círculos; explorará isso e aquilo; e todas as vezes que formos capturados pelos conteúdos desta atividade, perdemos o ponto. Desejamos observar aquele ponto de contato entre a consciência e os fenômenos ao surgirem; e voltar de novo e de novo para observar que se está observando; observar que se está consciente; consciente da consciência, estar ciente da percepção que nos mantém trazendo ao ponto de contato entre a posição de "testemunha" e aquela que está sendo testemunhada. Com perseverança, pouco a pouco, tudo finalmente será revelado. Isso é o núcleo da prática. Todo o resto é basicamente superficial: seja os sinos ou velas, cânticos, reverência; esse não é o ponto ou o propósito; potencialmente facilitadores para alguns, mas da mesma forma, também podem ser obstrutivos; são convenções, formas externas. A chave é postura de indagação, não reativa, desapegada; observando a reação sem apego, não levando adiante; observar a chegada dos pensamentos e deixar os pensamentos seguirem, sem resistir a eles. Há inevitavelmente um processo reflexivo em alguns estágios, mas é importante não se perder muito na reflexão como substituto para a pergunta, assim o processo reflexivo intensifica o espírito da pergunta ao invés de dificultá-lo. Significativamente, o budismo coloca grande ênfase na vantagem de ter uma estrutura moral e ética em sua prática, em que a exigência é essencialmente "fazer o bem". Isso dá sustentação a indagação meditativa, porque ser desonesto, manipulador, falso e assim por diante, gera padrões de reação complexos, de apego a um resultado em detrimento de outro, tudo o que enfatiza o sentido de separação. Uma vida baseada na honestidade, no respeito e na bondade cria um terreno fértil para indagações mais profundas, porque isso não adiciona mais confusão à confusão em que já nos encontramos. Permite um estilo de vida menos complicado, que

354  DA ALMOFADA AO DIVÃ

faz com que se durma bem à noite, sem precisar ficar dando voltas com a consciência pesada. A moralidade possibilita uma meditação mais profunda, e uma boa meditação possibilita uma moralidade melhor.

**MP:** A psicoterapia também, é uma jornada ética.

**NC:** Basicamente sim, mas nem sempre é colocado tão explicitamente, porque se tem a postura de não-julgamento atribuída aos terapeutas; mas na verade é preciso ter algum tipo de postura; é uma questão de não impor isso aos outros, mas ao mesmo tempo deixar isso muito claro para si mesmo. Suas próprias experiências enquanto indivíduo informam o processo da psicoterapia, então o tempo todo isso é comunicado subliminarmente, inconscientemente, e se existe essa dimensão, aquilo por si só afeta e informa o processo. Estando bem dentro de si mesmo, permite também que a mente se movimente mais livremente, uma vez que a metaperspectiva tenha sido reconhecida ou sabida, e está lá, na base do banco de dados das experiências e conhecimento da pessoa, por assim dizer, e pode ser acessada intuitiva e espontaneamente. Isso possibilita que a pessoa seja mais intuitiva, criativa e sintonizada com o processo terapêutico; a pessoa tem acesso a mais recursos.

**MP:** Então, algumas vezes não sabemos como as influências budistas influenciam a prática, mas elas definitivamente influenciam.

**NC:** Sim, mas não é o budismo como tal; são as experiências praticadas dentro do contexto budista que viabilizam ou facilitam, e é o resultado disso que vai para a terapia; não o budismo *per se*. O budismo é basicamente um veículo que possibilita que a pessoa viva uma vida mais intensa e significativa. Os preceitos morais e éticos são para consideração e reflexão, não são uma verdade revelada ou mandamentos como na tradição cristã; não lhe é dito para acreditar neles; estão lá para serem pensados, relacionados; são um ponto de referência para se examinar e lidar com as situações em que nos encontramos. O budismo aponta para algo além do *self* e realmente para além de si mesmo. É por isso que o budismo geralmente ressoa muito bem com as perspectivas ocidentais seculares e empíricas. É um caminho baseado mais na indagação, que é onde a ciência basicamente obtém sua força. Hoje, encontramos muitas pessoas contra os dogmas religiosos, ao mesmo tempo que também é verdade que muitas outras vão em direção a eles, em grande parte por causa do vácuo moral e emocional criado pela nossa sociedade materialista e obcecada no prazer, assim as pessoas confiam na religião como apoio; portanto, por exemplo, o crescimento de religiões como o islamismo no ocidente. Acredito que os ensinamentos budistas oferecem potencialmente uma estrutura de referência que nos permite experimentar os frutos da meditação fora do contexto "religioso" tradicional. É curioso notar a ascensão do budismo secular no ocidente, que rejeita a maioria, se não todas, as práticas e crenças institucionalizadas tradicionais; é muito prático, simples e honesto, curiosamente colocado por pessoas como Stephen Bachelor, que por sinal também vale a pena ler. Sinto que o budismo secular corre o risco de se tornar muito reducionista, minimizando o que pode ser chamado de domínios "sutis" da experiência meditativa, que não pode ser categorizada ou entendida empiricamente. É muito importante ter uma compreensão baseada na experiência do "sutil" ou nas experiências transliminares no "campo" que existe além do que é explicitamente físico, caso contrário corremos o risco de que os estados "místicos" sejam patologizados ou desprezados como estados "místicos" como forma de psicose, o que seria muito triste.

356 DA ALMOFADA AO DIVÃ

**MP:** É importante também na psique oriental, não é?

**NC:** Pelo que tenho lido, ouvido e também como na minha pequena experiência no oriente, infelizmente muito da prática budista está sendo depreciada. Em muitos lugares, tem se tornado um sistema ritualístico de crenças, em que a ênfase para muitos é mais para se ter mérito ao invés de meditar; muitas vezes trata-se de realizar ritos cerimoniais, e rituais para votos e preceitos, ao invés de praticar realmente. Perdeu seu foco original, o que parece ser o destino das religiões mais institucionalizadas e bem estabelecidas. Ao longo do tempo, os ensinamentos budistas em países do extremo oriente têm permeado a sociedade de forma diferente da daqui, em que o budismo ainda é relativamente novo.

**MP:** Bem, de crianças e adultos, ao *mindfulness*, à sociedade, ao misticismo: abrangemos bastante, Nick, muito obrigada por esta conversa tão iluminada.

## Referências

Batchelor, S. (1997). *Buddhism without Beliefs: A Contemporary Guide to Awakening*. New York: Riverside Books.

Epstein, M. (1995). *Thoughts without a Thinker*. New York: Basic Books.

Epstein, M. (2008). *Psychotherapy without the Self*. New Haven: Yale University Press.

Freud, S. (1920g). *Beyond the Pleasure Principle*. The International Psycho-Analytical Library, editado por Ernest Jones.

Gendlin, E. T. (1978). *Focusing*. New York: Bantam New Age Books.

Gendlin, E. T. (1996). *Focusing-Oriented Psychotherapy: A Manual of the Experiential Method*. New York: Guilford.

Kabat-Zin, J. (1990). *Full Catastrophe Living*. London: Piatkus.

McGilchrist, I. (2009). *The Master and His Emissary: The Divided Brain and the Making of the Western World*. New Haven: Yale University Press.

Ogden, P. Minton, K., & Pain, C. (2006). *Trauma and the Body: A Sensorimotor Approach to Psychotherapy*. New York: W. W. Norton.

Porges, S. W. (2011). *The Polyvagal Theory: Neurophysiological Foundations of Emotions, Attachment, Communication, Self-Regulation*. New York, London: Norton Series on Neurobiology.

Rahula, W. (2007). *What the Buddha Taught*. London: Grove Press.

Schore, A. N. (2003). *Affect Regulation and the Repair of the Self*. London: W. W. Norton.

Shapiro, F. (2001). *Eye Movement Desensitization and Reprocessing*. New York: Guilford.

The Bible. Salmo 46:10, King James "Authorised Version", Oxford University Press, 1997.

Williams, M., & Penman, D. (2011). *Mindfulness: A Practical Guide to Finding Peace in the World*. London: Piatkus.

## Nota

1. Pensamentos sem um pensador.

# 19. A criança no adulto: psicoterapia baseada no budismo

*Diálogo com Steven Mendoza*

*Os pais são muito amáveis,*
*Mas sou muito jovem para avaliar isso.*
*As montanhas e vales são lindos,*
*Mas se nunca vi as planícies, sou estúpido.*
—Chogyam Trungpa, *The Myth of Freedom*

**MP:** Obrigada, Steven, por ter concordado em contribuir com este projeto com a sua perspectiva de um psicoterapeuta psicanalítico de adultos. Penso que podemos nos concentrar em seu pensamento sobre a parte criança nos pacientes adultos e em como a prática budista influenciou você em seu trabalho profissional. Sempre me impressionei com a profundidade com que você usa a ideia de "refúgio" no *Dharma*, isto é, no ensinamento de Buda, em seu trabalho. Você é único na forma de integrar os dois. Então, eu gostaria de ouvir mais e também como você se tornou um psicoterapeuta e um budista.

360 A CRIANÇA NO ADULTO: PSICOTERAPIA BASEADA NO BUDISMO

**SM:** Sim, bem, penso que eu fui criado desde o berço como psicoterapeuta. Minha mãe sempre quis ser conselheira matrimonial e sempre se interessou pela psicoterapia, embora nunca tenha lido livros nem tido experiência até se habilitar como conselheira matrimonial. Quando eu era criança ela trazia Klein e Bowlby para casa. Então cresci com isso. Mais significativo ainda, meus pais eram devotados e muito sinceros, mas cada um deles tinha enormes problemas emocionais, me diga se você ouviu isso antes!

**MP:** É muito interessante isso da sua mãe e, naturalmente, a maioria de nós, psicoterapeutas, vem de famílias onde imperam questões emocionais e possivelmente com algum familiar mais sensível a isso.

**SM:** Sim, nós os tratamos em terapia.

**MP:** Lembro-me de John Steiner citando, acredito que Henri Rey, que disse que o que os pacientes trazem para a análise são seus próprios pais que precisam ser reparados, internamente, é claro.

**SM:** Isso faz muito sentido. Então, acho que me fizeram um psicoterapeuta. Como um estudante confuso de psicologia, já em psicoterapia, fazia listas intermináveis de possíveis carreiras e uma das que sempre estavam na lista era psicoterapia. Naquela época eu detestava e menosprezava a psicanálise e me interessava pela psicologia experimental.

**MP:** Era por algum motivo político, uma vez que a psicanálise não parecesse suficiente?

**SM:** Sim, eu achava que eles eram políticos naquele tempo. A psicanálise era vista como normativa e parecia que o analista exercia poder sobre o paciente, defendendo ideias antiquadas sobre a questão do gênero e assim por diante. No meio de tudo isso, fiquei muito perturbado, especialmente com a morte da minha mãe, e fui para a psicoterapia, ainda menosprezando a psicanálise!

**MP:** Que idade você tinha quando ela morreu?

**SM:** Vinte e quatro, para mim foi um choque. Estou tentando me lembrar quando foi que ouvi falar sobre o budismo. Meu pai tinha um amigo que pode ter sido budista. Ele me deu uma folha com muitos caracteres chineses para serem copiados, eu fiquei fascinado com eles. Mas sem dúvida, quando eu tinha quatorze anos, tivemos que fazer um projeto na escola sobre conhecimentos religiosos e eu escolhi o budismo, provavelmente porque eu queria saber o que era e talvez já tivesse ouvido falar muito bem e visto reportagens comoventes sobre a conduta dos budistas. Cresci com a sensação de que os únicos comentários que eu ouvia sobre os budistas eram comentários de como eles eram bons e sábios. Pensei: todo mundo tem alguma coisa boa para dizer sobre o budismo, mas na verdade ninguém se preocupou em descobrir mais sobre ele. Nessa época todos começamos a usar drogas. Isso foi em 1968, e para a pessoa ser legal era preciso fumar haxixe e foi isso. Li sobre Aldous Huxley: li *Céu e Inferno*, e li sobre alguns experimentos com mescalina e, realmente, tomei mescalina em um experimento controlado pelo departamento bioquímico no Trinity College, em Dublin.

**MP:** Dublin?

**SM:** Sim, não passei nos meus exames e fui cursar biologia em Dublin onde eles repetiam o conteúdo programático da matéria que eu fiquei. Mas eu estava muito deprimido na época e incapaz de compreender que minha mãe estava morrendo muito lentamente de leucemia. Eles nos disseram que tinham descoberto a cura. Estávamos vendo ela morrer, mas ninguém conseguia enfrentar essa realidade. Fui uma criança ansiosa e me tornei deprimido e confuso. Comecei a fazer psicologia no Brunel, li Carlos Castaneda e descobri com estranheza os baixos números do sistema decimal de Dewey. Basicamente todos os livros estranhos, filosóficos, místicos da biblioteca tinham números começando com muitos zeros, e descobri que se fossemos procurar nas pilhas da biblioteca, encontraríamos todos os tipos de livros exóticos e dentre eles, livros sobre budismo. Li todas aquelas coisas que não nos ensinam na escola: fomos uma geração emburrecida! Achávamos que sabíamos mais que eles, e descobri um pequeno livro da coleção Pelicano dos antigos textos budistas e no fim descobri a diferença entre o budismo *Mahayana* e o *Theravada*. Descobri finalmente essa ideia de tornar-se iluminado: que o mais óbvio a fazer, quando se está iluminado é levar outra pessoa a tornar-se iluminada. O que mais um Buda faria? Era isso. Mas não me tornei budista até minha primeira esposa receber uma carta de seu ex-marido dizendo que ele ia evaporar. Ele quis dizer que ia viver em uma comunidade budista tibetana em Lake District, com a Ordem Gelugpa. Ele tinha o ensinamento que eu procurava, então tornei-me discípulo do primeiro marido da minha esposa!

**MP:** A vida é engraçada!

**SM:** A vida é maravilhosa e ele foi um professor brilhante. Agora abandonou suas vestes e casou-se com uma mulher americana, mas foi isso o que aconteceu. Ele me ensinou o *Dharma*. O que me chocou sobre esse ensinamento do *Dharma* foi por ele é muito emocional e baseado na prática. Eu sempre achei que o budismo fosse intelectual, e que as pessoas se sentavam ali e meditavam e pronto. Eles tinham todas essas recitações, que eram cheias de emoções e fé, e aquilo me fez mudar, realmente, para ser alguém que pensava no amor, na compaixão, no doar-se e nas coisas emocionais diferente do que eu pensava ser uma iluminação pelo intelecto.

**MP:** Acho que todas as vertentes do budismo são assim; até mesmo o zen, que pode parecer basear-se no intelectual, nas questões não sensoriais, os *koans*, é altamente prático, senso comum, e leva às realizações emocionais.

**SM:** Sim, naquela época eu só lia, não praticava. Então, comecei a me sentar com as pessoas e a praticar no Centro de Meditação Kadampa Manjushri, que acabaram sendo membros fundadores da Nova Tradição *Kadampa* de Geshe Kelsang Gyatso. Geshe Kelsang disse que aquilo não era o budismo tibetano, que era o *Dharma* do Buda Shakyamuni. É o mesmo Buda que foi trazido da Índia para o Tibete. O mesmo *Dharma* que saiu do Tibete para o ocidente. É só budismo, não é budismo tibetano e ele insistiu muito nisso. Eu estava muito habituado com as orações devocionais e com as *pujas* sendo recitadas. Sempre as ignorava em minhas leituras, porque achava que eram apenas tolices religiosas. Fiquei muito emocionado só de ouvir a forma com que as pessoas estavam recitando, tão emocionado que eu fui para *gonpa*, como eles chamam o santuário, no Centro Madhyamaka no norte de Yorkshire, logo de manhã cedinho passar esses textos e tentar entender por que me deixavam tão emocionado. Encontrei ali o que sempre havia procurado, sem ter ido ao Tibete. Isso veio a mim.

**MP:** Assim é a vida, não é? Quando se está aberto, as coisas aparecem.

**SM:** Sei disso, é uma loucura como as coisas acontecem.

**MP:** O que você encontrou, então?

364 A CRIANÇA NO ADULTO: PSICOTERAPIA BASEADA NO BUDISMO

**SM:** Encontrei algo que me transformou. Entrei em um estado de espírito em que me senti bem, me senti bem-disposto em relação às outras pessoas, onde não me sentia sendo criticado pelas pessoas. Senti-me movido a sentimentos de reverência, fiquei inspirado com a ideia do vazio e com a estrutura de *Dharma*.

**MP:** Parece que você se voltou para as forças da vida e não para a depressão pela experiência da morte de sua mãe e para outras coisas negativas, talvez?

**SM:** Sim, descobri o conceito da Natureza de Buda, de compaixão e sabedoria, que estava em mim, mas obscurecido pelo que agora chamo de ilusões. A compaixão e sabedoria foram caracterizadas por Chenrezi e Manjushri. Faziam isso com imagens. Tinham grandes fotografias dessas pessoas no lugar sagrado de meditação. Chenrezi tem mil braços estendendo-se com compaixão às pessoas e lágrimas de compaixão. Manjushri tem uma espada para separar o verdadeiro do falso. Esses dois Budas são os dois aspectos do próprio Buda. Esse ensinamento parece conciliar sabedoria e compaixão como Bion (1962) conciliou o intelecto e o emocional como continente/contido. Fiquei impressionado com esse exemplo de como um ensinamento de mil anos anteviu recentes desenvolvimentos na psicanálise. Sentei-me no gonpa ouvindo os ensinamentos e na minha emoção eu queria mostrar como o *Dharma* podia antecipar a psicanálise. Me pareceu que se podia antecipar a cultura europeia por um milênio, poderia também ir além. Penso que os psicoterapeutas têm muito a aprender com o *Dharma*, que não estão em nossos princípios. Achei também que seria salutar levar para o ocidente os princípios das formulações do *Dharma*, assim como os princípios de Mendel foram reconhecidos pela genética. Acho que ainda existe a presunção de acreditar que o intelecto foi inventado pelo homem branco na Grécia. Isso me mostrou que os meus dois lados: o emocional e o intelectual podem estar em equilíbrio. Na tradição *Gelugpa*, nos divertimos, brincamos, aproveitamos a vida e agimos naturalmente, sentamos para tomar chá e conversar sem nos referirmos a quão revolucionária tem sido a nossa prática. Lembro-me de um monge recém ordenado que entrou na conversa de repente, para dizer como os ensinamentos são extraordinários. Ninguém respondeu nada. É o jeito *Gelupga* de parecer comum. Eles dizem que não se deve congregar discípulos mostrando poderes miraculosos, mas pela qualidade do ensinamento em si. Naturalmente, nem todos os *Gelupga* têm poderes miraculosos, de qualquer forma! Pensando nesta entrevista, eu via *Dharma* como se cultivássemos a criança em nós mesmos. Encontrei isso em um livro de um alemão chamado *Lama Anagarika Govinda*, que escreveu um tipo sério de filosofia budista. Ele dizia que as pessoas que alcançaram um profundo budismo são como crianças. Elas têm uma inocência absoluta, a proximidade e alegria que caracterizam as crianças. Ele perguntou por que estudamos *Dharma* com tanta intensidade ao invés de simplesmente retroceder. Porque precisa ocorrer um processo desenvolvimental. É quando já se chegou ao extremo do desenvolvimento adulto que se faz necessário voltar à infância e isso ocorre quando os dois se correlacionam, quando se integra a sofisticada percepção dos limites com a consciência pura de um único foco da infância. No centro de nossa origem, nossa consciência é simplesmente um ponto de ser, uma natureza puntiforme. Você simplesmente é; é o simples fato de ser. Na prática do *mindfulness*, *samata* ou *Samadhi*, observamos a chegada e a partida dos objetos da consciência. Reconhecemos que fomos atraídos para a fantasia e voltamos para a observação da mente, e gradualmente aqueles que persistem nessa árdua prática encontram que a mente, não a minha mente, infelizmente, torna-se calma e vazia. Eles chamam isso de quietude permanente, levando aos meditadores capacitados flexibilidade e tranquilidade física como também mental.

A prática da associação livre é antecipada, embora sem a contribuição do analista. Para mim, a boa prática como psicoterapeuta tem que ter a disciplina da prática de *mindfulness*. Liberto-me das comunicações do paciente e minhas associações com elas. A sombra move-se pelo chão quando a sessão prossegue. No meu modo de ver, a atenção do psicoterapeuta infantil precisa ser a mesma da do terapeuta de adultos e que ambas esforçam-se para concentrar e aproveitar o estado meditativo que foi produzido. Tenho tentado escrever sobre tudo isso e comecei com um primeiro artigo.

**MP:** A criança vive no aqui e agora. Além dos aspectos árduos e sofisticados do budismo, um aspecto básico da prática é viver no presente. Talvez este seja a relação com o lado criança dessas pessoas altamente iluminadas.

**SM:** Sim, acho que sim, mas acho muito difícil para nós voltarmos àquele estado criança. Precisamos sair dos limites da elaboração adulta das diferenças, antes de voltar à unidade da criança ou mesmo do bebê.

**MP:** Essa observação de Lama Govinda é muito interessante. Concordo que as pessoas mais iluminadas são as que estão mais em contato com a criança que existe dentro delas, e penso agora em Dalai Lama, assim como em outros líderes espirituais, que preservaram ou cultivaram ou redescobriram os aspectos mais puros, alegres, simples, inocentes, renovados, que são as prerrogativas salutares da criança. Até mesmo no cristianismo encontramos isso: Jesus dizendo...

**SM:** Acho que as palavras são as seguintes "Se não vos converterdes e não vos tornardes como criança, de modo algum entrareis no reino dos céus".

**MP:** Esse é um pensamento profundo e esplêndido, até aqui uma conexão jamais imaginada entre o budismo e a infância. Mas, como você acha que este pensamento profundo se relaciona com o seu trabalho com lado criança dos seus pacientes adultos e vice--versa?

**SM:** Lembro-me que um dos meus professores de *Dharma* certa vez me perguntou o que meus colegas pensavam do budismo. Eu disse que eles pensavam que é uma negação maníaca da morte, porque eles falam demais sobre renascimento e pensam muito que no estudo do *Dharma* (pensava-se que o meu professor tinha um preconceito pela linguagem tibetana; naturalmente ele era também muito brilhante!) continua-se da vida anterior e que se deve continuar na vida futura, se a pessoa for afortunada o suficiente para renascer em um corpo humano, em um lugar em que o *Dharma* seja ensinado, o que eles chamam de renascimento humano perfeito. O fato de ser um psicoterapeuta fez com que minha fala sobre *Dharma* fosse muito real para mim, embora eles não falem nada em temos de inconsciente e não conheçam, de forma alguma, esse conceito em suas escritas psicológicas, mas muito do que me ensinaram fez muito sentido porque eu já tinha familiaridade como psicoterapeuta. A prática do dar e receber de que eles falam: retirar de si toda a negatividade como uma fumaça preta e visualizar-se cada vez mais claro, limpo, feito de luz e respirando luz, é muito psicológico. Então eles revertem isso e ensinam a tirar toda a negatividade da outra pessoa e respirar a fumaça preta, purificá-la dentro de si e expirá-la já limpa, luz branca na sua visualização. Isso é muito parecido com a ideia de Bion (1962) da capacidade materna de conter e transformar os pensamentos que o bebê não consegue suportar, usando o processo alfa. Estou trabalhando com um homem altamente bem-sucedido e talentoso, a quem busco levá-lo cada vez mais a identificar-se com um menino que ainda não é muito viril, não é amado e sente raiva. A análise começou com a tristeza dessa criança e eu digo ao homem que a criança continuará se impondo até entendermos e atendermos suas necessidades. É um cenário clássico do Édipo. O budismo nos instrui para a compaixão diante de algo no paciente que pode nos deixar com raiva. Delibera o mérito da realização dos desejos, dando às pessoas o que elas querem, como as éticas protestante e judaica creem que o privilégio deve ser conquistado.

**MP:** Esta conexão é fantástica. Nós, psicoterapeutas, executamos a função materna da "respiração" nas más coisas ou nas projeções da criança, ou seja, o mundo externo, e transformamos as coisas ruíns em algo bom, a "luz", e oferecemos de volta para a criança, a pessoa ou o mundo externo. Muito impressionante este paralelo entre a prática budista e a prática psicanalítica!

**SM:** Sentado no chão e estudando o budismo por meio período durante cerca de dez anos, eu sempre pensei que sabia o equivalente dessa prática na psicanálise, e eu queria muito descrever o budismo para os psicanalistas e dizer que há mil anos as pessoas chegaram ao mesmo entendimento da mente, por um processo completamente diferente. Tal sabedoria atinge o mesmo conhecimento antes e de forma mais simples, e bela. A psicanálise deveria mostrar um pouco de humildade diante de tudo isso. A psicanálise deve isso a si mesma, como um processo científico, conhecer a supremacia da compreensão da mente pelo budismo, que é tão sofisticada. É fascinante ver que as pessoas que não têm a cultura da Europa Ocidental tiveram tal compreensão espiritual e filosófica. No meu jeito racista e colonial, achei difícil crer que eles fossem tão bons quanto nós, é claro, se é que em alguma coisa eles sejam melhores. Filosoficamente, há uma trementa corroboração da psicanálise no budismo. Nos métodos de pesquisa, chamam isso de operação convergente. Se é possível construir um experimento completamente diferente, com premissas diferentes, e ambos convergem a mesma conclusão, então há uma tremenda validade que se adiciona a essa convergência. Ouvindo *Dharma* ficou confirmado o que eu sabia como psicoterapeuta, fazendo com que a psicoterapia ficasse mais convincente, válida e crível; foi quase como uma prova.

**MP:** Concorto totalmente com isso.

**SM:** Outra ligação com a infância é a prática central de *Lam Rim*, isto é, são as etapas do caminho à iluminação: uma série de visualizações e ensinamentos a partir do sofrimento e direcionados para a iluminação. Uma delas é se olhar como se fosse um cristal multicolorido, com diferente cor em cada face. Isso se chama joia do desejo concedido, e a pessoa vê-se realizando desejos de todos os seres sensíveis, o que para mim – com minha postura tão inglesa – acredito que os desejos das pessoas não deveriam ser todos realizados, com toda certeza precisariam ser merecidos. Bem, foi uma prática extraordinária em que os desejos devem ser concedidos, assim como a prática, que mudou realmente minha perspectiva, para algo que pode ser óbvio para qualquer pessoa. Aquilo me deu uma postura completamente diferente perante meus pacientes e outras pessoas. Similarmente, quando eles falam de renascimento e de diferentes mundos em que renascemos, eles falam do mundo dos animais, que são criaturas que sentem medo o tempo todo e o que é preciso fazer é protege-los: os animais precisam de proteção, assim seus desejos são concedidos, os vulneráveis são protegidos. Isso pode parecer óbvio, mas achei bastante notável enquanto prática, e a virtude da proteção me dá uma postura muito diferente perante o paciente.

**MP:** E é uma postura paternal, não é? O bebê não tem que merecer o leite, ou que sua fralda seja trocada, não é? É natural e

370  A CRIANÇA NO ADULTO: PSICOTERAPIA BASEADA NO BUDISMO

instintivo cuidar do bebê, protegê-lo e amá-lo, garantir seus desejos e necessidades.

**SM:** Realmente. Mas, voltando à questão: como me relaciono com a criança no paciente enquanto terapeuta budista, é uma pergunta muito intrigante. O ato de dar e receber tem o seu equivalente no continente/contido. Eu chamaria tanto de processo budista quanto psicanalítico, e refere-se tanto à criança e até mesmo na criança que há no paciente, quanto ao adulto. Penso na minha prática psicanalista como budista, mas acho muito difícil justificar essa afirmação. O que eu pensava que era, para mim, a principal força no budismo é o vazio. A sabedoria consiste do entendimento de que as coisas existem para nós apenas da maneira como as vemos.

**MP:** Então não existe ausência?

**SM:** A verdadeira natureza da existência está além de nós. O *Dharma* diz que todos os objetos da nossa percepção são constructos das nossas mentes. Eles não têm uma existência inata, são vazios de existência inata; é o que chamaríamos de fenomenológico; isso não é tão diferente de Platão ou Kant, exceto que eles não apenas praticaram, como também escreveram sobre isso. Assim, o vazio é o vazio do fenômeno da existência inata. Penso no vazio da mente também. Na meditação apontamos três instruções; se me lembro bem delas, elas são a mente é clara e vasta como o oceano, e com objetos perceptíveis. Mas a verdadeira doutrina é o vazio do fenômeno mental da existência inata. Não se trata do vazio do mundo externo. Aquilo, como eu entendo, existe inerentemente, mas para nós é apenas o que Bion chama de "O" (1959). Tentam adquirir uma experiência real do vazio, que chamam de visão dual. O conceito de vazio é essencial para a psicanálise, porque a questão toda na psicanálise é perceber o quanto de nossos problemas é fantasia, não apenas fantasia, mas ilusão. Pensei muito sobre identidade, identificação e penso que identidade é o que somos, e identificar é o que fazemos; mas na verdade eu nunca alcanço minha identidade: estou sempre fazendo identificação e sempre tentando ser alguém com quem me identifico. Sartre fala dessa boa e má fé em *O Ser e o Nada* (1943). Ele escreve sobre a diferença entre ser e fazer. Fala de um garçom consciente de si mesmo, que está fazendo-se ser um garçom, tentando agir como um garçom. Ele contrasta isso com a boa fé de um garçom que fica simplesmente esperando nas mesas. Está sendo um garçom e não fazendo-se de garçom. Na psicoterapia, me sinto pressionado a interpretar para provar para mim mesmo que sou psicoterapeuta. Mas sou muito mais que um psicoterapeuta quando fico simplesmente com minha resposta transferencial e contratransferencial daquilo que está acontecendo no meu consultório. A maior parte do tempo na psicoterapia, estamos lidando com a criança. Mas lidando com uma criança prejudicada, uma criança que está numa situação muito difícil, por exemplo, uma criança que é sempre descrita pela mãe como sem atrativos; uma criança cuja mãe sempre diz: "sei o que você realmente é".

**MP:** Essa criança está recebendo um sentido falso de sua identidade.

**SM:** Sim. Então, a criança com quem estaríamos trabalhando é uma criança imaginária e o *self* daquela criança está vazio de existência inata; não existe realmente, é um espectro. Um dos ensinamentos tibetanos que ouvi dizia: "Bem, se todos os problemas fossem imaginários então como eu poderia ajudar você?". Eu diria que o budismo me dá uma profunda fé de que a criança que o paciente pensa que é, é a criança que ele não precisa ser. Eu disse o seguinte a um homem que vi recentemente: "Você não pode conceber-se como sendo capaz de criar um filho. Você se vê como uma criança muito pequena e vulnerável, que todos chutam e todos estão determinados a colocar problemas, mas ninguém

372 A CRIANÇA NO ADULTO: PSICOTERAPIA BASEADA NO BUDISMO

consegue ver nada de bom nessa criança. Você pensa ser tão pequeno e frágil e tão intimidado, que precisa apenas cumprir as exigências deles e viver eternamente com medo". E disse mais: "Você não tem nada daquela criança. Você se mantém em um cargo profissional sofisticado; tem tremendas aptidões de adulto, muitas realizações profissionais e acadêmicas. Se olharmos para todas as coisas adultas que você faz, é impossível que você seja aquela criança". Não sei, mas para mim, essa é sempre uma prática do vazio. Acho que a sessão toda é um exercício de vazio.

**MP:** Como aquele homem entendeu a sua ideia?

**SM:** Ele disse: "Ah, entendo". Mas ele é o tipo do paciente que ouve a interpretação com o mínimo de resistência, ele é bem tolerante, mas tem uma compreensão mínima e mínima capacidade de lidar e agir com tudo isso, infelizmente.

**MP:** Se entendi certo, seu objetivo na psicoterapia é reconhecer o vazio no sentido budista, isto é, livrar o paciente da identidade falsa ou delirante que está projetada nele desde a mais tenra idade e conseguir chegar no âmago da identidade do paciente, é isso?

**SM:** Imagino que, em certo sentido, seja um jogo. Penso simular para mim mesmo que percebo o vazio e tudo que vem à mente, para mim é percebido segundo eles chamam de base válida. Imagino que eu seja iluminado, ou que eu seja Buda.

**MP:** Você imagina ou você é um Buda?

**SM:** Procuro compreender a ideia de vazio. Lembro-me de conversar com uma das pintoras da comunidade budista ao norte de Yorkshire. Ela se formou na tradicional pintura *Thanka* – uma sociedade tibetana com ideias religiosas. É uma iconografia muito elaborada. Ela parecia confirmar a ideia de que se se tem a visão do estado de ausência de mente, essa visão dual, o *Madhyamika* (o Caminho do Meio), então se vê coisas e sabe que estão vazias de existência inata, mas dá para vê-las realmente. O azul da xícara, por exemplo, é um constructo da mente, que tem essa incrível capacidade de criar essa experiência de cor. Não é inerente à xícara; está na mente, não no objeto.

**MP:** É uma convenção que usamos, quando chamamos aquela cor de azul, não é?

**SM:** Sim, mas as cores são comprimentos de ondas. São nomes de experiências que chamamos de azul ou laranja etc... Eu compreendo da seguinte forma: quanto mais se percebe que se está olhando para fenômenos que a mente cria, baseada no contato sensório com o mundo, mais vívida a experiência se torna, ao perceber que a natureza é, afinal de contas, o que Bion chama de "alucinose" (Bion, 1959). Com isso ele quer dizer uma função projetiva nascida da intolerância a frustração. Mas para mim, isso significa um mecanismo cuja função é gerar experiência, seja com base na projeção ou introjeção, o que Bion chamaria simplesmente de uma função. Minha compreensão da visão dual é que vemos e sentimos a intensidade da experiência sensória, enquanto ao mesmo tempo sabemos que é puramente sensorial na natureza.

**MP:** E vazio em substância?

**SM:** Vazio de existência inata. Penso que tudo que vai acontecer na sessão é condicional. Tudo que eu sinto, tudo que o paciente diz ou faz, é tudo um jogo de fenômenos, que primeiro deve ser experimentado, e que é capaz de ser entendido de tantas maneiras quanto se for capaz de entendê-lo. Só existem enquanto fenômenos.

**MP:** O que você quer dizer por fenômenos?

374  A CRIANÇA NO ADULTO: PSICOTERAPIA BASEADA NO BUDISMO

**SM:** Quero dizer fenômenos mentais, as percepções, impulsos, sensações e emoções que abrangem nossa consciência e que parecem incluir um mundo real lá fora. É claro, nossas mentes evoluíram na natureza para negociar desejo e realidade. A questão dos fenômenos foi que eles eram uma representação realista do "mundo real", que aumentou nossa capacidade de sobrevivência e procriação e assim foram selecionados naturalmente. Mas o *Dharma* e a psicanálise lidam igualmente, de suas diferentes maneiras, com as dificuldades psicopatológicas disso e não com os sucessos biológicos. Então os fenômenos não existem em si mesmos, mas apenas em nossas mentes, como ficções nos livros. Tudo que acontece na sessão poderia ser entendido como algo diferente. Interpreto mais e mais, conforme segue: "Você acha útil pensar em coisas como essa?" ao invés de dizer: "Isso é assim". Não penso que as interpretações devam ser feitas com muita autoridade, como certas infalibilidades da doutrina didática do Papa. É preciso interpretar mais como uma tentativa, porque você pode estar errado, como aprendi em um grupo de supervisão há muitos anos. Penso nisso como uma prática do vazio, que cada vez mais convido o paciente a especular comigo sobre as coisas.

**MP:** Uma interpretação poderia ser apenas um "sim" ou "não", talvez? Mas, o que acha de associar a ideia de desenvolvimento do ego na psicoterapia e do *anatta* (não-*self*), e o abandono do ego, no budismo?

**SM:** Sim, tenho pensado muito nisso. *Anatta* significa não-*self*, não *atman*, não espírito, que é *Brama*, a Última Existência no Hinduísmo. Para mim, não-*self* é precisamente o conceito de vazio: os dois são extensões do vazio: do objeto e do *self*. Não importa onde eu olhe, não consigo encontrar a mim mesmo ou o objeto. Faço distinção entre força do ego como conceito psicanalítico e egoísmo com autoreforço narcísico. Por isso, se cultivo a crença em mim mesmo, uma crença narcisita que este meu *self* é algo maravilhoso, então vou mais e mais fundo no delírio e realmente no apego no pior sentido do apego. Penso que o real significado psicanalítico de ego não tem nada a ver com egoísmo. Acho que a essência do ego na psicanálise é a capacidade de implementar o princípio da realidade. O ego é o agente que diferencia o que é real, para mediar entre o id e a realidade. Ego é simplesmente a função de dizer verdadeiro ou falso.

**MP:** E isso é muito budista!

**SM:** Exatamente. É tão básico, uma coisa muito simples. Se pensarmos na psicanálise rotineira e se pensarmos sobre o que essas coisas realmente significam, então o ego tem que simplesmente ter a capacidade de enfrentar os fatos na posição depressiva.

**MP:** É incrível: um esclarecimento tão simples e tão profundo! Da forma como você vê, o ego na psicanálise e o não-ego no budismo são muito parecidos.

**SM:** Acho que, se isso for estudado pelo lado budista, em termos e práticas budistas, coloca-se muito coração no trabalho como psicoterapeuta.

**MP:** Na terapia, não deveríamos ter memória e desejo (Bion, 1967), mas na verdade o ponto é ajudar os pacientes infantis e adultos a aceitarem a realidade, a desenvolverem um ego forte que permita que o paciente enfrente separação, doenças, velhice, como também o prazer e a diversão, e que veja tudo isso como condições efêmeras. Muito similar com a prática budista.

**SM:** T. S. Eliot disse: "A espécie humana não consegue entender muito bem a realidade" (1959). Se colocar muita realidade para o paciente, o que parece uma interpretação óbvia pode ser demais, e os pacientes podem ficar bravos e fugir. A realidade é boa, mas é

376 A CRIANÇA NO ADULTO: PSICOTERAPIA BASEADA NO BUDISMO

preciso pensar sobre as interpretações, pois o paciente precisa estar pronto para ouví-las. Dizem que é melhor ensinar sobre o vazio somente quando for pedido. Não se pode impor isso nas pessoas, porque é uma ideia perturbadora. Algumas pessoas consideram a ideia de vazio muito ameaçadora. Acho que foi John Steiner, o psicanalista australiano, que falou como é importante para o paciente que o analista o entenda (Steiner, 1994). O que é sutil no Steiner é que ele diz que algumas vezes o paciente quer que o analista compreenda e mantenha aquilo com ele, e algumas vezes ele quer que o analista ofereça a compreensão de si. São duas formas completamente diferentes de ser entendido: "Você me entende, isso é maravilhoso, eu não preciso me entender, sou ainda uma criança"; e "você me entende e pode me ajudar a fazer com que eu me entenda". Fico muito consciente disso especialmente com pacientes *borderline*. Psicoterapeutas em formação sempre querem interpretar para se tranquilizarem, mas o paciente fica desesperadamente evacuando material, elementos beta (Bion, 1959), e o trabalho de psicoterapeuta é de contê-los e não interpretar, pois o paciente poderá experimentar isso como uma invasão destrutiva.

**MP:** Sim, um tipo de *rêverie* materna, isto é, ter a compreensão mas não dividí-la com o paciente ainda.

**SM:** O paciente se sente apoiado só por sentir que o que ele sente está no analista. Os pacientes nem sempre suportam as interpretações e nem podem dialogar de forma verdadeira. Essa pode ser a posição narcisista, na qual é impossível para o paciente aceitar que a análise tem algo a dar a ele. Isso o colocaria em uma posição intolerável de ser uma criança vulnerável que precisa do outro, isto é, um objeto parental.

**MP:** Sim, entendo como essa onipotência e onisciência infantil impediriam que o paciente adulto aceitasse a dependência e a vulnerabilidade e a necessidade do outro. Talvez a relação com o budismo aqui, esteja na aceitação total por parte do terapeuta, da realidade da condição presente do paciente, sem forçar as interpretações, que serão sentidas como intrusivas e persecutórias e cuspidas como um leite não desejado.

**SM:** As questões do apego estão conectadas com as questões do ego. O apego budista aponta para a crença de que ter isso ou ser aquilo, leva à felicidade. Acreditamos que isso seja real, sólido, e que vai funcionar, mas não funciona. Existe o que chamam de sofrimento de mudança: se o alimento que você acabou de comer estava realmente bom para você, então comer mais uma vez seria duplamente bom. Imagino que o apego, no *Dharma*, signifique apego ao objeto errado. Se a pessoa estiver apegada a objetos virtuosos, como os chamam no budismo, aquele apego seria encorajado, por exemplo, com uma determinação para alcançar a iluminação nesta vida, porque não suportaria o sofrimento de seres sensíveis.

**MP:** Eles diriam que seria ainda o apego, acredito?

**SM:** Bem, colocando bloqueios naquilo que se está tentando ter. Ser desapegado significa já estar lá, ou seja, que a pessoa já teve o que queria e não há mais nada a ser desejado, que pudesse ser a causa da felicidade. Então é preciso ter determinação para conseguir isso. Acho que o apego como Bowlby diz, é quase o oposto de apego a algo que foi desejado, no sentido que *Dharma* descreve. Penso que para Bowlby, apego é uma questão de provisão ambiental da mãe, sendo adequado prover um apego seguro para a criança. Para ele, com certeza, isso é uma questão de qualidade da mãe, e não da disposição da criança. Para Bowlby está correto escrever sobre a adequação da mãe como objeto de apego, mas penso em Klein e no quanto ela fala sobre quanto a criança tem de suportar para superar seu próprio narcisismo e tornar-se apegada.

378 A CRIANÇA NO ADULTO: PSICOTERAPIA BASEADA NO BUDISMO

O narcisismo, que anseia por toda a força da mãe, e todo o seu poder e sabedoria, penso que é como *Dharma* vê o apego. Aquela criança quer fazer todas as coisas que a mamãe pode fazer. Ela quer ser capaz de se alimentar sozinha, quando tiver vontade. Penso em tudo isso como apego, a crença de que se pode ter tudo sozinha e fazer tudo sozinha. A isso *Dharma* chama de apetites e apego. Penso que a capacidade de ser o que Winnicott (1968) chama de "um grão no universo", por ser uma criança pequena, necessitada e vulnerável, que aceita a dependência, é o oposto do apego como *Dharma* o vê, mesmo que seja o apego seguro, conforme Bowlby vê. Isso parece uma outra contradição semântica, como vimos ao nos referir ao ego. Penso que o *Dharma* ensina que essas coisas que sempre desejamos e acreditamos que nos farão felizes, a maioria na verdade não nos fará felizes pois sempre tornam-se sofrimento. Penso que isso também ensina que ansiar por aquilo que não podemos ter é colocar-nos em um estado de mente destrutivo e sofrido. Geshe La [*La* é o diminutivo de reverência, como os discípulos chamam seus professores, então fica Geshe La por Geshe Kelsang ou La Gen por Gen Thubten] chama isso de mente pretenciosamente inferior. Ele prefere ver nosso potencial para a iluminação identificado com a natureza de Buda. Em segundo lugar, eles não nos farão felizes porque são uma pausa temporária para muito sofrimento. A única forma de ser feliz é interrompendo o sofrimento e não se pode interromper o sofrimento adquirindo objetos que se deseja: isso pactua com o sofrimento. É o oposto: a pessoa será mais feliz, quanto mais ela se solta. No *Dharma*, a forma de fazer com que o sofrimento cesse é a sabedoria, a realização do vazio. Procurar satisfazer o ego pela posse, segurança, prazer e status é como uma fera que nunca será satisfeira, uma hidra cuja última cabeça nunca pode ser extirpada. Os melhores momentos são aqueles em que você pensa: como é bom estar aqui; o que mais se poderia querer, exceto estar aqui. Penso que isso seja o objetivo da sessão para ambos, o terapeuta e o paciente: ambos poderiam estar aqui e testemunhar o que está acontecendo. Então, chamo isso de prática meditativa; uma prática de *mindfulness*, uma prática de sabedoria no sentido que nós nos determinamos a compreender, a cada momento da sessão, que essas coisas não são inerentemente reais: são as coisas irreais que precisamos entender.

**MP:** Então, as ideias de apego na psicologia ou psicoterapia e no budismo são muito, muito diferentes: um apego saudável e necessário *versus* um apego baseado no desejo e na adesão.

**SM:** Penso que sim. Muitos equívocos acontecem simplesmente porque usamos as mesmas palavras para coisas diferentes, principalmente para o ego e o apego.

**MP:** Muito bem colocado, Steven!

**SM:** Tem uma outra coisa que li em algum lugar onde Klein diz que o paciente em psicanálise não deveria regredir. Parece contraditório, mas tenho certeza que ela diz isso. Então, como pode ser tão importante se relacionar com a criança no paciente, se eu tenho um paciente que não responde a nada do que um adulto entenderia e preciso conversar com ele em termos que uma criança entendesse antes dele responder? Então, pensei, é porque o que a regressão realmente significa é que nos tornamos uma criança e então não temos proteção do anseio e desejo e de todos os castigos. Regressão significa literalmente e de fato tornar-nos criança e limitar nossas capacidades mentais às capacidades da criança.

**MP:** Isso é muito interessante e me faz lembrar de uma criança, paciente, que regredia nas sessões para ser o bebê aterrorizado e quase morto na incubadora, como aconteceu há sete anos, quando ele nasceu. Eu não conseguia manter qualquer pensamento com a

380    A CRIANÇA NO ADULTO: PSICOTERAPIA BASEADA NO BUDISMO

parte do garoto de sete anos que estava presente na sessão. Precisei que fosse mais real, mais concreto, que a mãe viesse à sessão de vez em quando para superar aquele impasse de total regressão, a fim de preservar o tratamento todo.

**SM:** O paciente adulto precisa saber da criança que existe nele; é preciso que ela esteja presente na sala, mas é preciso que seja conhecida pelo ego analítico do paciente. É como eu penso; tento levar o paciente a pensar comigo como um adulto envolvido na análise sobre a criança nele(a) que sente-se vulnerável, perseguida, amedrontada, odiosa. Eu o(a) convido a pensar nessa criança e no quanto essa criança precisa ser conhecida e cuidada.

**MP:** O que me diz de um paciente muito perturbado, que como o meu garotinho, está sob o controle do lado psicótico de sua personalidade e não consegue manter aquele ego pensante na sala?

**SM:** Conheci um consultor psiquiatra, Colin McEvedy, que costumava ser chamado na ocasião de internações compulsórias do Mental Health Act, e ele sentava-se com o paciente e dizia: "Pare de ficar louco e me conte o que está havendo", e o paciente se agitava um pouco e continuava falando sensatamente.

**MP:** Ele conseguia falar com a parte não louca do paciente.

**SM:** Parece que sim. Era como se decretasse algo equivalente a uma imposição absurda em que se entra naquilo e fica com raiva como o paciente, e entra naquele sistema todo fragmentado em que estão funcionando, fazendo com que o paciente ponha um fim na loucura. É como uma criancinha dizendo aos pais: "Parem de ser tão bobos".

**MP:** Uma inversão de papéis, então.

**SM:** Conheci uma enfermeira da psiquiatria que precisou levar um paciente ao tribunal. Eles entraram no carro e o paciente fazia de conta que era o enfermeiro e que a enfermeira era a paciente. O motorista do carro nunca ficou sabendo que era o contrário! Posso me imaginar entrando na psicose até onde o psicótico consiga suportar e ele mesmo dizer: "Espera aí, vamos começar a dar sentido às coisas". Mas realmente não sei, é uma ideia fantasiosa. Então, voltando à regressão: é paradoxal que ambos regridam para uma organização psíquica e uma experiência emocional, e, no entanto, existe ali um paciente adulto que tem uma compreensão analítica e empática com aquela criança.

**MP:** Como relacionar isso ao budismo?

**SM:** Acho que não há relação, exceto se pensarmos que o budismo tem uma grande expectativa de que muito daquilo que realizamos pode ser coisas que as crianças têm e que os adultos perdem. Muitas das conquistas do budismo estão em recuperar algo que tivemos na infância.

**MP:** Como a aceitação da realidade no aqui e agora?

**SM:** Com certeza, sim: brincar, simplicidade, presente, egoísmo inocente, o que Winnicott (1954) chama amor cruel: a criança, no início de seu desenvolvimento não tem o conceito da necessidade de mostrar consideração pelo objeto e, portanto, nenhuma culpa nisso. Penso que o budismo vê valor na recuperação daquela inocência, mas precisa saber como fazer isso. Penso que o budismo e a psicanálise admitem a criança. Um paciente em um tratamento longo precisou se autodestruir muito, até que aquela criança fosse notada. Ele precisou primeiro sofrer, até que entendessem que algo estava errado. Durante anos e anos a única coisa que poderia fazer com que o tratamento fosse bom, seria que ele pudesse entender

382  A CRIANÇA NO ADULTO: PSICOTERAPIA BASEADA NO BUDISMO

que a criança que existe nele, nunca havia sido notada, como tantos pacientes quando eram crianças. Não importa se a criança seja difícil ou não, os pais não perceberam isso nele, por terem suas próprias dificuldades. No entanto, dessa forma, ele sente que deve ser uma pessoa horrível.

**MP:** A projeção dessas coisas na criança é tão oposta ao vazio, do qual você estava falando há pouco! Em um nível mais pessoal: você já teve alguma experiência pessoal ou especial que tivesse resultado de sua prática de meditação?

**SM:** Não, apenas me senti bem e luminoso, muitas vezes. Quando estava em um curso no centro, descobri que podia entrar facilmente nesse estado de muita calma, aceitação do estado de espírito, afeição, e benevolência e permanecia assim por um bom tempo. Me senti filosófico. Assim que voltei para Londres, comecei a me sentir ansioso novamente, compulsivo e egoísta. Mas percebi que se eu recitasse, retomaria os bons sentimentos que tive no centro. Tenho interrompido minhas práticas diárias, mas ainda retenho o sentimento bom que aquilo me dava, de conforto e solidez, o bom objeto interno, na linguagem de Klein e que o budismo diz ser o conhecimento da própria natureza budista: conservo tudo que me deram. Mas não praticar todos os dias significa que não estou progredindo. É uma pena, porque é um ensinamento notável. Uma antiga terapeuta minha, Ilse Seglow, me disse: "Você não pode ser psicoterapeuta e budista", e é claro que durante dez anos eu fui. Mas depois, quando conheci Paddy, ambos começamos o curso de formação acadêmica para professor no *Dharma* Centre, todos os sábados. Achamos que o estudo acadêmico aos sábados de manhã, levado a sério, fazendo exames, depois de uma semana de trabalho como psicoterapeuta, era demais. É necessário ter um descanso. Então nós interrompemos. Ficou difícil manter as duas práticas. Receio que ter encontrado Paddy após o meu divórcio me deixou tão feliz, que então não tive motivação para praticar. Quando Paddy morreu, descobri que embora sentisse falta dela, ainda assim me sentia bem o suficiente para viver, mas não tive desejo de ir adiante na minha prática no budismo.

**MP:** Mas parece que você pratica seu budismo também no seu trabalho, não é, Steve?

**SM:** Bem, geralmente, em cada sessão, reconheço as coisas por meio do *Dharma* e busco refúgio nisso e na comunidade de outros budistas e no próprio Buda. Também me inspiro nas dez perfeições do *Bodisatva* para praticar a paciência, o doar-se, a sabedoria, e dedico os méritos dessa prática ao meu conhecimento para o bem de todos os seres. Ter essas funções humanas básicas de maturidade nomeadas e listadas e conseguir reconhecê-las como mérito acumulado, torna mais fácil me comportar no consultório e até mesmo fora dele.

**MP:** Por isso sempre penso em você como psicoterapeuta budista como você se considerava anteriormente. E com esta nota, gostaria de encerrar, agradecendo muito pelos seus pensamentos sobre como a criança está presente em sua psicoterapia com adultos.

## Referências

Bion, W. R. (1959). *Attention and Interpretation*. London: Tavistock.

Bion, W. R. (1962). *Learning from Experience*. London: Tavistock.

Bion, W. R. (1967). Notes on memory and desire. *Psycho-Analytic Forum, 2,* 272-273 e 279-280.

Chogyam Trungpa (1976). *The Myth of Freedom*. London: Shambala.

384 A CRIANÇA NO ADULTO: PSICOTERAPIA BASEADA NO BUDISMO

Eliot, T. S. (1959). *Four Quartets*. London: Faber & Faber.

Govinda, A. (1957). *Foundations of Tibetan Mysticism*. London: Rider Books, 1969.

Sartre, J. P. (1943). *Being and Nothingness*. New York: Pocket Books, 1992.

Steiner, J. (1994). Patient-centred and analyst-centred interpretations: some implications of containment and contertransference. *Psychoanalytic Inquiry, 14*, 406-422.

Winnicott, D. W. (1954). The depressive position in normal emotional development. *Collected Papers: Through Paediatrics to Psycho-Analysis*. London: Tavistock, 1958.

Winnicott, D. W. (1968). Communication between infant and mother, and mother and infant, compared and contrasted. In *Babies and Their Mothers* (pp. 98-101). London: Free Association Books.

# Epílogo

Muitas questões foram abordadas neste livro e alguns esclarecimentos foram fornecidos pelos colaboradores. Podemos ver como ambos, o budismo e a psicoterapia, abordam as formas do sofrimento humano, mas propõem diferentes maneiras para reduzí-lo ou acabar com ele. Ambas as práticas ajudam a descobrir o caminho para a liberação do sofrimento por meio do aprender com a experiência. O inconsciente não é analisado e o relacionamento transferencial não recebe muita atenção no budismo, enquanto que essa compreensão e a análise formam a alma da psicanálise. Embora a meditação budista não seja uma outra forma de psicoterapia, ou a psicoterapia uma forma de religião, podem haver aspectos meditativos na psicoterapia e resultados terapêuticos na prática do budismo.

A perspectiva budista sobre o apego é um tanto diferente, mas não antagônica, ao pensamento de Bowlby. Segundo ele um vínculo seguro e precoce entre a criança e sua mãe, ou principal cuidadora,

386 EPÍLOGO

forma o pano de fundo para a capacidade de apego amoroso ao longo da vida, e, portanto, de um desenvolvimento mental saudável. O budismo também vê o relacionamento mãe-bebê como um protótipo de empatia, amor e compaixão, mas considera o apego de um ponto de vista diferente. O que o budismo chama de "apego" é principalmente a atitude de aderir a uma crença ou prender-se na própria opinião ou estado da mente, o qual, conforme mencionado anteriormente, distorce o nosso relacionamento com a capacidade de ver e aceitar a realidade como ela é; mantendo-nos, assim, em um estado ilusório.

A existência de um *self* e como estabelecer um *self* saudável são conceitos centrais na psicoterapia. As mães e bebês, crianças, adolescentes e adultos entram na psicoterapia em função de áreas problemáticas, de desconforto e insatisfação em suas vidas precisam encontrar novas capacidades para lidar com isso. Talvez sejam partes deles mesmos que não estão aptas para viver; o ego dessas pessoas é incapaz de se ajustar e precisa de reparo. O budismo coloca essas questões em um nível diferente, indo além do sentido da existência de um *self*, mas pode ser muito difícil para os ocidentais penetrarem no conceito de *anatta*, isto é, não-*self*, não-alma. Anatta não é uma ausência de *self* nos termos convencionais; não significa que não temos *self*; o budismo começa reconhecendo a existência de um *self*. Precisamos ter um *self* bem estabelecido, um *self* que seja separado do objeto, e não fundido com o objeto, para que se torne capaz de transcender o próprio *self*, ir além para realizar a impermanência e o vazio de tudo.

Coltart tentou explicar isso relacionando com a teoria de Winnicott do verdadeiro e falso *self*. Buda "teria entendido perfeitamente uma terapia direcionada para demolir um Falso *Self* e encorajar o surgimento e o crescimento do Verdadeiro *Self*" (Coltart, 1996, p. 134). Isso é algo que não se consegue compreender intelectualmente, ela continua, mas pode ser simplesmente experimentado ou realizado como resultado de uma prática de meditação difícil e intensa. A realização do "Vácuo" ou "vazio" no budismo "não deve ser confundida com perda do *self* ou dissolução dos limites do ego", escreve Esptein (1998, p. 126). O budismo vai além da abordagem dualista, isto é, relativo *versus* absoluto; temporal *versus* eterno; cheio *versus* vazio; interno *versus* externo, e assim por diante. Afirma que a natureza verdadeira e definitiva do ser humano está além da "afirmação e negação" da existência de um *self* (Abe, 1998, p. 185).

O psicanalista Jung, em conversa com o filósofo zen Hisamatsy, disse que o *self* "é desconhecido porque ele realmente designa a totalidade da pessoa, tanto consciente como inconsciente" (Muramoto, 1998, p. 42). Esses autores tentaram dar sentido e refletir sobre o conceito de não-*self*, mas, como tantos outros conceitos no budismo, é a experiência e a prática persistente da meditação que levam à apreensão e compreensão emocional de tais conceitos. Como vimos nos diálogos deste livro, uma forma de entender *anatta* é que nada é independente ou existe por si só, e sim que tudo é dependente de tudo mais e tudo mais está determinado. O *self* é essencialmente insubstancial, impermanente e não tem existência em si independente. É assim que o budismo chama a "origem dependente", ou seja, que tudo depende de outras condições (Abe, 1998, pp. 184-185). O budismo dá ênfase à interconectividade, às semelhanças humanas e não à construção de um *self* separado e independente. Os seres humanos são – conforme o budismo – compostos por cinco agregados ou *khandas*: matéria, sensação, percepção, funcionamento mental e consciência; para além disso, nada está lá – isto é, não existe "eu". A natureza mutável desses cinco agregados dá a ideia de um *self* convencional, ou eu, algo em constante fluxo, impermanente, insubstancial, nenhum

388 EPÍLOGO

*self* separado, isento de causa e efeito, de mudança e morte; não há *self* ou deus absoluto no budismo. Almejando transcender o ego, o budismo é principalmente uma tradição espiritual, enquanto a psicoterapia visa a construção de um ego sólido para promover uma vida saudável. É neste ponto que as duas tradições podem parecer incompatíveis. No entanto, isso pode não ser tão simples quanto parece. A psicoterapia destina-se também à construção da consciência e da experiência no paciente, ambas dependentes dos outros e das condições do mundo externo, que afetam e influenciam a todos nós.

Uma postura essencial para promover o contato com momentos de verdade emocional durante o encontro terapêutico, requer do analista ter "fé de que há uma realidade final e verdadeira – o desconhecido – [e que] tal fé não se apoia em elementos da memória e do desejo" (Bion, 1970, pp. 31-32). Tal atitude pode ter relacionar-se com a ideia de *anatta*, quando o terapeuta abdica da memória e do desejo e senta-se silenciosamente na sessão e está lá com o paciente. Esse estado de desprendimento implica que as necessidades do terapeuta, o desejo de cura, de ser útil e bem-sucedido, interpretando corretamente, e assim por diante, precisam ser deixados de lado. O terapeuta não pode se apegar às memórias sobre o paciente, à sessão anterior, aos padrões do ser, conceitos psicanalíticos, e assim por diante, para estar presente naquele momento, totalmente consciente e receptivo do que está acontecendo, ao fluxo dos pensamentos, palavras, ao movimento das sensações entre o paciente ao terapeuta. Isso requer uma atitude meditativa e a quietude do ego do terapeuta. As funções do ego do terapeuta estão lá, mas em segundo plano, como húmus nutrindo o encontro terapêutico. A postura meditativa do terapeuta permite que possa pensar e que o paciente associe livremente. Esses pensamentos devem, então, ser comunicados ao paciente e isso faz com que o inconsciente torne-se consciente.

Em todo esse processo, um momento "O" pode ser alcançado na sessão e a verdade ou a realidade pode ser vislumbrada naquele momento específico pelo paciente e pelo terapeuta. Ambos podem experimentar aspectos de *anatta* no processo da psicoterapia. Talvez a diferença seja que o terapeuta abandone algumas funções do ego para focar no paciente, enquanto o paciente tem uma experiência emocional de sua dependência e interconectividade com os outros, assim como seus estados de mente impermanentes e transitórios. Aparentemente, o aspecto menos conciliável de *anatta* e a reparação e promoção de um funcionamento do ego, são possivelmente transpostos quando o terapeuta deixa de lado seu ego para se aproximar do paciente livre de memória e desejo e totalmente aberto ao impacto do encontro, das projeções e à verdade, "O" (Bion, 1965) emerge em um determinado momento na sessão.

O budismo acredita que a "plena aceitação da impermanência de tudo, leva à experiência de paz e a capacidade de amar verdadeiramente a vida" (Safran, 2003, p. 29). Em termos budistas, a impermanência está ligada à atitude de não adesividade e ao desapego, o que implica na aceitação da impermanência. Permitimos que nossos pensamentos, coisas e vida ir e vir. Tudo passa: felicidade e angústia passam, portanto, experimentamos essa ideia de forma intensa e completa vivendo no momento presente e com plena consciência de nós mesmos, sem nos apegar às nossas próprias reações de felicidade ou angústia. Capta-se o sentido do velho ditado romano que diz: *carpe diem* (viva profundamente o momento fugaz).

Freud (1916, p. 305), durante um dia de "verão percorrendo uma rica paisagem na companhia de um amigo taciturno e de

390 EPÍLOGO

um [...] jovem poeta" ficou impressionado com a falta da alegria, mesmo diante de tal beleza. Ele pensou que contemplar a natureza transitória da beleza e da existência leva a um estado de pesar, uma vez que tudo o que valorizamos e acalentamos é intrinsicamente transitório. Isso pode originar abatimento ou a uma valorização maior do que estimamos. O fator determinante é saber se somos capazes de aceitar a transitoriedade intrínseca, evitando o luto que está ligado a essa aceitação e permitindo que o luto chegue ao fim. A vida e o amor então podem ser retomados.

Em termos Kleinianos, a capacidade para aceitar a perda do objeto e procurá-lo criativamente dentro de nós, constitui um estado depressivo da mente (o termo "depressivo" é usado diferentemente de depressão). Um estado de mente depressivo inclui uma aceitação da impermanência, e tal "plena aceitação" define o chamado estado de mente depressivo. Entretanto, os movimentos do estado de mente persecutório para o depressivo precisam ser trabalhados repetidamente (Britton, 1989) e assim a "plena aceitação" da impermanência é em si impermanente. Similarmente, na prática budista, os profundos momentos de *insight*, intuição e iluminação são repetidamente experienciados e a plena aceitação da impermanência é desenvolvida ao longo do tempo. Parece que a aceitação da impermanência e a posição depressiva são similares e ambas requerem maturidade emocional, um sentido de separação, consciência e responsabilidade pelos próprios estados mentais, sentimentos e projeções na plena aceitação da passagem do tempo e da inevitabilidade da morte.

Como os colaboradores nos contaram nesse livro, a prática da meditação amplia e aprofunda nossa capacidade de observar, ficar em contato com as experiências corpo-mente do paciente, promover o amor, a bondade e a compaixão (do latim: *cum pateo*, i. e., sofrer com), ampliar a contratransferência nos aspectos emocional e físico, como muitos colaboradores mostraram nesse livro. As ferramentas terapêuticas e o *insight* também podem alimentar o processo de meditação; nos ajudam a nomear, reconhecer, entender e aceitar alguns estados desconcertantes e a consciência que emerge durante a meditação. A esse respeito, as práticas do budismo e da psicoterapia podem integrar-se, fortalecendo o caminho da prática clínica.

## Referências

Abe, M. (1998). The Self in Jung and Zen. In A. Molino (Ed.), *The Couch and the Tree* (pp. 183-194). London: Constable.

Bion, W. R. (1965). *Transformations.* London: Maresfield Reprints.

Bion, W. R. (1970). Reality sensuous and psychic. In *Attention and Interpretation* (pp. 26-40). London: Maresfield Reprints.

Britton, R. (1998). Before and after the depressive position Os(n)>D(n)>Os(n+1). In *Belief and Imagination* (pp. 69-81). London: Routledge.

Coltart, N. (1996). *The Baby and the Bathwater.* London: Karnac.

Epstein, M. (1998). Beyond the oceanic feeling: psychoanalytic study of Buddhist meditation. In A. Molino (Ed.), *The Couch and the Tree* (pp. 119-130). London: Constable.

Freud, S. (1916a). *On Transience.* (S. E., 14, pp. 303-307). London: Hogarth.

Muramoto, S. (1958). The Jung-Hisamatsu conversation. In A. Molino (Ed.), *The Couch and the Tree* (pp. 37-51). London: Constable, 1998.

Safran, J. D. (2003). Psychoanalysis and Buddhism as cultural institutions. In *Introduction to Psychoanalysis and Buddhism* (pp. 1-34). Boston: Wisdom.

# Índice remissivo

aceitação e compromisso terapêutico (ACT), 56
aceitação radical do sofrimento, 55
Adelson, E., 59, 73
Adorno, Theodor, 276
Alexandra Palace, 272
*Alice no País das Maravilhas* (Lewis Carroll), 73
Amaravati Mosteiro Budista, 6, 171, 255
amor, 29, 35, 75, 84-85, 87, 105, 111, 128-129, 131, 145, 148, 167-169, 207, 220, 237, 270, 319-320, 341, 362, 381, 386, 390
ansiedade
    nas crianças, 199
    nas novas mães, 59

termostato da, 109
apego, 25, 39, 48-50, 66-67, 69-70, 83-86, 98, 111, 130-132, 144-147, 162, 180-181, 202-206, 217, 221-222, 237, 248-249, 264, 273, 280, 282, 285, 290-291, 305, 315-316, 330-332, 337, 349, 353, 375, 377-379, 385-386
aprisionamento, 344
atenção flutuante, 23, 30-31, 38, 47, 208, 344

Bartram, P., 6, 153-154, 157
Batchelor, S., 173, 180-181
Bick, E., 248
Bion, W. R., 19, 28-30, 34, 49, 93, 129, 141, 166, 181, 208,

220, 224, 233, 246, 254, 256, 260, 265, 270-272, 277, 290, 293, 333, 364, 367, 370, 373, 375-376, 388-389

Blue, L., 104, 118

Bobrow, J., 31, 33

Bollas, C., 168

Bowlby, J., 130, 144, 360, 377-378, 385

budismo

  e as crianças, 17, 66, 75, 94, 126, 173, 211, 231, 316, 365-366, 381

  e psicanálise, 19, 23, 33, 38-39, 128, 156, 175, 205-206, 211, 228, 247, 290, 292, 368

  psicoterapia, 17, 20, 24, 39, 51, 79, 83, 94-95, 227, 330, 359, 385, 391

  e sofrimento, 21, 25-27, 77, 154, 165, 315-316

budismo Mahayana, 92, 362

budismo Shambhala, 236

budismo Tântrico, 188

budismo Theravada, 39, 362

budismo Tibetano,121, 154, 187, 222, 230, 242, 363

*Buddhism Without Beliefs* (Stephen Batchelor), 173

Carroll, L., 73

Carroll, Nick, 265

Cassel Hospital, 106

Cassidy, J., 217

Castaneda, Carlos, 362

Cavalli, Alessandra, 295

Centro Anna Freud, 94, 268

*Céu e Inferno* (Aldous Huxley), 361

Chaskalson, Michael, 284

Child & Adolescent Mental Health Service, 177

Ching, Tao Te, 103, 111-112

Chödrön, P., 17, 232

Chogyam Trungpa Rinpoche, 93, 128, 229, 242, 383,

Clear Vision Trust, 195

Coltart, N., 14, 20, 22-23, 28-29, 47, 58, 113, 156, 232, 277, 330, 386

continente-contido processo/ modelo, 93, 141

Corrigan, E., 289

*Cutting Through Spiritual Materialism* (Chogyam Trungpa Rinpoche), 230

Dalai Lama

  pensando, 18, 149, 253

  neurônio, 124

DBT (*Disorder Borderline Therapy*), 55-56

Devi, Akasha, 185, 197, 209

Dharma, 57, 80, 106, 136, 255, 308, 359, 362-365, 367, 369-370, 374, 377-378, 382-383

Dharma Centre, 106

Dharma, interpretação, 57

*Doing Time, Doing Vipassana*, 48, 236, 286

Vipassana Research Institute, 24

Dowling, D., 91, 95, 197

ego budista, 48, 127, 247

Eigen, M., 23, 271, 277

Eliot, T. S., 375

Emanuel, R., 253, 258, 284-285

Epstein, M., 22, 254, 269, 333

Escola de Psicoterapia de Boston, 163

*Estudos sobre a Histeria* (Sigmund Freud), 128

felicidade
  realização da, 150, 221
  causa da, 377
  importância da, 26, 111
  busca pela, 26

Fleischman, P. R., 21

Fraiberg, S., 45

Freud, A., 94, 266, 268, 279, 289,

Freud, S., 25, 31, 128, 155, 162, 168, 296, 332-333, 389

Fromm, E., 21, 141

*Full Catastrophe Living* (Jon Kabat-Zinn), 127

Gaia House, 172

Gendlin, E. T., 339-340

George, C., 69

Gibran, K., 112

Glover, V., 70

Goldsmith, Joanna, 295

Goleman, D., 18-19, 21, 30, 124, 293

Goulder, C., 41

Govinda, Lama, 365-366

Grotstein, J. S., 29, 34

Hahn, A., 91, 271

*Happiness* (Matthieu Ricard), 111

Hautman, G., 37

Hayes, S. C., 56

*Hitchhiking to Heaven* (Lionel Blue), 104

identificação perceptiva, 168

identificação projetiva, 28, 34, 224, 234

*Inteligência Emocional* (Daniel Goleman), 124

interconectividade, 48, 97, 183, 187, 196, 247-248, 273, 387, 389

ioga Kundalini, 23-24

Jon Kabat-Zinn, modelo MBSR, 127, 281, 341

Kabat-Zinn, J., 127, 213, 281, 329, 339-341

Kafka, F., 275

## 396 ÍNDICE REMISSIVO

Kaplan, N., 69, 217
Kelsang, Geshe, 363, 378
Keltner, D., 287
King, Martin Luther, Jr., 75
Klein, M., 48, 127-128, 249, 260, 277, 296, 360, 377, 379, 382
*Kleshas*, 128

Laing, R. D., 140
Lama Anagarika Govinda ver Govinda, Lama A, 365
Lanyado, Monica, 103,139
Lawrence, D. H., 45
Linehan, M. M., 55
Longchen, 242
*Luto e melancolia* (Sigmund Freud), 168

Main, M., 69, 217
Manjushri Dharma Centre, 154, 363
MBCT ver *mindfulness*, 55-56, 201, 281
    terapia cognitiva, 55, 60, 201, 281, 283, 341
MBSR ver redução do estresse baseada em *mindfulness*, 127, 281, 341
McGilchrist, I., 350
McKenzie, V., 57
medicamentos antidepressivos, 304
meditação ver também meditação Budista;

meditação Vipassana, 13, 19-25, 30, 32, 34-36, 39, 41, 44-48, 52-54, 56, 58, 61-62, 67-68, 70, 76, 78, 80, 82, 87, 92-101, 103-104, 106-107, 109-110, 112-115, 121-122, 124, 127, 133, 136-138, 153, 158, 160, 162-163, 169, 172-173, 176, 178-179, 181, 183, 185, 190, 194-196, 198, 200-202, 208-209, 211, 215, 218-219, 222, 227, 229, 232-237, 242, 247-248, 253-259, 264, 273, 275-277, 280-282, 284-287, 291, 296-299, 301, 303, 305-306, 309-314, 317, 319, 322, 325, 329, 333, 338-341, 345-347, 351, 354-355, 363-364, 370, 382, 385, 387, 390-391
meditação Vipassana, 24, 48, 162, 235, 286
Meltzer, D., 235, 260, 271
mente presente, 162
Merton, Thomas, 228-229
Molino, A, 22-23, 28-29, 39
mosteiro budista, 77, 171, 260
mundo real, 250, 374

narcisismo, 175, 247, 254, 377-378

Ogden, P., 342
organização budista, 125

oriental
  sociedade com base na comunidade, 60
  conceito de estado de ausência de mente, 39, 63, 73, 72, 96, 147, 157
  conceito de vacuidade mental, 273
  conceito de vazio, 370, 374
  noção de pensamento, 242, 275-276
  religiões, 20, 23, 28-29, 52-53, 55, 97, 99, 105, 107, 115-116, 128, 135, 153, 172-173, 186-187, 189, 192, 201, 224, 241, 253, 297, 309, 317, 319-320, 322, 355-356, 361, 363, 372, 385
  e saúde psicológica, 291
  espiritualidade, 29, 54, 79-80, 111, 158, 227, 228, 255
  tradições, 98, 194, 260, 271, 330, 332

Plum Village, 77-78, 92
Porges, S. W., 286, 342
Powrie, R., 51, 215
Pozzi, M., 13-14, 110, 124-125

Rahula, W., 28, 223
Ramachandran, V. S., 124
redução do estresse baseada em *mindfulness*, 127, 283
  (MBSR) ver também Jon Kabat-Zinn, modelo MBSR, 201, 281, 341
relacionamento pai/mãe-filho, 85
reorganização do hemisfério direito, 350
*rêverie*, 19, 32-35, 167, 220, 376
Rey, Henri, 360
Ricard, M., 17, 32, 111
Rilke, R. M., 41
Rinpoche, Sogyal, 92-93, 121, 124, 130, 229, 292, 242
Roth, Priscilla, 174
Royal Albert Hall, 77
Rudolf Steiner Camphill Residencial, 186
  Children Home, 186

Sampson, Margaret, 106, 110
Sangharakshita, 191-193, 196
Sartre, J.-P., 54, 371
Schore, A. N., 336, 350
Segal, H., 163, 168
Segal, Z. V., 56
Seglow, Ilse, 382
self narcisista, 234
*Ser e o Nada, O* (Jean-Paul Sartre), 371
Shapiro, F., 345
Siegel, Daniel, 282
Sinason, V., 289
Skype, 75, 90
sociedade ocidental, 148, 230

398 ÍNDICE REMISSIVO

Steiner, J., 42, 360, 376
Stern, D., 64, 163
Suzuki, D. T., 30, 276
Suzuki, S., 92

Table Mountain, 51, 65
Tagore, R., 211
Tao Te Ching, 103, 111-112
Teasdale, J. D., 284
técnica *Tapping*, 259
terapia cognitiva baseada em
*mindfulness* (MBCT), 201,
281
terror sem nome, 333
*The Mind Object* (Corrigan &
Gordon), 289
*The Philosopher and the Monk*
(Matthieu Ricard), 111
*The Present Moment in
Psychotherapy and Everyday
Life* (Daniel Stern), 64
*The Prophet* (Khalil Gibran), 112
*The Sanity We Are Born With*
(Chogyam Trungpa), 128
*The Three Princes of Serendip*,
100
Thich Nhat Hanh, 21, 56, 76-79,
86, 88, 92, 97, 172-173, 213,
223-224

*Thoughts for the Day*, 104
*Thoughts without a Thinker*
(Mark Epstein), 254, 327
Trungpa, C., 128, 229, 242, 359
Tustin, Frances, 106

Vipassana Research Institute, 24

WAIMH (World Association
of Infant Mental Health),
congressos, 55, 62
Wallace, Allan, 101
Walpole, H., 100
Weber, S. L., 31
Welwood, J., 20
Williams, G., 131
Williams, M., 284, 341
Winnicott, D. W., 43, 51, 95-96,
117, 289-291, 293, 334, 378,
381, 386
Wittenberg, Jonathan, 107
Wordsworth, W., 93

Zen Budismo, 173, 228
*Zen Mind, Beginner's Mind*
(Shunryu Suzuki), 92

**GRÁFICA PAYM**
Tel. [11] 4392-3344
paym@graficapaym.com.br